水资源短缺条件下灌区种植结构调整研究

张金萍　丁志宏　郭兵托　赵勇　著

中国水利水电出版社
www.waterpub.com.cn
·北京·

内容提要

本书以河南省陆浑灌区为例,将变化环境下的灌区水资源系统的供给侧与需求侧两方面的影响因素予以统筹考虑,将数理统计方法、经济学方法以及多时间尺度方法交叉融合,解析灌区水资源供需时序在多时间尺度下的不确定相关性,构建自然降水-作物需水、人工灌溉-作物需水、自然人工联合供水-作物需水三种水资源供需组合条件下的灌区水资源供需时序概率分布模型,并在此基础上,探讨作物种植结构规划方案与水资源短缺风险之间的联系,相关成果为灌区干旱风险评估提供了一种新的思路和新方法。

本书可供水文水资源、水利工程、灌溉工程、风险评估、资源环境等有关科技工作者和管理人员使用,也可供大专院校相关专业师生参考阅读。

图书在版编目(CIP)数据

水资源短缺条件下灌区种植结构调整研究 / 张金萍等著. -- 北京:中国水利水电出版社,2018.5
 ISBN 978-7-5170-6647-7

Ⅰ. ①水… Ⅱ. ①张… Ⅲ. ①水资源短缺—影响—灌区—种植业结构—结构调整—研究—河南 Ⅳ. ①F326.1

中国版本图书馆CIP数据核字(2018)第165394号

书　　名	**水资源短缺条件下灌区种植结构调整研究** SHUIZIYUAN DUANQUE TIAOJIAN XIA GUANQU ZHONGZHI JIEGOU TIAOZHENG YANJIU
作　　者	张金萍　丁志宏　郭兵托　赵勇　著
出版发行	中国水利水电出版社 (北京市海淀区玉渊潭南路1号D座　100038) 网址:www.waterpub.com.cn E-mail:sales@waterpub.com.cn 电话:(010)68367658(营销中心)
经　　售	北京科水图书销售中心(零售) 电话:(010)88383994、63202643、68545874 全国各地新华书店和相关出版物销售网点
排　　版	北京图语包装设计有限公司
印　　刷	北京九州迅驰传媒文化有限公司
规　　格	184mm×260mm　16开本　12.75印张　303千字
版　　次	2018年5月第1版　2018年5月第1次印刷
定　　价	**72.00元**

凡购买我社图书,如有缺页、倒页、脱页的,本社营销中心负责调换

版权所有·侵权必究

前　言

随着我国社会主义现代化事业的发展，全国社会经济与生产生活用水量越来越大。据统计，2015 年我国总用水量为 6103.2 亿 m^3，其中农业用水量为 3852.2 亿 m^3，占比 63.1%，同期的全国农田灌溉水有效利用系数为 0.532，与发达国家现状 0.7~0.8 的利用系数还有很大差距。由此可见，现阶段我国农业灌溉用水量占总用水量的比重较大，且用水效率不高。

随着各类国家级、区域级和省级等各层级经济社会发展规划的陆续部署和推进实施，以及全面建成小康社会目标的实现，未来一段时期内，我国的城镇化和工业化水平将会较大幅度地提高，相应的工业和城市生活用水量将会有较明显的增加，工业、农业、生态争水的问题将日趋严重。因此，在今后一个时期内，大力发展农业节水灌溉将是确保我国粮食安全和农业可持续发展的重要途径，是实现以水资源的可持续发展支撑社会经济可持续发展的重要战略措施和实践抓手。

灌溉的实质是通过人工补充水量的方式对农作物的需水要求在时空上予以满足的活动，是由灌溉水源、灌溉过程、灌溉技术和灌溉对象等组成的系统过程。由此可知，调整和优化农业种植结构应是农业节水灌溉的应有之义。具有特定种植结构的灌区是一个开放的系统，降雨、作物需水和灌溉用水是灌区进行灌溉规划的重要参变量，这些变量具有随机性，因而就存在一个什么样的种植结构是在变化环境下具有最低缺水风险的系统结构的科学与管理问题。科学地分析和回答这一问题，对于制定节水政策、开发节水技术、实施节水管理、进行水资源的适应性与精细化管理都具有重要的科学价值和实践意义。

本书以河南省陆浑灌区为例，将变化环境下的灌区水资源系统的供给侧与需求侧两方面的影响因素予以统筹考虑，在运用多种数理统计方法对陆浑灌区水资源供需时序的多时间尺度性以及多时间尺度之间的不确定性与协整性等宏观与微观演变规律和演化特征进行研究的基础上，通过使用 Copula 理论与方法构建降雨量和 ET_0 的二维联合概率分布模型，灌溉用水量与 ET_0 的二维联合概率分布模型，降雨量、ET_0 和灌溉用水量的三维联合概率分布模型，推求相应的二维联合分布概率和三维联合分布概率，以探讨在不同供需组合情形下，灌区灌溉系统水资源供需时序遭遇组合事件发生超过给定的灌溉规划指标的风险，之后依据灌区水资源供需两侧的组合风险发生概率情况，优选了种植结构规划方案以期有效地规避水资源短缺风险。

本书共 12 章，第 1 章、第 3 章、第 4 章、第 9 章、第 10 章由张全萍撰写，第 5 章和第 7 章由丁志宏撰写，第 6 章和第 8 章由赵勇撰写，第 2 章、第 11 章和第 12 章由郭兵托撰写。本书的研究工作是从系统论与风险论相结合的新角度探讨灌区作物种植结构的优化调整的一项探索性研究工作，所取得的研究成果为灌区干旱风险评估提供了一种新的思路和有效工具，也为合理选择灌溉系统特征变量的指标、制定和调整灌溉规划、实施灌区抗旱活动提供技术指导。

在本研究开展过程中，得到了国家重点研发计划项目（2018YFC0406501）和郑州市水资源与水环境重点实验室的资助，郑州大学水利与环境学院的吴泽宁教授、左其亭教授给予了热忱支持，研究生李彦彦、林晓敏、徐波、石茜茜、李佳艺、肖宏林、张鑫等对书稿进行了校核工作，还有其他学者对本书的研究工作也做出了诸多贡献，再次一并感谢诸位的工作和付出。

三人行，必有吾师。限于作者的学术水平和研究思路，本书的内容仍存在诸多不足之处，恳请同行专家和广大读者不吝斧正。

作　者
2018 年 1 月

目　　录

前言
第1章　绪论 1
　1.1　问题的提出 1
　1.2　研究目的及意义 2
　1.3　国内外研究现状 3
　1.4　研究内容和研究目标 8
　1.5　研究方法及技术路线 9
第2章　陆浑灌区概况 11
　2.1　自然地理概况 11
　2.2　灌区农业现状 12
　2.3　水利设施现状 13
第3章　水资源供需时序多时间尺度集对分析 14
　3.1　主要方法介绍 14
　3.2　水资源供需时序多时间尺度分解 16
　3.3　灌区水资源供需时序多时间尺度集对分析 24
第4章　水资源供需时序协整分析 32
　4.1　协整理论 32
　4.2　数据处理与平稳性检验结果 34
　4.3　灌区供需时序多时间尺度二维线性协整分析 36
　4.4　灌区供需多时间尺度下三维线性协整模型建立及预测 43
　4.5　灌区供需时序三维非线性协整建模 52
第5章　水资源供需时序统计特性 57
　5.1　水资源供需时序数据资料 57
　5.2　边缘分布函数及假设检验 57
　5.3　变量间相关性度量 66
第6章　Copula理论与相关函数 70
　6.1　Copula函数的定义与基本性质 70
　6.2　Archimedean Copulas函数 73
　6.3　椭圆Copula函数 76

  6.4 拟合优度检验 80
第 7 章 自然降雨条件下的灌区水资源短缺风险分析 82
  7.1 降雨量与 ET_0 的二维联合概率分布模型 82
  7.2 自然降雨条件下陆浑灌区水资源短缺风险分析 84
第 8 章 人工灌溉条件下的陆浑灌区水资源短缺风险分析 92
  8.1 灌溉用水量与参考作物腾发量的二维联合概率分布模型 92
  8.2 人工灌溉条件下陆浑灌区水资源短缺风险分析 95
第 9 章 自然降雨和灌溉用水量组合来水条件下的陆浑 灌区水资源短缺风险分析 102
  9.1 降雨量与灌溉用水量的二维联合概率分布模型 102
  9.2 降雨量、参考作物腾发量和灌溉用水量的三维联合概率分布模型 104
  9.3 自然降雨和灌溉用水量组合来水条件下的陆浑灌区水资源短缺风险分析 107
第 10 章 种植结构调整下的灌区水资源短缺风险模型构建 125
  10.1 方案设置 125
  10.2 各方案下变量的边缘分布与变量间的统计相关性 126
  10.3 现状方案下的水资源短缺风险模型构建 128
  10.4 规划方案一下的水资源短缺风险模型构建 137
  10.5 规划方案二下的水资源短缺风险模型构建 146
  10.6 规划方案三下的水资源短缺风险模型构建 155
第 11 章 种植结构调整下的灌区水资源短缺风险分析 165
  11.1 相对缺水条件下的二维条件概率和条件重现期 165
  11.2 相对缺水条件下的一维条件概率和条件重现期 180
第 12 章 结论 190
附 表 柯尔莫格洛夫检验分位数表 $P\{D_n \leqslant D_{n,0}\} = \alpha$ 193
参考文献 194

第 1 章　绪论

1.1　问题的提出

全球气候系统在自身运动和外部作用下（如太阳变化、火山喷发、人类活动），不断随时间推移而变化，且不同时空条件下，气候变化程度也不一样。近年来，全球气候变暖是当今气候变化最明显也最突出的标志之一。水系统与气候变化之间有着紧密的联系，并相互影响。气候变暖将会对水循环产生直接的影响，从而会引起各种灾害天气出现的时间长短以及频率等的变化，同时，气候变暖对水资源利用也会产生影响，而且这种影响存在一定的不确定性，主要表现在供水与需水在时空上的不均衡性。气候变化对我国水系统的影响远远不止这些，气候变化可能会影响我国河川径流的现有状态，随着气候变暖，北方内陆地区蒸发量增大，从而使北方河川径流有所减少，而南方河川径流则会相应增多，最终会使得我国极端天气频发，洪涝灾害发生的频率增多；气候变化在影响我国径流量的同时，也会使暴雨次数增加，干旱灾害频发以及水温升高，最终会导致我国水资源量的供需分配不均衡，从而加剧我国水资源的不稳定性[1]。

联合国政府间气候变化专门委员会和联合国粮食及农业组织的评估报告，均将农业列入到最易遭受气候变化影响及最脆弱的产业之一，尤其对于发展中国家的农业更是如此[2]。我国是一个发展中国家，人口众多且是农业大国，但人均水资源较短缺，农业基础设施差，气候变化对我国的水土资源产生了重大的影响，因而使我国的农业及粮食生产也受到了不同程度的损害[3-6]。对于农业来说，农业发展所需要的主要气候资源为光能、热能、水分、风和大气等，气候变化会在一定程度上改变农业气候作用的强度，这使得我国的水资源供需矛盾更为突出[7-12]。

灌区是我国粮食安全的保障基础，同时也是我国区域经济发展及生态安全的重要支撑。气候变化在改变灌区水资源自身演变规律的同时，也打破了灌区水资源的开发利用模式，使得灌区原有的水资源供需平衡遭到破坏。气候变化使得作物需水量相应改变，从而影响灌区的地表径流及地下径流，进而导致灌区农业的灌溉用水量发生改变[13]。水资源是保障灌区可持续发展的控制性因素。当前，受气候变化和人类活动共同作用，流域/区域水资源情势发生深刻变化，特别是黄河、淮河、海河三大流域水资源演变情势更为明显，主要表现在以地表径流为代表的水文干旱要素变异性加强，灌区可供水量减少，灌区用水安全受到威胁。因此，如何规避变化环境下的水资源短缺风险便显得尤为重要。

陆浑灌区位于河南省豫西浅山丘陵区，设计灌溉面积 8.967 万 hm^2，是河南省大型灌区之一，主要以种植小麦、玉米、棉花等作物为主。灌区涉及郑州、平顶山、洛阳三市的 7 个县（市），跨越黄河、淮河两大流域，降雨时空分布不均，容易发生气象干旱，特别是西干渠灌区，有"十年九旱"之称。灌区水源主要来自黄河支流伊河上的陆浑水库。陆浑水库为河南省第二大水库，位于洛阳市嵩县境内伊河干流上，水库以上河长 174km，控制流域面积 3492km^2，总库容 13.2 亿 m^3，多年平均来水量为 10.25 亿 m^3。近年来，受上游伊河径流减少影响，陆浑水库蓄水量也严重不足，极大地影响了灌区灌溉。特别是 2008 年到 2009 年冬春之交的特大旱情，水库水量仅剩下 2 亿 m^3，不足往年同期一半，出现了 30 年来少有的水荒。尽管后来陆浑水库先后两次开闸放水，以牺牲发电效益为代价，累计灌溉农田 30 多万亩，有效缓解了灌区旱情，但仍有部分作物受旱严重。如果说气象干旱是农业干旱的先兆，那么水文干旱则是农业干旱的必然。水文干旱要素中径流来水量的减少必然使得农业缺乏有效的灌溉。随着全球气候变暖，极端天气现象越发频繁，再加上一些不合理的人类用水活动，促使水文干旱发生频率和危害程度呈现上升趋势，且变异性增强，极值化加大，势必威胁灌区用水安全和农业增产增收。有鉴于此，为使规避变化环境下的灌区水资源短缺风险成为可能，深入剖析陆浑灌区作物需水与供水的不确定性对灌区需水与供水进行水资源短缺风险分析便显得尤为重要。

1.2 研究目的及意义

灌区用水安全受供水和需水综合影响，降雨、作物需水和灌溉用水是灌区进行灌溉规划和规避水资源短缺风险的重要依据。灌区的供水主要包括两部分：自然供水和人工供水。自然供水用降雨量表示，人工供水用灌溉用水量表示。降雨量与作物需水量是两个有相关关系的水文变量，能够表征灌区在天然条件下的供水和需水的变化关系。灌溉用水量受降雨、蒸发、气温、作物种类、管理水平、灌溉制度等因素的影响，具有一定的不确定性[14]。灌区进行灌溉调度时，灌溉用水量由降雨量与作物需水量决定，在一定程度上反映出天然条件下的灌区水资源短缺程度。灌区降雨一般可由当地气象部门进行预测，且具有较高的预报精度。然而作物需水受作物生长特性、气候条件、土壤质地等多种因素影响，难以准确量化和预报，由此造成农业需水预测偏差，进而影响灌溉规划[15]。参考作物腾发量是计算作物需水量的重要基础参数，一定程度上可以表征作物需水量的变化。参考作物腾发量及其影响因素均为随机变量，在时序系列变化上具有复杂性与模糊性，如何能够"拨云见日"，掌握随机变化表象下隐藏的多时间尺度波动特征和变化规律，对于提高作物需水量预报精度具有重要作用。受自然地理和气象条件等因素的影响，灌区降雨和参考作物腾发量具有天然的相关性，灌溉用水量又受降雨和作物需水的综合影响。因此将变化环境下的灌区水资源供给与需求相结合，在深入分析降雨量、作物需水量和灌溉用水量不确定关系的基础上，基于灌区降雨、作物需水量和灌溉用水量的统计变化规律和概率分布特征，构建水资源短缺风险联合概率分布模型，分析灌区在不同供需水遭遇情形下的水资源短缺风险，对灌区抗旱减灾以及水资源合理开发利用具有十分重要的理论价值和实践意义。

缺水年份，灌区可供水量的减少要求必须进一步压缩灌区需水，灌区需水结构调整与优化便是减少灌区需水、规避水资源短缺风险的一项重要措施。灌区需水结构调整集中体现在作物种植结构布局上，种植结构调整的原则是在确保粮食安全的前提下，考虑作物需水、供水和缺水规律，根据市场需求，提高耗水少、产量附加值高和销路好的经济作物比例，建立节水高效型种植结构，优化各生产要素的时空配置，充分发挥农业自然资源的生产潜力，最大限度地摆脱水危机。对于水资源短缺地区的灌区水资源利用而言，种植结构调整的方向可简述为在确保粮食安全的基础上，减少耗水大、效益低的粮食作物，增加耗水少、效益高的经济作物。由此可见，种植结构调整与优化不仅可以从根本上减少灌区作物用水需求，缓解水资源供需矛盾，规避水资源短缺风险，而且科学合理的种植结构还能充分减少水量消耗，切实提高水资源利用效率，并由此减少地下入渗水量，减弱土壤盐碱化程度，有利于提高中低产田的粮食产量，且由于种植结构调整的方向多为增加高附加值的经济作物，因此灌区经济效益增加明显。综上所述，将变化环境下的灌区水资源供给和需求相结合，研究既能保证灌区经济效益，又能够提升灌区用水安全的灌区需水结构优化布局，对灌区抗旱减灾以及水资源开发利用活动的合理调控具有十分重要的理论价值和实践意义。

我国北方灌区农业水资源更容易受到气候变化的影响。因此本书研究项目以河南省大型灌区——陆浑灌区作为研究对象，通过集对分析法、协整理论等现代数学理论与方法逐步探索气候变化条件下灌区天然来水、灌溉用水量与作物需水量的随机性，并量化三者之间的不确定性；深入分析灌区主要水文气候要素的演变规律及其对灌区供需水的影响，并对灌区作物需水与供水的不确定性进行深入剖析；运用 Copula 函数建立基于灌区水资源供需时序的联合概率分布模型，用以对灌区水资源短缺风险进行分析；根据灌区未来发展规划，设置种植结构调整方案，比选与调控不同种植结构调整方案下的水资源短缺风险，以期为进行灌区种植结构调整、缓解灌区水资源供需矛盾提供科学依据，为灌区水资源的高效利用及灌区抗旱提供可靠的技术支撑。因此，开展变化环境下的灌区水资源短缺风险分析不仅有助于加强认识灌区水资源与农业生产的作用关系，而且对科学评价气候变化下灌区农业的用水安全有着重要的理论意义，在保障灌区农业用水安全的同时，对促进农业结构的调整及形成高效的现代化节水农业有着重要的指导作用，同时对灌区以后应对变化环境下的水资源短缺、水资源的安全供给及抗旱规划的合理制定有着重要的实际意义。

1.3 国内外研究现状

1.3.1 水资源短缺风险分析

风险分析一般包括风险识别、风险评估和风险评价三个方面。风险识别主要是对引起风险发生的主要因素进行甄别判断；风险评估是在风险识别的基础上，对风险发生的概率及其可能造成的损失进行定量评估，通常要用到概率论和数理统计研究方法；风险评价则通常需要选择适宜指标，对风险过程进行综合评价。可以看出，风险分析是为了趋利避害，使决策事件向着更为有利的方向发展。风险与不确定性具有紧密联系。

在随机水文学中，风险是指一个失事事件所发生的概率[16]。风险分析最早应用于洪水灾害的风险分析，如 Todorovic 等[17]借助 POT 模型最先描述了季节性洪水风险的变化情况；Kuczera[18]研究了参数估计的可靠性与水文序列数据之间的关系；Stedinger 等[19]针对随机年径流模型参数的不确定性进行了研究，还讨论了特定设计条件下的洪水风险等问题；在国内有关防洪风险研究中，梁川[20]以极差分析法进行防洪调度风险评估；谢崇宝[21]分析了水库防洪风险计算中水文、水流及水位库容关系的不确定性，研究了水库防洪全面风险率模型应用问题；傅湘等[22]用系统分析方法建立了大型水库汛限水位风险分析模型；梅亚东等[23]对大坝防洪安全的风险分析进行了详细阐述。由于汛限水位在水库防洪中的重要性，又有学者对此进行深入研究；席秋义等[24]基于结构可靠度指标的物理含义，建立了水库泄洪风险计算优化模型；冯平等[25]对东武仕水库提高汛限水位的风险进行分析；王本德等[26]应用贝叶斯定理构建水库汛限水位动态控制推理模式及其风险。而在有关洪水风险概率计算方面，徐宗学等[27]曾以随机点过程理论为依据推导出具有成丛特征的洪水风险率计算的两种模型，即 GPP 模型和 GPB 模型；田峰巍等[28]提出了依据典型联合概率分布函数的风险决策方法。

近年来，由于高强度、高速度的经济发展对水资源需求的影响以及水文气象条件的变迁等因素，由于来水和用水的不确定性所造成的水资源短缺风险日趋凸显，并逐渐成为水资源系统中的一个研究热点。水资源短缺风险共识的观点是指在特定的环境条件下，由于受到各种因素的影响，来水和用水两方面存在不确定性，使区域水资源系统发生供水短缺的概率以及由此产生的损失[29]。阮本清等[30]针对水文现象的随机性，从来水和用水两方面的不确定性这一角度出发，对水系统的风险性进行了研究；冯平等[31-32]基于 S-变换和 EMD 方法对河川径流的不确定性进行了分析，为掌握来水时间演变规律提供参考；王珊[33]根据 2015 年胶东地区水资源需求预测，以长系列来水资料为基础，计算了胶东地区水资源短缺风险评价指标值；钱龙霞等[34]从危险性、暴露性和脆弱性的角度构建了水资源供需风险指标体系，建立了基于 Logistic 回归和非线性模糊综合评价(NFCA)的供需风险分析模型，考虑供水的随机不确定性，并以北京市为例，研究多种不同来水条件下的风险。

水资源短缺风险受多种因素影响，具有模糊性和不确定性。为定量评价水资源短缺风险，有学者构建了基于水资源短缺风险影响指标的模糊评价模型，并借助模糊概率、信息熵、灰色理论等现代数学方法，对水资源短缺风险进行综合评价。罗军刚等[35]针对水资源短缺风险评价中各指标的模糊性和不确定性，将信息论中的熵值理论应用于水资源短缺风险评价中，建立了基于熵权的水资源短缺风险模糊综合评价模型；金菊良等[36]建立了流域水安全评价指标体系和评价标准，用基于加速遗传算法的模糊层次分析法筛选指标、确定各指标和子系统的权重，又用集对分析方法建立了基于联系数的流域水安全评价模型(CN-AM)；夏军[37]认为水资源管理战略必须解决需水管理(WDM)和供水管理(WSM)这两个重要问题，以及需水管理和供水管理的联合管理问题，才能保障用水安全；李九一等[38]构建了由水资源供给保障率、水资源保障可靠性、水资源利用率和水资源利用效率 4 项指标构成的区域尺度水资源短缺风险评估与决策体系，给出了定量计算方法，并在京津唐地区进行了实例研究；韩宇平等[39]选取区域水资源短缺风险程度的风险率、脆弱性、可恢复性、重现期和风险度作为评价指标，采用最大熵原理研究水资源短缺风险的模糊综合评价方法；张士峰等[40]根据缺水风险率、恢复性指标、稳定性指标和脆弱性指标，对海河流域水资源短缺进行评价；谢坚等[41]以北京市为例，首先对水资源短缺风险因子进行识别，而后采用层次分析法、模糊综合评价及 BP 神经网络算法等理论，对北京市 2011—2015 年间水资源短缺风险进行了预测分析；左其亭等[42]、姜文来等[43]对水资源系统的多目标风险决策也进行了一些理论和应用研究。

1.3.2　Copula 函数在水文水资源中的应用

水文事件往往涉及多个变量，且变量间存在各种相依关系，单变量的水文分析计算难以反映其关系属性，因此，对多变量水文联合分布的研究成为重点。常用的多变量风险分析计算方法主要有基于正态变化的 Moran 法[44]、费永法（FEI）[45-46]、经验频率法[47]、非参数法[48]和 Copula 函数法等。但是有些方法，如（对数）正态分布模型、（混合）Gumbel 模型等[49-50]，均假定单变量边缘分布类型相同，且随机变量之间存在线性关系，这些假定条件无疑局限了对变量真实特性的客观真实。与此同时，1959 年，基于 Sklar 定理提出的 Copula 函数为构造多元分布提供了理论基础。

Copula 函数在构造多变量联合分布时，不需要变量服从特定的边缘分布，也不需要采取特定的转换方式避免数据失真，它甚至能将联合分布的构造分解成两个独立的模块进行处理（即变量的相关性分析及变量的边缘分布），这样不仅使求解过程变得简单明了，也增加了它的灵活性与适应性，正是由于它所具有的这些特性，使得 Copula 函数在水文分析计算领域得以迅速发展。在干旱风险分析方面，国外 Yoo 等[51]运用 Copula 方法建立干旱历时和干旱烈度的二维联合概率分布模型，估计两变量联合概率的置信区间；Zhang 等[52]运用 Copula 函数建立干旱烈度和干旱历时的联合概率分布模型，为地区乃至全球范围内的干旱事件的不确定性分析提供技术支持；Shiau[53]应用干旱历时和干旱烈度的联合概率分布，描述两变量的相关结构，并分析联合概率和两变量的重现期；Xu 等[54]考虑干旱事件的时空变化，通过应用 Copula 方法构建干旱历时、干旱影响面积和干旱烈度的三维联合概率分布模型，提出一个区域干旱频率分析的模型。在国内应用方面，许月萍等[55]、闫宝伟等[56]应用 Copula 函数描述了干旱历时和干旱烈度之间的相依关系。许玲燕等[57]以淮河流域蚌埠站为例，运用 Clayton Copula 函数建立干旱强度与干旱历时的联合分布模型，对二者的联合重现期、条件重现期进行分析，揭示了干旱强度对干旱风险重现期有较大影响。潘璀林等[58]采用 Gumbel-Hougaard Copula 函数建立干旱历时和干旱强度的联合概率分布，计算分析二者的条件概率，来分析韩江流域的干旱风险。

Copula 函数在洪水遭遇风险分析方面也有诸多应用。国外 Pinya 等[59]应用 Copula 函数建立了径流峰值、径流历时和径流量的三维联合概率分布模型，评估了潮闸管制流域的内涝风险；Grimaldi 等[60]运用非对称 Archimedean Copula 函数建立洪水历时、洪峰和洪量的三变量联合概率分布模型，描述三变量之间的相依结构；Genest 等[61]应用 Copula 函数建立洪峰、洪量和洪水历时的联合概率分布模型，并对三维三变量的重现期进行了分析。在国内应用方面，陈子燊等[62]选择 Gumbel-Hougaard Copula 函数建立广东西江水文站和北江水文站的洪水流量的联合分布模型，对条件概率进行了分析，得出两站相同设计频率洪水的遭遇风险较大。侯芸芸等[63]选择 Frank Copula 函数模拟陕北地区洪水特征变量的联合概率分布和联合重现期。

此外，De Michele C 等[64]运用 Copula 函数对风暴极值事件进行了研究。陈子燊等[65]选取 Gumbel-Hougaard Copula 函数构建了北部湾涠洲岛海域的极值波高与相应风速的联合概率分布模型。张金萍等[66]基于泾河张家山水文站 1932—2008 年的径流和泥沙数据，借助 Gumbel-Hougaard Copula 函数建立水沙联合分布模型，分析了泾河水沙组合遭遇的重现期和丰枯遭遇频率。张娜等[67]基于隔河岩 1965—2002 年的全年降雨量资料，采用 Gumbel-Hougaard Copula 函数描述了暴雨事件中的两变量联合分布概率和联合重现期。但是在将 Copula 函数应用于灌区水资源短缺风险分析方面，仅丁志宏等[68]和 Zhang 等[69]进行了一些探索，运用 Copula 函数建立降雨量和参考作物腾发量的二维联合概率分布模型，并对联合概率、联合重现期、条件概率、条件重现期进行分析，以期分析灌区水资源短缺风险。

上述研究成果均是关于二维 Copula 函数在水文水资源领域中的应用。近年来，随着水文学科研究领域的复杂化和实际研究的必要性，三维及以上 Copula 函数也逐渐被运用到实际应用中。在国外，Serinaldi 等[70]运用 Copula 函数构建干旱历时、平均 SPI 值、最小 SPI 值和平均干旱面积的四维联合概率分布模型，加深了对干旱风险的认识；Ghizzoni 等[71]针对密西西比河流域上的 18 个流量站的流量数据进行联合分布模型的模拟构建。在国内，马明卫等[72]应用三维 Gaussian Copula 和 Student t Copula 描述渭河流域干旱多变量联合概率分布，并计算分析了渭河流域发生较长时期持续干旱的频率和重现期。侯芸芸等[73]选择三维 Gumbel-Hougaard Copula 函数全面描述了洪峰、洪量和历时之间的相依性，进行了洪水特征变量的联合概率分布的计算。张翔等[74]基于淮河流域蚌埠闸 1986—2005 年的实测月水量、高锰酸盐指数和氨氮指数的资料，运用三维 Gumbel-Hougaard Copula 函数模拟水质水量的联合分布模型。谢华等[75]选择三维 Frank Copula 函数计算了长江、淮河与黄河流域的径流量的联合概率分布。

1.3.3 基于水资源约束条件下的灌区种植结构调整

灌区需水结构主要是指灌区种植结构。国内外一些学者[76-79]认为合理配置自然、经济及人力等农业资源，根据市场供求，选种经济效益高的优势作物，才能达到种植业效益最大化。目前水资源情势日益紧张，如何在既能规避水资源短缺风险，又能保证灌区经济产量的情况下进行灌区种植结构优化调整，成为时下广泛研究的热点问题之一。

受水资源短缺和农业用水效率不高所限，未来农业用水不可能大幅增长，灌区农业必须走节水高效的路子。建立区域节水型农业种植结构应提高水资源利用效率及效益，压缩高耗水作物种植比例，调整作物熟制和播期，使作物生育期耗水与有效降水相耦合。为从灌区内部充分挖掘节水潜力，实现水量合理调配，进而达到节水高效、提升灌区用水安全的目的，将种植结构调整和水资源优化配置有效结合就显得尤为必要。魏晓妹等[80]认为灌区农业水资源调控的基本途径便是地表水与地下水的联合运用或井渠结合，这一说法就充分体现了水资源优化配置和联合调度的重要性。张丽[81]在基于供需平衡的灌区水资源合理配置研究中，构建了基于供需平衡的灌区水资源配置模拟模型；高明杰等[82]建立了区域节水型种植结构的多目标模糊优化模型与方法，为水资源约束型地区的种植业可持续发展研究提供了重要的理论与方法基础；陈兆波[83]建立了基于水资源高效利用的农业种植结构多目标优化模型及其优化评价指标体系，并探讨了流域农业种植结构优化宏观调控机制，为今后流域乃至干旱荒漠绿洲区农业种植结构规划和政策分析提供理论依据；时启军[84]通过对齐齐哈尔地区的种植结构调整进行分析，实现了农业水资源的优化配置，以达到农业节水高效的目的；刘俊等[85]在缺水地区从调整农业种植结构和制定经济灌溉定额两个方面出发，探索提高农业灌溉水量的利用效率和效益；张金萍等[86-87]运用广义水资源合理配置模型对不同种植结构下的水资源配置进行了研究，实现了有限水资源的经济效益最优。

由于灌区种植结构调整受自然资源和社会经济条件的多重制约，地域性和综合性较强，存在着诸多不确定性，这给灌区种植结构优化调整带来困惑，为解决这一问题，许多智能新算法得以应用。陈守煜等[88]提出了与农业水资源优化配置密切相关的作物种植结构的多目标模糊优化模型；宫飞[89]应用 RCSADSS 方法，对区域种植制度及其水分利用的发展变化情况进行剖析，提出了区域结构型节水种植制度优化调整策略；周惠成等[90]应用耗散结构理论和模糊数学理论，建立了水资源约束条件下的作物种植结构优化模型，并采用交互式模糊多目标优化算法对模型进行求解，实现与决策者之间的反复协商，得到决策者满意的调整方案；周维博等[91]运用模糊数学的原理，结合干旱地区灌区水资源利用现状和特点，建立了灌区水资源综合效益模糊评价模型；王玉宝[92]以混沌粒子群算法为手段，构建基于流域节水型农业种植结构优化模型，并建立评价体系，利用基于实码加速遗传算法的投影寻踪模型对选取的几种农业种植结构优化方案进行评价；张智韬等[93]建立了考虑灌区节水效益、经济效益和生态效益的多目标种植结构优化模型，并以宝鸡峡五泉灌区为例，采用蚁群算法对模型在不同约束下的两种优化方案进行优化求解。这些智能方法与现代信息技术的有机结合，使得农业种植结构优化这种复杂大系统模型的建立、求解变得容易起来，同时提高了优化效率和优化效果。

1.3.4 研究中存在的问题

（1）水资源短缺风险研究主要集中于对区域或城市供用水中不确定性的风险评价，研究内容也针对风险综合评价方法的选用、评价指标体系的构建量化和综合评判，灌区水资源短缺风险研究则相对不足，特别是基于长系列来水和需水之间的不确定性量化关系，揭示自然降雨、灌溉用水量与参考作物腾发量的遭遇概率与风险仍缺乏系统深入的研究。

（2）运用 Copula 函数理论对二维变量联合分布的研究和应用居多，对三维及其以上的应用较少。从研究内容上看，Copula 函数在水文水资源领域中的应用主要集中于干旱特征分析、洪水遭遇风险分析等，在灌区水资源短缺风险分析方面的应用相对较少，而且三维及以上 Copula 函数的应用有待进一步的探索。

1.4 研究内容和研究目标

以我国北方典型渠灌灌区——陆浑灌区为研究案例，对灌区水资源供需时序要素与作物需水量的演变规律及相关性进行量化分析，构建灌区水资源短缺联合概率分布模型，并应用所构建的模型进行水资源短缺风险分析，具体研究内容如下。

1.4.1 研究内容

（1）灌区水资源供需时序变量多时间尺度集对分析。根据灌区主要气象站点与河川径流控制水文站点长系列观测资料，结合灌区农业发展实际，分析灌区主要水资源供需时序变量的时间演变特征和发展趋势；针对灌区水资源供需时序要素与作物需水量相关关系的模糊性，从统计规律和时序两个方面解释二者之间的相关性，如应用多元统计分析方法，明确变量内部及变量之间相互依赖的统计规律；借助现代数学方法（如 EMD 方法、协整分析、集对分析等）分析不同时间尺度下变量之间存在的长、短期动态联系和均衡关系，并从同一性、差异性和对立性三个方面解析变量间的不确定性。

（2）灌区水资源短缺风险联合概率分布模型构建。综合分析灌区有效降雨量、灌溉用水量和作物需水量的随机变化特性和概率统计分布特性，选用相应的随机变量概率分布函数；应用 Copula 函数，构建有效降雨量、灌溉用水量和作物需水量相耦合的灌区水资源短缺风险联合概率分布模型，分析不同量级降雨量、灌溉用水量与作物需水量的联合概率分布、条件概率分布与遭遇组合重现期。

（3）面向水资源短缺风险规避的灌区需水结构优化。根据灌区现状及未来发展规划，设定灌区需水结构调整方案，利用灌区水资源短缺风险联合概率分布模型，分析未来不同情景下的灌区水资源短缺风险，并进行方案比选；结合方案比选下的信息交流与反馈，研究降低水资源短缺风险、提升灌区用水安全的需水结构调控机制，最终建立抵抗水资源变动风险能力较强的灌区需水结构布局模式。

1.4.2 研究目标

围绕灌区水资源短缺风险规避与经济发展"双赢"目标，明确灌区降雨量、灌溉用水量与作物需水过程的统计规律和随机性特征，构建基于灌区来水与需水过程的水资源短缺联合概率分布模型；结合陆浑灌区发展实际，确定灌区来水情势与需水结构组合布局下的水资源短缺风险，提出灌区抗干旱风险能力较强的需水结构布局模式。

1.5 研究方法及技术路线

项目研究总体思路为：根据灌区历史资料和观测数据，分析灌区降雨量、灌溉用水量与作物需水自身演变规律以及量化其间的作用机理；在此基础上，根据不同来水条件，构建两类水资源短缺风险联合概率分布模型；最后，以河南省陆浑灌区为例，分析不同需水结构下的灌区水资源短缺风险及相应的调控机制，提出面向水资源短缺风险规避的灌区需水结构优化布局。主要研究方法与技术路线（图1.1）如下。

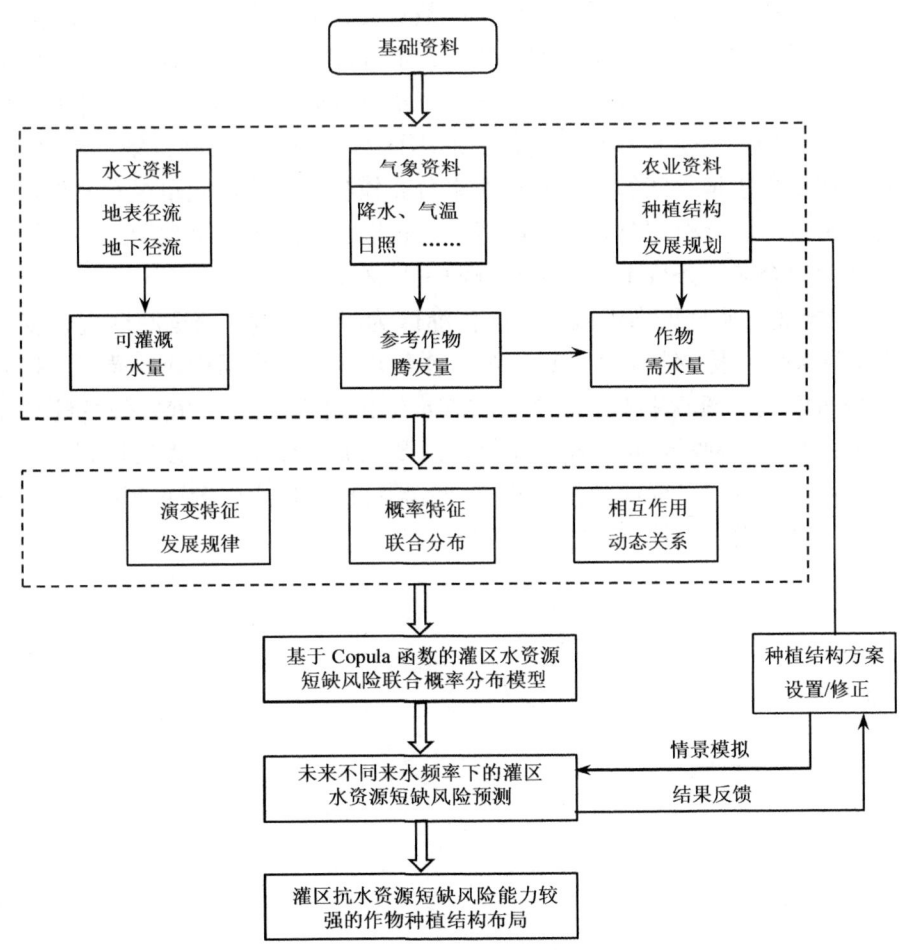

图 1.1 项目研究技术路线图

（1）补充收集缺失的历史资料和观测数据，根据灌区主要气象站点、河川径流控制水文站点以及农业发展长系列资料，分析主要气象因子（如降水、气温等）、参考作物腾发量（采用彭曼公式计算）、灌溉用水量以及灌区作物需水量的概率统计规律和随机变化特性；运用多时间尺度分析方法（如小波分析或EMD方法），解析不同时间尺度上气象因子、灌溉用水量与作物需水量的周期性波动特征，系统揭示各随机变量在年内、年际间的时间分异特征和演变规律。

（2）应用多元统计分析方法，量化降雨量、灌溉用水量与作物需水量之间的相关性，特别是有效降水、灌溉用水量与作物需水量三者之间的作用关系；应用协整理论与分析方法，解析不同时间波动周期下，有效降水、灌溉用水量与作物需水量之间的短期波动和长期均衡关系；应用集对分析理论和方法，对不同时间尺度下有效降水、灌溉用水量与作物需水量的不确定性进行分析，从同一性、差异性和对立性三个方面深入剖析这种不确定性在不同时间尺度上存在的主要关系及其随波动周期的发展趋势。

（3）针对有效降水、灌溉用水量以及灌区作物需水量的概率统计特性，应用水文频率分析方法，选用相应的随机变量概率分布函数；在此基础上，应用 Copula 函数，构建两类水资源短缺风险联合概率分布模型：第一类是有效降水与作物需水量的二维联合概率分布模型，用以分析不同量级有效降水与作物需水量的联合概率分布、条件概率分布以及遭遇组合重现期，用于揭示自然降水条件下的灌区水资源短缺风险；第二类是有效降水、灌溉用水量与作物需水量之间的三维联合概率分布模型，分析不同量级有效降水、灌溉用水量与作物需水量的联合概率分布、条件概率分布以及遭遇组合重现期，用于揭示自然降水和灌溉用水量组合来水条件下的灌区水资源短缺风险。

（4）以我国北方典型渠灌灌区——陆浑灌区为研究案例，根据灌区现状及未来发展规划，设定灌区需水结构调整方案，计算灌区作物需水量；利用构建的灌区水资源短缺风险联合概率分布模型，预测未来不同来水和需水结构组合条件下的灌区水资源短缺风险；根据预测结果，结合作物需水量、农产品价格以及农业总体布局和发展规划，对设定方案进行比选，并不断进行信息反馈和模拟调控，最终提出抵抗水资源变动风险能力较强，且灌区经济效益较高的需水结构优化布局模式。

第2章 陆浑灌区概况

2.1 自然地理概况

2.1.1 地理位置

陆浑灌区位于河南省西部,处于伏牛山北麓、嵩山和熊耳山谷地在东经112°5′~113°5′、北纬34°10′~34°45′之间。灌区始建于1970年,从陆浑水库引水,纵跨黄河、淮河流域。在黄河流域有总干渠、东一干渠、西干渠、滩渠4条干渠,在龙门以上沿伊河两岸分布,龙门以下至荥阳县丁店沿伊河和伊洛河南岸分布,走向西南向东北,长160km,宽15km,呈狭长地带;在淮河流域有东二干渠沿北汝河北岸分布,东西长55km、宽8km,呈条状地带。灌区横涉郑州、洛阳、平顶山三市,灌溉嵩县、伊川等七个县(市)的134.24万亩耕地。陆浑灌区共计51个乡镇,600多个行政村,总人口为131.42万人,农业人口114.5万人。总土地面积330.03万亩,总耕地面积为168.43万亩。

2.1.2 地形地貌

灌区地处伏牛山北麓、嵩山和熊耳山谷地的浅山丘陵区,地势西北高东南低,地面高程由298m过渡到170m。灌溉面积主要分布在伊河两侧、洛河南侧及北汝河北侧,灌区耕地有河滩地、平坦地、坡地和丘陵坡,其中河滩地和平坦地占50%,坡地占30%,丘陵地占20%。灌区地形复杂,地面坡度大,沟壑多,天然排水条件较好。部分浅山地势陡峭,基岩裸露,海拔较高,林木稀少。

灌区范围土壤多属黄土及中粉质壤土,少部分为黏土。灌区内土层较厚,土质较肥沃,土壤中氮、磷、钾含量较高,易于耕作和作物生长。

2.1.3 水文气象

灌区位于北温带南缘,属于大陆性季风气候。多年平均降雨量约为600mm,降水年内分配不均,一年中70%降雨量主要集中于6—10月,年际间变化更大。灌区内水旱灾害频繁,且有连旱、连涝的自然规律,不利于作物生长。多年平均径流深200mm,75%年份为100mm左右,年际年内分布极不平均,年际间最大最小比值为8.0。灌区年平均气温为14℃,平均全年无霜期287d,相对湿度67%,多年平均日照时数为2185h,日照率为51%左右,适宜多种经济作物及粮食生长。

陆浑水库为陆浑灌区的主要供水水源。陆浑水库位于河南省洛阳市嵩山县,黄河二级支流伊河上。伊河是伊洛河的第一大支流,发源于河南省栾川县陶湾乡的闷敦岭,向东流经嵩县、伊川、洛阳、偃师等县（市），在偃师市杨村附近与洛河汇合为伊洛河。伊河流域面积为6100km²，占伊洛河流域面积的32.3%。陆浑水库控制流域面积为3492km²，占伊河流域面积的57.9%。

伊河流域基本上属于以降水为主要水源的河流，因此，年降雨量的大小直接影响着年径流量的大小。1964年水库大坝以上的年径流量为25.09亿m³，为建库以来年径流量之最大值。1997年的年径流量为2.69亿m³，为建库以来之最小值。年径流量最大值约是最小值的9.3倍。一年中流量的变化几乎完全服从于四季雨量的变化。冬春雨雪稀少，河流流量主要依靠地下水的补给，因此，流量偏小，中下游曾发生过断流现象。6—8月多为暴雨发生季节，其中7月、8月两月暴雨最集中，强度大，河水流量也大。水库入库站（东湾站），1975年8月9日实测最大流量为4200m³/s；1974年7月15日实测最小流量为1.42m³/s；1959年10月10日嵩县站实测最小流量为0.35m³/s。1960—1986年平均流量为25.8m³/s，年径流量为8.13亿m³。

2.2 灌区农业现状

2.2.1 灌区种植结构

陆浑灌区位于河南省豫西浅山丘陵区，跨越黄河、淮河两大流域，范围涉及洛阳、平顶山、郑州三个市，灌区设计灌溉面积为8.967万hm²，是河南省大型灌区之一。灌区主要种植小麦、玉米、谷豆等粮食作物，还盛产棉花、油料、烟叶和蔬菜，复种指数为1.7。粮食作物种植比例为小麦70%、玉米62.51%，其他粮食作物种植比例为7.49%。小麦和玉米的种植面积每年都为65万亩左右，平均单产约500kg；棉花种植比例为24.24%，果林及其他经济作物种植比例为5.76%，年亩均产值1500元。据统计，灌区良种化率达到45%，机械化程度达到60%。

灌区规划总控制灌溉面积为180万亩，其中净发展灌溉面积为134.24万亩，设计灌溉保证率为78%。原有利用当地径流灌溉的灌溉面积45.76万亩。净增灌溉面积中，自流灌溉面积为106.83万亩，提水灌溉面积为27.47万亩；原有灌溉面积中，中小型水库灌溉面积24.69万亩，天然河水灌溉面积10.14万亩，井水灌溉面积10.9万亩。

2.2.2 灌区农业用水

陆浑灌区水源主要来自黄河支流伊河上的陆浑水库。陆浑水库为河南省第二大水库，位于洛阳市嵩县境内伊河干流上，水库以上河长174km，控制流域面积3492km²，总库容13.2亿m³，多年平均来水量为10.25亿m³。陆浑灌区自1974年开灌以来，累计通水160次，引水总量52亿m³，灌溉耕地近2000万亩次，使灌区粮食增产近30亿kg，经济效益27亿元，社会效益十分显著。陆浑水库灌区在设计灌溉供水保证率为50%时，设计年灌溉用水量4.69亿m³，现状实际年灌溉用水量2.0亿m³。近年来，受上游伊河径流减少影响，陆浑水库蓄水量也严重不足，极大地影响了灌区的灌溉活动。

2.3 水利设施现状

陆浑灌区兴建于 1970 年，1974 年开始通水，设计灌溉面积为 134.24 万亩，2010 年有效灌溉面积达到 62.58 万亩。灌区现有总干渠 1 条，长 44.4km；东一干渠、东二干渠、西干渠、滩渠 4 条干渠，长 233.4km；支渠 49 条，长 232.3 km；干支渠系建筑物 2098 座，其中总干渠 214 座，东一干渠、东二干渠、西干渠、滩渠 1154 座，支渠 730 座。灌区渠系水利用系数为 0.423，灌溉水利用系数为 0.36。

陆浑灌区地形复杂，属山区丘陵地貌，沟河纵横。总干渠上段旁山开渠，蜿蜒东南，下段及其他干渠大都属浅山丘陵区，穿岭跨沟，坡陡流急，险工不断。由于基建遗留尾工较多，加之运行几十年来缺乏必要的维修经费，干支渠道普遍存在坍塌、渗漏、淤积等现象，滑坡、塌方时有发生。建筑物建设标准低，功能衰减，加之建筑物老化失修，配套不完善，致使灌区水资源利用率低下，严重影响工程效益的发挥。

第 3 章 水资源供需时序多时间尺度集对分析

3.1 主要方法介绍

3.1.1 小波分析

顾名思义，小波（Wavelet）就是小的波形。所谓"小"是指它具有衰减性；"波"则是指它的波动性，其振幅为正负相间的振荡形式。小波分析属于时频分析的一种。传统的傅里叶分析中，信号完全是在频域展开的，不包含任何时域信息[94]。

小波变换是一种信号时间-尺度（时间-频率）分析法，具有多分辨率分析（Multiresolution Analysis）的特点，而且在时频两域都具有表征信号局部特征的能力，是一种窗口大小固定不变，但其形状可改变，时间窗和频率窗都可以改变的时频局部化分析方法。它通过伸缩平移运算对信号（函数）逐步进行多尺度细化，最终达到高频处时间细分，低频处频率细分，能自动适应时频信号分析的要求，从而可聚焦到信号的任意细节[95]。

设 $\psi(t) \in L^2(R)[L^2(R)$ 表示平方可积的实数空间，即能量有限的空间信号]，其 Fourie 变换为 $\hat{\psi}(\omega)$。当 $\hat{\psi}(\omega)$ 满足容许条件(Admissible Condition)：

$$C_\psi = \int_R \frac{|\hat{\psi}(\omega)|^2}{|\omega|} d\omega < \infty \tag{3.1}$$

此时，称 $\psi(t)$ 为基小波或母小波(Mother Wavelet)。由容许条件可以推论出：基小波 $\psi(t)$ 至少必须满足 $\hat{\psi}(\omega = 0) = 0$，即 $\int \psi(\omega) = 0$。也就是说 $\hat{\psi}(\omega)$ 必须具有带通性质。

将母小波经伸缩和平移得小波序列，又称子小波：

$$\psi_{a,b}(t) = \frac{1}{\sqrt{|a|}} \psi\left(\frac{t-b}{a}\right) \quad a,b \in R, a \neq 0 \tag{3.2}$$

式中：a 为伸缩因子或尺度因子，将基本小波作伸缩；b 为平移因子。

小波是具有振荡特性、能够迅速衰减到零的一类函数。由式（3.1）知，满足允许条件的函数 $\Psi(t)$ 称为基小波，其伸缩和平移构成一簇函数系：

$$\psi_{a,b}(t) = |a|^{-1/2} \Psi\left(\frac{t-b}{a}\right) \quad b \in R, a \in R, a \neq 0 \tag{3.3}$$

式中：$\psi_{a,b}(t)$ 称为子小波；a 为尺度因子或频率因子；b 为时间因子或平移因子。对于能量有限信号 $f(t) \in L^2(R)$，其连续小波变换定义为

$$W_f(a,b) = |a|^{-\frac{1}{2}} \int_R f(t) \overline{\psi}\left(\frac{t-b}{a}\right) dt \tag{3.4}$$

式中：$\overline{\psi}(t)$ 为 $\psi(t)$ 的复共轭函数。

式（3.4）说明小波变换是对信号用不同滤波器进行滤波。由于 t、a、b 都是连续的变

量，式（3.4）称为连续小波变换。

如果 $\Psi(t)$ 满足相容条件：$C_\psi = \int_R |W|^{-1} \hat{\psi}^2(W) dw < +\infty C$，其中 $\hat{\psi}(\omega)$ 为 $\hat{\psi}(t)$ 的傅里叶变换。对于信号连续小波变换，$f(t)$ 可重构：

$$f(t) = C_\psi^{-1} \iint_{R^2} W_\psi f(a,b) \psi_{a,b}(t) \frac{dadb}{a^2} \quad (3.5)$$

实际中水文序列是离散的，因此可利用离散小波变换将水文序列进行分解，得到不同时间尺度上的小波系数。这些小波系数是水文序列在不同时间尺度和不同空间位置上的投影，从而可以用来描述水文序列的内在结构、性质和变化特性[96]。对不同时间尺度上的小波系数进行小波重构，可以得到序列的不同组成部分。

水文序列由确定性成分和随机成分两大部分组成[97]。对于水文序列来说，低频部分是最重要的，它主要由确定性成分构成，反映了水文序列的主要变化特征，例如序列的趋势和周期等。高频部分主要由随机成分构成，是由许多不确定性因素引起的不规则波动。如果将高频部分从原序列中去除，低频部分的重构序列仍可以保持原序列的变化特征，且重构序列与原序列的特征值应该近似相等，高频重构序列的特征值应该具有随机信号的特点[98]。

具体的小波函数选择过程如下：①选定所要分析的水文序列，然后应用某一小波函数对该序列做离散小波分解，得到不同时间尺度下对应的小波系数；②确定合理的小波系数阈值，将小波系数分成低频、高频两部分；③利用离散小波重构方法，分别将两部分系数重构，得到低频重构序列和高频重构序列，并统计两个重构序列的特征值；④依次选用小波总体中的每个小波函数，重复②和③两步骤对该序列作相同处理；⑤应用小波函数选择依据和判别标准，对每个小波对应的重构序列特征值进行统计分析，从而选择出适合该序列小波变换分析的小波函数类型[99]。

3.1.2 集对分析

所谓集对是指具有某种联系的两个集合 A 和 B 组成的对子，记为 $H(A,B)$。集对分析可对两个集合的特性作同一性、差异性和对立性分析，通过两个集合的联系度公式来表达[100]：

$$\mu = \frac{S}{N} + \frac{F}{N}i + \frac{P}{N}j = a + bi + cj \quad (3.6)$$

式中：μ 为集合 A 和 B 的联系度；S 为同一性的个数；F 为差异性的个数；P 为对立性的个数；N 为集合特性的总数；i 和 j 分别为差异度 F/N 和对立度 P/N 的系数，i 在[-1, 1]之间取值，j 在一般情况下取值为-1；$a = P/N$ 为同一度，$b = F/N$ 为差异度，$c = P/N$ 为对立度，a、b、c 非负且满足归一化条件。

集对分析的计算步骤为：首先构造集合 A、B 和集对 $H(A,B)$；其次，通过一定的分类标准，将集合 A 和 B 的各个元素进行符号量化处理；第三，将集合 A 和 B 的符号量化值两两比较，计算同一性 S、差异性 F 和对立性 P；最后取合适的 i 值，计算同一度 a、差异度 b 和对立度 c 及联系度 μ。

将陆浑灌区的降雨量、ET_c 及灌溉水量各序列利用小波进行分解，进而将分解后的各分量进行集对分析。其中，各变量的分量 d_1 对应的波动周期为短周期，d_2 对应的波动周期为中周期，d_3 对应的波动周期为中长周期，d_4 对应的波动周期为长周期，d_5 对应的波动周期为特长周期。将灌区年降雨原始系列记为集合 A，各分量对应序列记为集合 A_i，d_1 记为集合 A_1，d_2 序列记为集合 A_2，d_3 序列记为集合 A_3，d_4 序列记为集合 A_4，d_5 序列记为集合 A_5；同理，将灌区年 ET_c 原始序列记为集合 B，各分量对应序列记为集合 B_i，分别为 B_1、B_2、B_3、B_4、B_5；将灌区年灌溉水量原始序列记为集合 C，各分量对应序列记为集合 C_i，分别为 C_1、C_2、C_3、C_4、C_5，其中样本容量 $n=63$。将集合 A、B、C 两两进行集对，即 (A, B)、(A, C)、(B, C)；将 A_i、B_i、C_i 各序列分别进行两两集对，即将年降雨量与年 ET_c 各分量进行集对为 (A_1, B_1)、(A_2, B_2)、(A_3, B_3)、(A_4, B_4)、(A_5, B_5)；将年降雨量与灌溉水量各分量进行集对为 (A_1, C_1)、(A_2, C_2)、(A_3, C_3)、(A_4, C_4)、(A_5, C_5)；将年 ET_c 与年灌溉水量各分量进行集对为 (B_1, C_1)、(B_2, C_2)、(B_3, C_3)、(B_4, C_4)、(B_5, C_5)。

采取均值标准差法将灌区年降雨量、ET_c 及灌溉水量分为枯（Ⅰ）、平（Ⅱ）、丰（Ⅲ）三个等级，分别对应区间为 $(-\infty, \bar{x}-0.5s)$，$[\bar{x}-0.5s, \bar{x}+0.5s]$，$[\bar{x}+0.5s, +\infty)$，其中 $\bar{x}$、s 分别为集合各元素的均值和均方差，k_1、k_2 为经验系数，此处取 $k_1=-0.5$，$k_2=0.5$，根据该标准对各集对元素进行符号量化处理。

3.2 水资源供需时序多时间尺度分解

利用离散小波，选取 Daubechies（db6）小波系对陆浑灌区降雨、ET_c 及灌溉水量时间序列进行 5 尺度水平分解，得到不同尺度下的低频部分和高频部分，并对各尺度序列系数进行重构，从而得出灌区供需序列高频部分 $d_1 \sim d_5$ 及趋势项 a_5 的序列系数，并依此来对陆浑灌区供需变量进行多时间尺度分析。运用小波分析对供需水量的多时间尺度特征进行分析，其中 $d_1 \sim d_5$ 及 a_5 为各变量原始序列分解后的各分量及趋势项，P 为降雨量，ET_c 为作物需水量，$Irri$ 为灌溉水量，$P_{d1} \sim P_{d5}$ 为降雨的 $d_1 \sim d_5$ 分量；$ET_{cd1} \sim ET_{cd5}$ 为 ET_c 的 $d_1 \sim d_5$ 分量；$Irri_{d1} \sim Irri_{d5}$ 为灌溉水量的 $d_1 \sim d_5$ 分量。

3.2.1 降雨量多时间尺度分解结果

在小波分析中，趋势是与尺度存在紧密联系的，尺度不同，趋势不同[97]。图 3.1 是陆浑灌区年降雨量在尺度水平 5 下的趋势成分 a_5，尺度较大，且年降雨量的低频序列主要集中为 500～640mm，可以清楚地看出灌区年降雨量呈先上升后下降的趋势。

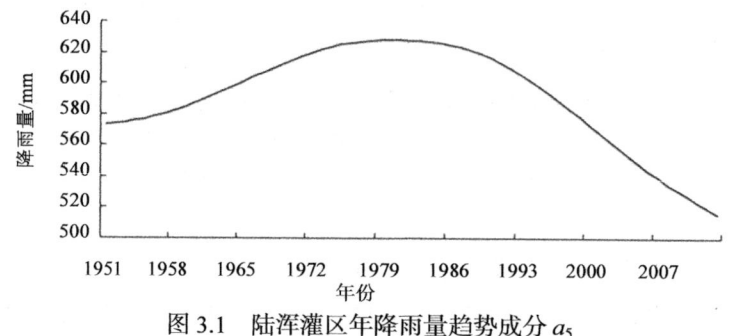

图 3.1 陆浑灌区年降雨量趋势成分 a_5

图 3.2 为灌区 1951—2013 年的年降雨量在多时间尺度下的小波变换实部变化过程，不同时间尺度下降雨量旱涝变化和突变点可以准确地看出。由图 3.2（a）可以看出陆浑灌区降雨量的周期在 2~4 年内波动，其中 20 世纪 50 年代至 70 年代初，波动幅度较大，尤其是 60 年代中期波动最为显著；由图 3.2（b）可以看出陆浑灌区的降雨量周期在 4~9 年内波动，其中 20 世纪 80 年代初期及 21 世纪初波动幅度较大，可以发现，1980—1983 年、2000—2003 年期间各时段为负相位，表示降雨量偏少；由图 3.2（c）P_{d3} 可以看出陆浑灌区的降雨量周期在 9~12 年内波动，其中 20 世纪 60 年代至 80 年代初波动幅度较大，自 90 年代初期开始逐渐趋于稳定；由图 3.2（c）P_{d4} 可以看出陆浑灌区的降雨量存在 22 年左右的波动周期，其中 20 世纪 90 年代初至 21 世纪初降雨量较少，而 21 世纪初至今灌区降雨量较多；由图 3.2（c）P_{d5} 可以看出陆浑灌区的降雨量存在 30 年左右的波动周期，其中 20 世纪 60 年代至 90 年代初小波变化系数为负相位，表明这一时期降雨量较少，90 年代初期至今为正相位，表明这一时期降雨量较多，丰枯交替出现在 1992 年。

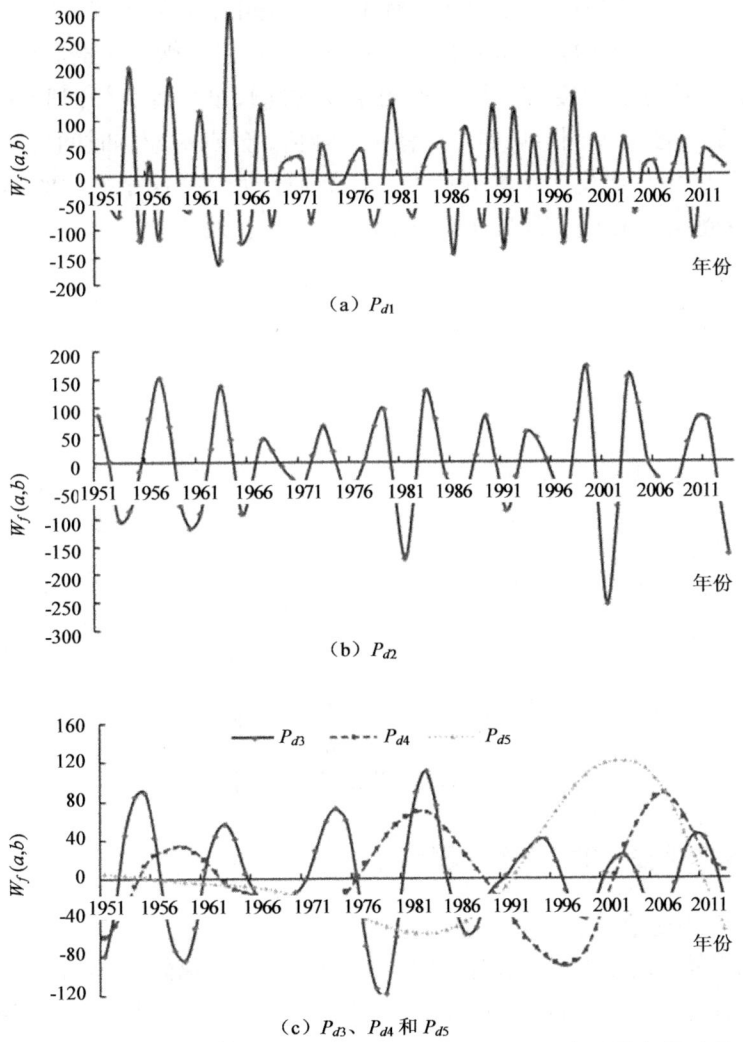

图 3.2 陆浑灌区年降雨量不同时间尺度下的小波变换系数变化过程

从上面分析可以看出，降雨大时间尺度上的偏丰期（或偏枯期）是若干个降雨小时间尺度的丰、枯期的集中表现。随着时间尺度的增大，小时间尺度上的部分奇异点逐渐退化为平常点；相反，随着尺度的降低，除大尺度原有的奇异点外，还不断增加新的奇异点，即大时间尺度上的一些"平常态"在小时间尺度上来看则是"突变态"[97]。同样可以看出，在小时间尺度上，降雨量的周期振荡剧烈，没有明显的规律，随着时间尺度的增加，降雨量的周期振荡趋于平稳，且规律比较清晰，表现为在 9~12 年的周期范围内，存在 6 个丰、枯循环交替，且到 2013 年降雨减少的过程线没有闭合，说明降雨减少的趋势有可能还将继续。12 年以上尺度，周期规律越来越明显，分别表现为 3 个丰、枯循环交替。这也说明小尺度的丰-枯交替变化往往嵌套在大尺度的丰-枯层次中，由图 3.2（c）发现：当 P_{d3} 尺度下降雨量趋势偏枯时，P_{d5} 尺度下降雨量趋势也偏枯，而嵌套在大尺度 P_{d5} 下的小尺度 P_{d4}，降雨量趋势是偏丰的，且属于小丰；当 P_{d3} 尺度下降雨量趋势处于偏枯，但 P_{d5} 尺度下降雨量趋势呈偏丰时，嵌套在 P_{d5} 尺度下的小尺度 P_{d4} 趋势处于偏丰状态，且是大丰。这符合多时间尺度的变化趋势研究，即相同者有小反，不同者有大反[101]。

小波方差图反映了能量随时间尺度年的分布，它可以反映一个时间序列中各种尺度扰动的相对强度，峰值处的尺度称为该序列的主要时间尺度，即为该时间序列的主要周期。由图 3.3 降雨量的小波方差图可以看出，有 4 个峰值，分别对应的时间尺度为 2 年、5 年、10 年、22 年，其中年降雨量 5 年的周期振荡性最强，为年降雨量变化的第 1 主周期，第 2 主周期、第 3 主周期、第 4 主周期分别为 10 年、2 年、22 年。

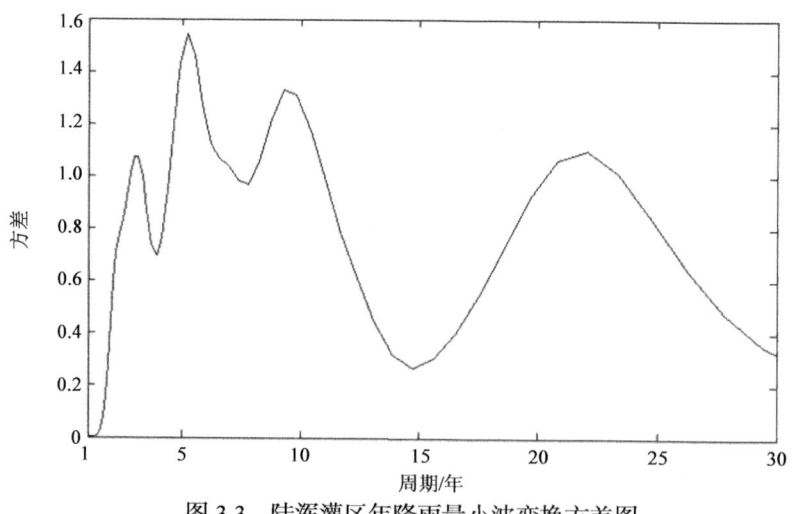

图 3.3　陆浑灌区年降雨量小波变换方差图

3.2.2　作物需水量多时间尺度分解结果

3.2.2.1　参考作物腾发量计算

参考作物腾发量 ET_0 是准确计算作物需水的依据和关键参数。其计算方法有很多，其中最常用的计算方法是彭曼（Penman-Monteith）公式法。彭曼公式法是以能量平衡方程、水汽扩散原理和空气热岛定律为基础，既考虑了空气动力学和辐射的作用，又考虑了作物的生理特征。FAO 按照 Penman-Monteith 方程的要求，给出了 ET_0 的新定义（Allen 等，1994）：ET_0 为一种假想的参考作物冠层的蒸发蒸腾速率，假设作物高度为 0.12m，固定的叶面阻力为 70s/m，反射率为 0.23，非常类似于表面开阔、高度一致、生长旺盛、完全遮盖地面而不缺水的绿色草地的蒸发蒸腾量。标准化后的 ET_0 的计算，即 Penman-Monteith 公式计[102]算如下：

$$ET_0 = \frac{0.408\Delta(R_n - G) + \gamma \frac{900u_2(e_s - e_a)}{T + 273}}{\Delta + \gamma(1 + 0.34u_2)} \quad (3.7)$$

式中：ET_0 为参考作物腾发量，mm/d；Δ 为饱和水汽压-温度曲线上的斜率，kPa/℃；R_n 为植物冠层表面净辐射，MJ/（m²·d）；G 为土壤热通量，MJ/（m²·d），逐日计算 $G = 0$；γ 为湿度计常数，kPa/℃；u_2 为 2m 高处的风速，m/s；e_s 和 e_a 分别为饱和水汽压和实际水汽压，kPa；T 为日平均气温，℃。

式（3.7）中的参数值与地区条件有关，根据计算地点的气象观测资料分析选用。采用式（3.7）计算逐日 ET_0 时所使用的数据包括测站的高程、纬度、风速测量高度、日最高气温、日最低气温、日平均气温、日平均风速、日平均相对湿度和日照时数等。利用 Penman-Monteith 公式，根据灌区主要气象因素的日实测资料，逐日计算了陆浑灌区的 ET_0，并累计计算了灌区的年 ET_0，这为研究灌区 ET_0 的变化趋势提供了数据依据。

3.2.2.2 灌区作物需水量计算

作物需水量（ET_c）主要受气象因素的影响，此外也受植物、土壤因素以及灌溉、排水和耕作栽培技术等人为措施对作物、土壤因素造成的影响。其中，气象因素中气温、空气相对湿度、太阳辐射、日照时长和风速等，是影响 ET_c 的主要因素。

ET_c 的计算方法包括直接法和通过作物系数与 ET_0 的乘积进行的间接法。其中，直接计算 ET_c 的方法均为经验公式，采用主要气象因子与 ET_0 的经验关系进行估算。由于经验公式具有较强的地域局限性，所以它的使用范围受到很大的限制。目前，国际上比较通用的 ET_c 的计算方法是通过 ET_0 与作物系数 K_c 的乘积来确定 ET_c。基本公式为

$$ET_c = K_c ET_0 \text{（水分供应充足）} \quad (3.8)$$

式中：K_c 为作物系数；ET_0 为参考作物腾发量。

根据河南省的作物种类（主要包括小麦、玉米、棉花等）以及作物的生长阶段，将陆浑灌区的作物系数设定为 0.77。根据 Penman-Monteith 公式计算出的灌区参考作物腾发量 ET_0，通过式（3.8）计算出陆浑灌区的作物需水量 ET_c。

3.2.2.2 灌区作物需水量多时间尺度分解

图 3.4 是陆浑灌区年 ET_c 在尺度水平 5 下的趋势成分 a_5，可以看出年 ET_c 的低频序列主要集中为 790~825mm，且年 ET_c 整体变化趋势是先下降后上升的，转折点在 1986 年左右。

图 3.5 为灌区 1951—2013 年的年 ET_c 在多时间尺度下的小波变换实部变化过程，不同时间尺度下 ET_c 大小变化和突变点可以准确地看出。由图 3.5（a）可以看出陆浑灌区年 ET_c 的周期在 2~4 年内波动，其中 20 世纪 60 年代至 70 年代初，波动幅度较大，其中 60 年代中期波动较为显著，这与降雨量的周期波动相吻合，除此之外，90 年代初期年 ET_c 的波动

也较大；由图 3.5（b）可以看出陆浑灌区的年 ET_c 周期在 4~7 年内波动，其中 60 年代初期至 80 年代初，20 世纪 90 年代中期至 2005 年，波动幅度较大，这主要是受气象因素的变化所致；由图 3.5（c）ET_{cd3} 可以看出陆浑灌区的年 ET_c 周期在 8~14 年内波动，其中 80 年代至 90 年代末波动幅度较大，其中 1979—1984 年、1988—1992 年为负相位，说明年 ET_c 较小；由图 3.5（c）ET_{cd4} 可以看出陆浑灌区的年 ET_c 存在 15~24 年的波动周期，其中 20 世纪 50 年代初至 60 年代中期波动较大，在这一时期，出现两次转折点，分别是在 1955 年及 1967 年，60 年代中期至今波动较为平稳；由图 3.5（c）ET_{cd5} 可以看出陆浑灌区的年 ET_c 存在 38 年左右的波动周期，其中 1951—1959 年、1981—2000 年小波变化系数为负相位，表明这一时期年 ET_c 较小，1959—1981 年、2000 年至今为正相位，表明这一时期年 ET_c 较大，转折点分别在 1959 年、1981 年及 2000 年。

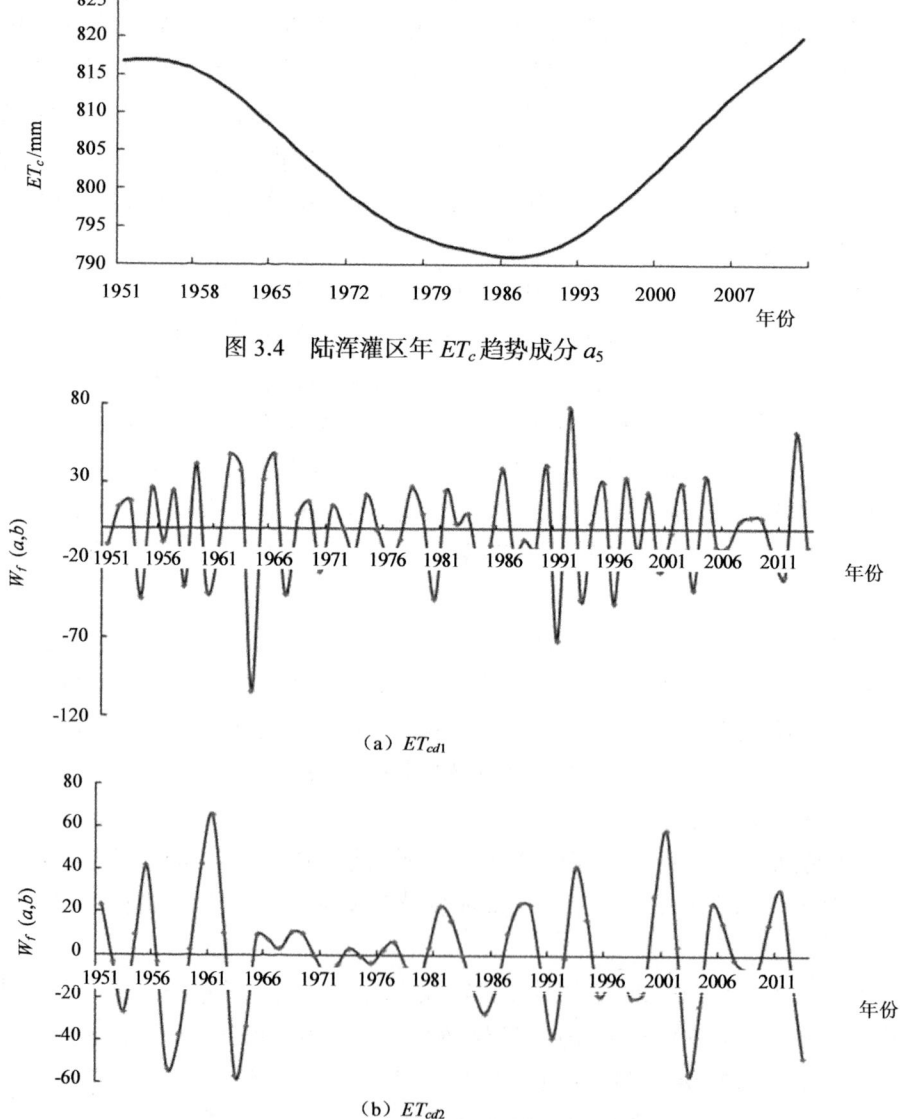

图 3.4 陆浑灌区年 ET_c 趋势成分 a_5

(a) ET_{cd1}

(b) ET_{cd2}

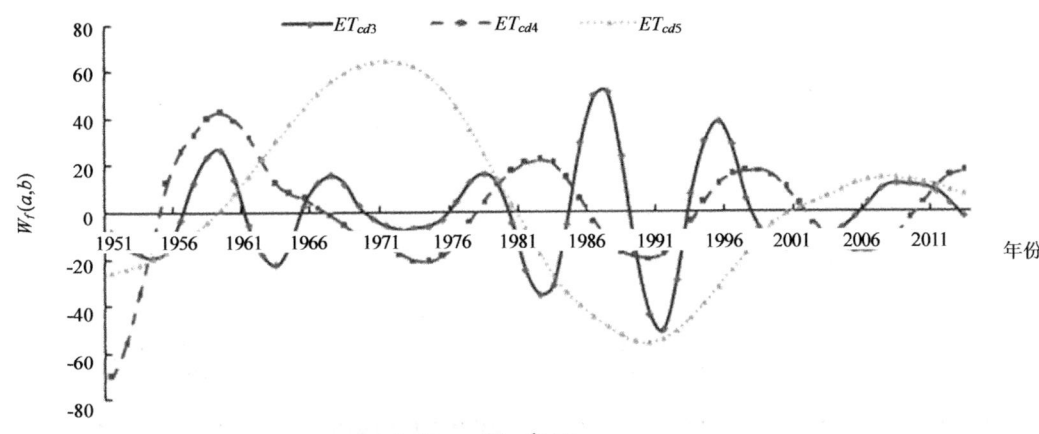

(c) ET_{cd3}、ET_{cd4} 和 ET_{cd5}

图 3.5 陆浑灌区年 ET_c 不同时间尺度下的小波变换系数变化过程

由图 3.6 灌区 ET_c 的方差图发现，陆浑灌区 ET_c 的能量波动较小，主周期不是十分明显。年 ET_c 存在较为明显的 3 个主周期，分别对应 7 年、17 年和 30 年左右的主周期。其中由于本书研究项目采用的分析时间尺度最大为 30 年，故年 ET_c 更为完整的周期未完全显示出来。根据已显示的主周期，可以看出，年 ET_c 的第 1 主周期为 30 年，第 2 主周期、第 3 主周期分别为 7 年和 17 年。

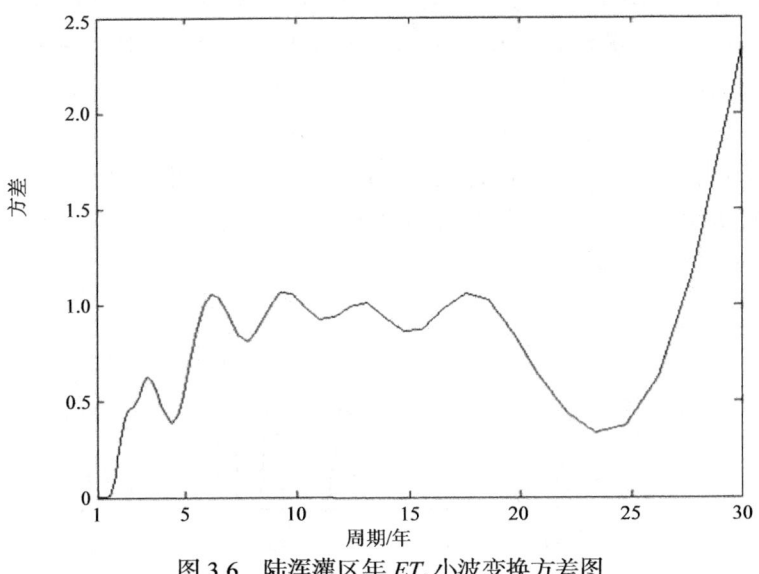

图 3.6 陆浑灌区年 ET_c 小波变换方差图

3.2.3 灌溉水量多时间尺度分解结果分析

在小波分析中，趋势是与尺度存在紧密联系的，不能离开尺度谈趋势。图 3.7 中是陆浑灌区年灌溉水量在尺度水平 5 下的趋势成分 a_5，可以看出年灌溉水量的低频序列主要集中在 1.84 亿 ~ 1.98 亿 m³ 之间，可以清楚地看出灌区年灌溉水量的整体变化趋势是先下降再上升的。这与灌区灌溉水量的十年滑动平均检验结果相同。

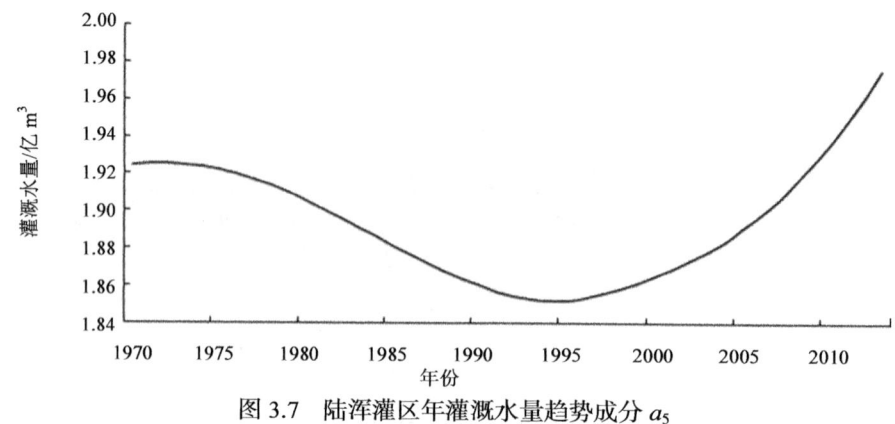

图 3.7　陆浑灌区年灌溉水量趋势成分 a_5

图 3.8 为灌区 1970—2013 年的年灌溉水量在多时间尺度下的小波变换实部变化过程，由此可以看出多尺度下年灌溉水量旱涝变化及突变点。由图 3.8（a）可以看出陆浑灌区灌溉水量在 2~4 年的周期内波动，其中 20 世纪 70 年代至 80 年代中期，波动幅度较小，说明这段时间灌区灌溉水量总体变化不大；在 1985 年之后，灌区灌溉水量变化较为明显，且振幅较大；由图 3.8（b）可以看出陆浑灌区的灌溉水量周期在 4~7 年内波动，其中 1980—1986 年波动幅度较大，且在该段时期内，正负相位交替变化，说明在这一时期，灌区灌溉水量旱涝变化严重；由图 3.8（c）d_3 可以看出陆浑灌区的灌溉水量周期在 8~17 年内波动，其中波动幅度较大的区间仍在 1980—1986 年期间，自 1991 年开始逐渐趋于稳定；由图 3.8（c）d_4 可以看出陆浑灌区的灌溉水量存在 18 年左右的波动周期，其中 1998 年至今灌溉水量较少；由图 3.8（c）d_5 可以看出陆浑灌区的灌溉水量存在 26 年左右的波动周期，其中 1983—2004 年小波变化系数为负相位，表明这一时期灌溉水量较少，2004 年至今为正相位，表明灌溉水量逐步呈增加趋势，丰枯交替出现在 1983 年及 2004 年。

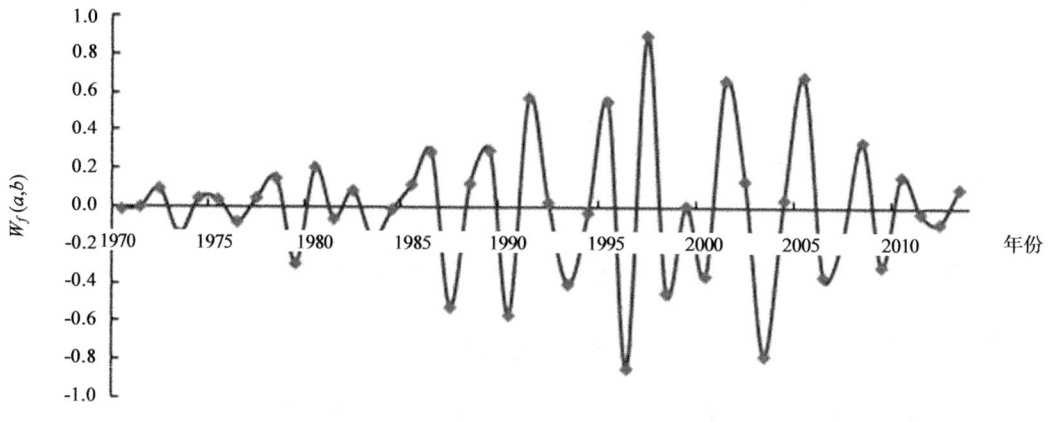

(a) $Irri_{d_1}$

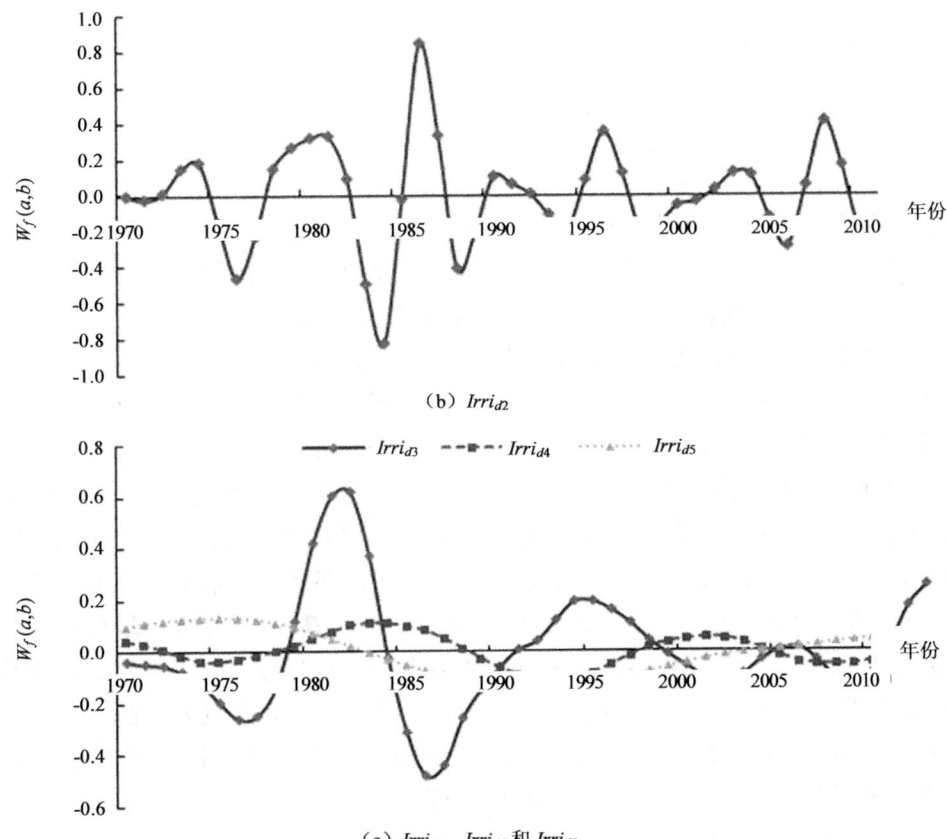

图 3.8 陆浑灌区年灌溉水量不同时间尺度下的小波变换系数变化过程

由图 3.9 灌区灌溉水量的方差图发现,陆浑灌区灌溉水量的能量波动较大,主周期也较为明显。年灌溉水量存在较为明显的 4 个主周期,分别对应 3 年、6 年、15 年和 26 年左右的主周期。根据已显示的主周期,可以看出,年灌溉水量的第 1 主周期为 15 年,第 2 主周期、第 3 主周期分别为 6 年及 3 年,最后为 26 年。

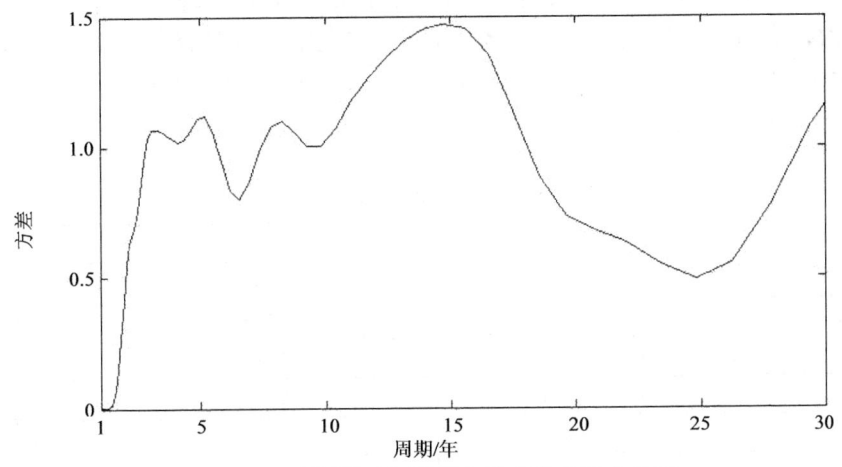

图 3.9 陆浑灌区年灌溉水量小波变换方差图

3.3 灌区水资源供需时序多时间尺度集对分析

3.3.1 多时间尺度集对分析原理

将陆浑灌区的降雨量、ET_c 及灌溉水量各序列利用小波进行分解，进而将分解后的各分量进行集对分析。其中，各变量的分量 d_1 对应的波动周期为短周期，d_2 对应的波动周期为中周期，d_3 对应的波动周期为中长周期，d_4 对应的波动周期为长周期，d_5 对应的波动周期为特长周期。将灌区年降雨原始系列记为集合 A，各分量对应序列记为集合 A_i：d_1 记为集合 A_1，d_2 序列记为集合 A_2，d_3 序列记为集合 A_3，d_4 序列记为集合 A_4，d_5 序列记为集合 A_5；同理，将灌区年 ET_c 原始序列记为集合 B，各分量对应序列记为集合 B_i，分别为 B_1、B_2、B_3、B_4、B_5；将灌区年灌溉水量原始序列记为集合 C，各分量对应序列记为集合 C_i，分别为 C_1、C_2、C_3、C_4、C_5，其中样本容量 $n=44$。将集合 A、B、C 两两进行集对，即 (A, B)、(A, C)、(B, C)；将 A_i、B_i、C_i 各序列分别进行两两集对，即将年降雨量与年 ET_c 各分量进行集对为 (A_1, B_1)、(A_2, B_2)、(A_3, B_3)、(A_4, B_4)、(A_5, B_5)；将年降雨量与灌溉水量各分量进行集对为 (A_1, C_1)、(A_2, C_2)、(A_3, C_3)、(A_4, C_4)、(A_5, C_5)；将年 ET_c 与年灌溉水量各分量进行集对为 (B_1, C_1)、(B_2, C_2)、(B_3, C_3)、(B_4, C_4)、(B_5, C_5)。

采取均值标准差法将灌区年降雨量、ET_c 及灌溉水量分为枯（Ⅰ）、平（Ⅱ）、丰（Ⅲ）三个等级，分别对应区间为 $(-\infty, \bar{x}-0.5s)$，$[\bar{x}-0.5s, \bar{x}+0.5s)$，$[\bar{x}+0.5s, +\infty)$，其中 $\bar{x}$、s 分别为集合各元素的均值和均方差，k_1、k_2 为经验系数，此处取 $k_1=-0.5$，$k_2=0.5$，根据该标准对各集对元素进行符号量化处理。

3.3.2 降雨与作物需水量多时间尺度分析

将灌区年降雨量与年 ET_c 的原始序列进行集对分析，即构造集对 (A, B)，同时将年降雨量与 ET_c 各分量进行集对为 (A_1, B_1)、(A_2, B_2)、(A_3, B_3)、(A_4, B_4)、(A_5, B_5)，取 $i=0.5$，$j\equiv-1$，分别计算同一度 a、差异度 b、对立度 c 和联系度 μ，结果见表 3.1~表 3.3。其中 $d_1 \sim d_5$ 为各变量原始序列分解后的各分量，所列表中 P 为降雨量，ET_c 为作物需水量，$Irri$ 为灌溉水量，$P_{d1} \sim P_{d5}$ 为降雨的 $d_1 \sim d_5$ 分量；$ET_{cd1} \sim ET_{cd5}$ 为 ET_c 的 $d_1 \sim d_5$ 分量；$Irri_{d1} \sim Irri_{d5}$ 为灌溉水量的 $d_1 \sim d_5$ 分量。

表 3.1 灌区年降雨量评价分类标准

降雨量/mm	枯（Ⅰ）	平（Ⅱ）	丰（Ⅲ）
P	[0, 528.991)	[528.99, 674.08)	[674.08, +∞)
P_{d1}	(-∞, 47.67)	[-47.67, 47.66)	[47.66, +∞)
P_{d2}	(-∞, -42.38)	[-42.38, 40.14)	[40.14, +∞)
P_{d3}	(-∞, -23.83)	[-23.83, 25.51)	[25.51, +∞)
P_{d4}	(-∞, -21.08)	[-21.08, 25.26)	[25.26, +∞)
P_{d5}	(-∞, -19.06)	[-19.06, 35.19)	[35.19, +∞)

3.3 灌区水资源供需时序多时间尺度集对分析

表 3.2　灌区 ET_c 评价分类标准

ET_c/mm	枯（Ⅰ）	平（Ⅱ）	丰（Ⅲ）
ET_c	[0, 774.53)	[774.53, 839.44)	[839.44, +∞)
ET_{cd1}	(−∞, −16.21)	[−16.21, 16.73)	[16.73, +∞)
ET_{cd2}	(−∞, −12.87)	[−12.87, 12.33)	[12.33, +∞)
ET_{cd3}	(−∞, −10.35)	[−10.35, 9.89)	[9.89, +∞)
ET_{cd4}	(−∞, −10.24)	[−10.24, 10.86)	[10.86, +∞)
ET_{cd5}	(−∞, −14.54)	[−14.54, 20.77)	[20.77, +∞)

表 3.3　灌区年降雨量与 ET_c 多时间尺度集对分析

集对	同一度 a	差异度 b	对立度 c	联系度 μ
AB	0.317	0.444	0.238	0.302
A_1B_1	0.317	0.317	0.365	0.111
A_2B_2	0.333	0.349	0.317	0.190
A_3B_3	0.270	0.397	0.333	0.135
A_4B_4	0.397	0.444	0.159	0.460
A_5B_5	0.270	0.540	0.190	0.349

由表 3.3 可以看出：

（1）陆浑灌区年降雨量与 ET_c 的原始序列集对分析（即集对 AB）表明，两个序列发生同状态的可能性为 0.317，异状态的可能性为 0.444，反状态的可能性为 0.238，结果表明两序列之间存在的不确定性主要为异状态，这说明两者的原始序列并不一定存在着同步的变化趋势，但也不存在着完全的相反的变化趋势，即陆浑灌区的年降雨量丰沛时，灌区的 ET_c 不可能出现与之相反的枯态，当灌区降雨量丰沛时，灌区 ET_c 也丰沛的可能性为 0.317，出现平态的可能性为 0.444，出现枯态的可能性为 0.238，反之亦然。

陆浑灌区年降雨量与 ET_c 的短周期尺度集对分析（即集对 A_1B_1）表明，两个序列发生同状态的可能性为 0.317，异状态的可能性为 0.317，反状态的可能性为 0.365，结果表明两序列之间存在的不确定性主要为对立状态，这说明两者的短周期时间尺度序列存在着较为明显的相反的变化趋势，即在短周期尺度水平上，陆浑灌区的年降雨量丰沛时，灌区的 ET_c 可能会出现与之相反的枯水，当灌区降雨量丰沛时，灌区 ET_c 出现枯水的可能性为 0.365，出现平水的可能性为 0.317，出现丰水的可能性为 0.317，因此，在短周期尺度水平上，两序列发生正的联系度仅为 0.111。

陆浑灌区年降雨量与 ET_c 的中周期时间尺度集对分析（即集对 A_2B_2）表明，两个序列发生同状态的可能性为 0.333，异状态的可能性为 0.349，反状态的可能性为 0.317，结果表明两序列之间存在的不确定性主要为异状态，这表征着两者的中周期时间尺度序列同样不一定存在着同步的变化趋势，但也不存在着完全的相反的变化趋势，即陆浑灌区的年降雨量丰沛时，灌区的 ET_c 不可能出现与之相反的枯态，当灌区降雨量丰沛时，灌区 ET_c 也丰沛的可能性为 0.333，出现平态的可能性为 0.349，出现枯态的可能性为 0.317，反之亦然。

陆浑灌区年降雨量与 ET_c 的中长周期时间尺度集对分析（即集对 A_3B_3）表明，两个序列发生同状态的可能性为 0.270，异状态的可能性为 0.397，反状态的可能性为 0.333，结果表明两序列之间存在的不确定性主要为异状态，这说明两者的中长周期时间尺度序列并不一定存在着同步的变化趋势，但也不存在着完全的相反的变化趋势，即陆浑灌区的年降雨量丰沛时，灌区的 ET_c 不可能出现与之相反的枯态，当灌区降雨量丰沛时，灌区 ET_c 也丰沛的可能性为 0.270，出现平态的可能性为 0.397，出现枯态的可能性为 0.333，因此，两序列的取得正的联系度仅为 0.135。

陆浑灌区年降雨量与 ET_c 的长周期时间尺度集对分析（即集对 A_4B_4）表明，两个序列发生同状态的可能性为 0.397，异状态的可能性为 0.444，反状态的可能性为 0.159，结果表明两序列之间存在的不确定性主要为异状态。这说明两者的长周期时间尺度序列并不一定存在着同步的变化趋势，但也不存在着完全的相反的变化趋势，但存在相同变化趋势的可能性相对较大些，即陆浑灌区的年降雨量丰沛时，灌区 ET_c 也丰沛的可能性较大，为 0.397，出现平态的可能性为 0.444，出现枯态的可能性仅为 0.159，反之亦然。

陆浑灌区年降雨量与 ET_c 的特长周期时间尺度集对分析（即集对 A_5B_5）表明，两个序列发生同状态的可能性为 0.270，异状态的可能性为 0.540，反状态的可能性为 0.190，结果表明两序列之间存在的不确定性主要为异状态，这说明两者的特长周期时间尺度序列并不一定存在着同步的变化趋势，但也不存在着完全的相反的变化趋势，但出现相同变化趋势的可能性相对大于出现相反变化趋势的可能性。即陆浑灌区的年降雨量丰沛时，灌区的 ET_c 也丰沛的可能性为 0.270，出现枯态的可能性为 0.190，因此，两者出现正的联系度为 0.349。

（2）陆浑灌区年降雨量与 ET_c 的同一度随波动周期的增加，大体呈先增加后减小的趋势，其中在长周期尺度水平上同一度值达到最大，为 0.397；在中长周期及特长周期尺度水平的同一度最小，为 0.270，说明陆浑灌区年降雨量与 ET_c 的同一度主要表现在中周期尺度水平上，即在中周期尺度水平上，二者存在明显的相同的变化趋势，而在其他周期尺度水平上，二者的相同的变化趋势相对较弱。

（3）陆浑灌区年降雨量与 ET_c 的差异度基本随波动周期的增加而增加，在特长周期尺度水平上差异度达到最大，为 0.540，说明陆浑灌区年降雨量与 ET_c 的差异度主要体现在特长周期尺度水平上，即随着两序列周期尺度的增加，两序列的变化趋势越来越趋于不定状态。

（4）陆浑灌区年降雨量与 ET_c 的对立度随波动周期的增加，大体呈减小趋势，其中在短周期尺度水平上达到最大值，为 0.365；在中长周期尺度水平上次之，为 0.333，说明陆浑灌区年降雨量与 ET_c 的对立度主要体现在短周期与中长周期尺度水平上，即随着灌区年降雨量与 ET_c 序列周期尺度的增加，两序列呈现相反趋势的可能性大体呈减小趋势。

（5）陆浑灌区年降雨量与 ET_c 的联系度随波动周期的增加，大体呈增加趋势。这说明随着周期尺度的增加，灌区年降雨量与 ET_c 之间的整体相关性逐渐呈增大趋势。其中在短周期尺度水平达到最小值，为 0.111，这与其在短周期尺度水平对立度最大是一致的；中长周期次之，为 0.135，这与其在中长周期尺度水平对立度次之是一致的。

3.3 灌区水资源供需时序多时间尺度集对分析

（6）陆浑灌区年降雨量与 ET_c 的多时间尺度集对分析表明，在短周期以对立度为主，为 0.365；在中周期以差异度为主，为 0.349；在中长周期以差异度为主，为 0.397；在长周期以差异度为主，为 0.444；在特长周期以差异度为主，为 0.540。整体而言，除了在短周期时间尺度上，灌区年降雨量与 ET_c 变化趋势主要呈对立状态外，在整个变化周期内，两者变化趋势大体呈异状态，即两者变化趋势主要呈不确定性变化。

3.3.3 降雨与灌溉水量多时间尺度分析

将灌区年降雨量与年灌溉水量的原始序列进行集对分析，即构造集对 (A, C)，同时将年降雨量与灌溉水量各分量进行集对为 (A_1, C_1)、(A_2, C_2)、(A_3, C_3)、(A_4, C_4)、(A_5, C_5)，取 $i = 0.5$，$j \equiv -1$，分别计算同一度 a、差异度 b、对立度 c 和联系度 μ，结果见表 3.4 和表 3.5。$Irri$ 为灌溉水量，$Irri_{d1} \sim Irri_{d5}$ 为灌溉水量的 $d_1 \sim d_5$ 分量。

表 3.4　灌区灌溉水量评价分类标准

灌溉水量/亿 m³	枯（Ⅰ）	平（Ⅱ）	丰（Ⅲ）
$Irri$	[0, 1.477)	[1.477, 2.153)	[2.153, +∞)
$Irri_{d1}$	(−∞, −0.258)	[−0.258, 0.254)	[0.254, +∞)
$Irri_{d2}$	(−∞, −0.179)	[−0.179, 0.168)	[0.168, +∞)
$Irri_{d3}$	(−∞, −0.144)	[−0.144, 0.132)	[0.132, +∞)
$Irri_{d4}$	(−∞, −0.020)	[−0.020, 0.023)	[0.023, +∞)
$Irri_{d5}$	(−∞, −0.033)	[−0.033, 0.028)	[0.028, +∞)

表 3.5　灌区年降雨量与灌溉水量多时间尺度集对分析

集对	同一度 a	差异度 b	对立度 c	联系度 μ
AC	0.273	0.432	0.295	0.193
A_1C_1	0.205	0.5	0.295	0.159
A_2C_2	0.273	0.432	0.295	0.193
A_3C_3	0.409	0.409	0.182	0.432
A_4C_4	0.250	0.409	0.341	0.114
A_5C_5	0.159	0.386	0.455	−0.102

由表 3.5 可以看出：

（1）陆浑灌区年降雨量与年灌溉水量的原始序列集对分析（即集对 AC），结果表明：两序列间正相关度为 0.273，负相关度为 0.295，不定的相关度为 0.432。所以，综合起来表现为不定相关，即两变量状态关系结构出现异状态的可能性较大。这表征着两序列变化趋势既不会完全朝着相同的趋势变化，也不会完全朝着相反的趋势变化，即陆浑灌区的年降雨量丰沛时，灌区的灌溉水量不可能出现与之相反的枯态，当灌区降雨量丰沛时，灌区灌溉水量也丰沛的可能性为 0.273，出现平态的可能性为 0.432，出现枯态的可能性为 0.295，反之亦然。

陆浑灌区年降雨量与年灌溉水量的短周期尺度集对分析（即集对 A_1C_1）表明，两个序列发生同状态的可能性为 0.205，异状态的可能性为 0.5，反状态的可能性为 0.295，结果表明两序列之间存在的不确定性主要为异状态。这说明两者的短周期时间尺度序列存在着不定的变化趋势，即在短周期尺度水平上，陆浑灌区的年降雨量丰沛时，灌区的年灌溉水量可能会出现丰态，也可能会出现平态、枯态。而两者的集对分析结果表明：当灌区降雨量丰沛时，灌区年灌溉水量出现平态的可能性较大，为 0.5，出现丰态的可能性仅为 0.205，因此，在短周期尺度水平上，两序列发生正的联系度仅为 0.159。

陆浑灌区年降雨量与年灌溉水量的中周期时间尺度集对分析（即集对 A_2C_2）表明，两个序列发生同状态的可能性为 0.273，异状态的可能性为 0.432，反状态的可能性为 0.295，结果表明两序列之间存在的不确定性主要为异状态，这表征着两者的中周期时间尺度序列同样不一定存在着同步的变化趋势，但也不存在着完全的相反的变化趋势，即陆浑灌区的年降雨量丰沛时，灌区的年灌溉水量不可能出现与之相反的枯态，当灌区降雨量丰沛时，灌区年灌溉水量也丰沛的可能性为 0.273，出现平态的可能性为 0.432，出现枯态的可能性为 0.295，反之亦然。

陆浑灌区年降雨量与年灌溉水量的中长周期时间尺度集对分析（即集对 A_3C_3）表明，两个序列发生同状态的可能性为 0.409，异状态的可能性为 0.409，反状态的可能性为 0.182，结果表明两序列之间存在的不确定性关系主要表现为同状态，这说明两者的中长周期时间尺度序列主要存在着同步的变化趋势，即陆浑灌区的年降雨量丰沛时，灌区的年灌溉水量也出现丰态的可能性较大，为 0.409，出现枯态的可能性仅为 0.182，因此，两序列的取得正的联系度达到了 0.432。

陆浑灌区年降雨量与年灌溉水量的长周期时间尺度集对分析（即集对 A_4C_4）表明，两个序列发生同状态的可能性为 0.250，异状态的可能性为 0.409，反状态的可能性为 0.341，结果表明两序列之间存在的不确定性主要为异状态。这说明两者的长周期时间尺度序列并不一定存在着同步的变化趋势，但也不存在着完全的相反的变化趋势，但存在相反变化趋势的可能性相对较大些，即陆浑灌区的年降雨量丰沛时，灌区年灌溉水量出现枯态的可能性较大，为 0.341，出现平态的可能性为 0.409，出现枯态的可能性仅为 0.250，反之亦然。

陆浑灌区年降雨量与年灌溉水量的特长周期时间尺度集对分析（即集对 A_5B_5）表明，两个序列发生同状态的可能性为 0.159，异状态的可能性为 0.386，反状态的可能性为 0.455，结果表明两序列之间存在的不确定性主要为对立状态，这说明两者的特长周期时间尺度序列存在着相反的变化趋势的可能性较大，即陆浑灌区的年降雨量丰沛时，灌区的年灌溉水量出现枯态的可能性为 0.455，出现丰态的可能性仅为 0.159，因此，两者出现负的联系度为-0.102。

（2）陆浑灌区年降雨量与灌溉水量的同一度随波动周期的增加，大体呈先增加后减小的趋势，其中在中长周期尺度水平上同一度值达到最大，为 0.409；在特长周期尺度水平的同一度最小，为 0.159，说明陆浑灌区年降雨量与灌溉水量的同一度主要表现在中长周期尺度水平上。即在中长周期尺度水平上，二者存在明显的相同的变化趋势，而在其他周期尺度水平上，二者的相同的变化趋势相对较弱。

(3)陆浑灌区年降雨量与灌溉水量的差异度基本随波动周期的增加而呈减小趋势，在短周期尺度水平上差异度达到最大，为0.50，说明陆浑灌区年降雨量与灌溉水量的差异度主要体现在短周期尺度水平上，即随着周期尺度的增加，两序列的变化趋势呈不定状态变化，既没有明显的相同变化趋势，也没有呈明显的相反趋势变化。

(4)陆浑灌区年降雨量与灌溉水量的对立度随波动周期的增加，大体呈先减小后增加趋势，其中在特长周期尺度水平上达到最大值，为0.455，在长周期尺度水平上次之，为0.341，说明陆浑灌区年降雨量与灌溉水量的对立度主要体现在长周期与特长周期尺度水平上，即随着周期时间尺度的增加，灌区年降雨量与灌溉水量序列大体逐步呈相反趋势变化。

(5)陆浑灌区年降雨量与灌溉水量的联系度随波动周期的增加，大体呈先增加后减少的趋势。其中在特长周期尺度水平达到最小值，为-0.102，这与其在特长周期尺度水平对立度最大是一致的；长周期次之，为0.114，这与其在长周期尺度水平对立度次之是一致的，即在一定范围内，随着周期时间尺度的增加，两序列的整体相关性呈减小趋势。

(6)陆浑灌区年降雨量与灌溉水量的多时间尺度集对分析表明，在短周期及中周期主要以差异度为主，分别为0.5及0.432；在中长周期主要表现为同一度及差异度，为0.409；在长周期以差异度为主，为0.409；在特长周期以对立度为主，为0.455。综合分析表明：灌区年降雨量与灌溉水量序列在短、中、长周期时间尺度上主要呈不确定状态变化，而在中长周期时间尺度上两者呈相同趋势变化，在特长周期时间尺度上两序列呈相反趋势变化。

3.3.4 灌溉水量与作物需水量多时间尺度分析

同理，将灌区年ET_c与年灌溉水量的原始序列进行集对分析，即构造集对(B, C)，同时将年降雨量与灌溉水量各分量进行集对为(B_1, C_1)、(B_2, C_2)、(B_3, C_3)、(B_4, C_4)、(B_5, C_5)，取$i=0.5$，$j\equiv-1$，分别计算同一度a、差异度b、对立度c和联系度μ，结果见表3.6。

表3.6 灌区ET_c与灌溉水量多时间尺度集对分析

集对	同一度a	差异度b	对立度c	联系度μ
BC	0.455	0.477	0.068	0.625
B_1C_1	0.364	0.545	0.091	0.545
B_2C_2	0.227	0.523	0.25	0.239
B_3C_3	0.386	0.386	0.227	0.352
B_4C_4	0.409	0.455	0.136	0.500
B_5C_5	0.705	0.295	0	0.852

由表3.6可以看出：

(1)陆浑灌区年ET_c与年灌溉水量的原始序列集对分析（即集对BC）表明，B与C间发生同状态的可能性为0.455，反状态的可能性为0.477，存在异状态的可能性为0.068。所以，综合起来表现为不定相关，即两变量状态关系结构出现异状态的可能性较大，两序列变化趋势既不会完全相同,也不会完全相反。当陆浑灌区的年灌溉水量丰沛时,灌区的 ET_c 不可能出现与之相反的枯态,当灌区灌溉水量丰沛时,灌区 ET_c 也丰沛的可能性为 0.455,出现平态的可能性为 0.477,出现枯态的可能性为 0.068,反之亦然。

陆浑灌区年 ET_c 与年灌溉水量的短周期尺度集对分析(即集对 B_1C_1)表明,两个序列发生同状态的可能性为 0.364,异状态的可能性为 0.545,反状态的可能性为 0.091,结果表明两序列之间存在的不确定性主要为异状态,这说明两者的短周期时间尺度序列变化趋势有着较大的不确定性。即在短周期尺度水平上,陆浑灌区年 ET_c 丰沛时,灌区的年灌溉水量不可能会出现与之相反的枯态,也不可能出现丰态。当灌区年 ET_c 丰沛时,灌区年灌溉水量出现枯态的可能性为 0.091,出现丰态的可能性为 0.364,因此,在短周期尺度水平上,两序列发生正的联系度为 0.545。

陆浑灌区年 ET_c 与年灌溉水量的中周期时间尺度集对分析(即集对 B_2C_2)表明,两个序列发生同状态的可能性为 0.227,异状态的可能性为 0.523,反状态的可能性为 0.25,结果表明两序列之间存在的不确定性主要为异状态,这表征着两者的中周期时间尺度序列同样不一定存在着同步的变化趋势,但也不存在着完全的相反的变化趋势,即陆浑灌区的年 ET_c 丰沛时,灌区的年灌溉水量不可能出现与之相反的枯态。当灌区年 ET_c 丰沛时,灌区年灌溉水量也丰沛的可能性为 0.227,出现枯态的可能性为 0.250,反之亦然。

陆浑灌区年 ET_c 与年灌溉水量的中长周期时间尺度集对分析(即集对 B_3C_3)表明,两个序列发生同状态的可能性为 0.386,异状态的可能性为 0.386,反状态的可能性为 0.227,结果表明两序列之间存在的不确定性关系主要表现为同状态,这说明两者的中长周期时间尺度序列主要存在着同步的变化趋势,即陆浑灌区的年 ET_c 丰沛时,灌区的年灌溉水量也出现丰态的可能性较大,为 0.386,出现枯态的可能性仅为 0.227。因此,两序列的取得正的联系度达到了 0.352。

陆浑灌区年 ET_c 与年灌溉水量的长周期时间尺度集对分析(即集对 B_4C_4)表明,两个序列发生同状态的可能性为 0.409,异状态的可能性为 0.455,反状态的可能性为 0.136,结果表明两序列之间存在的不确定性主要为异状态。这说明两者的长周期时间尺度序列并不一定存在着同步的变化趋势,但也不存在着完全的相反的变化趋势,但存在相同变化趋势的可能性相对较大些,即陆浑灌区的年 ET_c 丰沛时,灌区年灌溉水量也丰沛的可能性较大,为 0.409,出现枯态的可能性仅为 0.136,反之亦然。

陆浑灌区年 ET_c 与年灌溉水量的特长周期时间尺度集对分析(即集对 B_5C_5)表明,两个序列发生同状态的可能性为 0.705,异状态的可能性为 0.295,反状态的可能性为 0,结果表明两序列之间存在的不确定性主要为同状态,这说明两者的特长周期时间尺度序列存在着同步的变化趋势,完全不存在相反的变化趋势。即陆浑灌区的年 ET_c 丰沛时,灌区的年灌溉水量也丰沛的可能性达到了 0.705,出现枯态的可能性为 0,因此,两者出现正的联系度达到了 0.852。

(2)陆浑灌区年 ET_c 与灌溉水量的同一度随波动周期的增加,大体呈先减小后增加的趋势,其中在特长周期尺度水平上同一度值达到最大,为 0.705;在中周期尺度水平的同一度最小,为 0.227,说明陆浑灌区年 ET_c 与灌溉水量的同一度主要表现在特长周期尺度水平上，即在一定范围内，随着周期时间尺度的增加，两序列逐步朝着相同的趋势变化。

（3）陆浑灌区年 ET_c 与灌溉水量的差异度基本随波动周期的增加而呈减小趋势，在短周期尺度水平上差异度达到最大，为 0.545，说明陆浑灌区年 ET_c 与灌溉水量的差异度主要体现在短周期尺度水平上，即随着周期时间尺度的增加，灌区年 ET_c 与灌溉水量的差异度越来越小。

（4）陆浑灌区年 ET_c 与灌溉水量的对立度随波动周期的增加，大体呈先增加后减小趋势，其中在中周期尺度水平上达到最大值，为 0.25，在中长周期尺度水平上次之，为 0.227，说明陆浑灌区年 ET_c 与灌溉水量的对立度主要体现在中周期与中长周期尺度水平上。

（5）陆浑灌区年 ET_c 与灌溉水量的联系度随波动周期的增加，大体呈先减小后增加的趋势。其中在特长周期尺度水平达到最大值，为 0.852，这与其在特长周期尺度水平同一度最大是一致的；在中周期尺度水平达到最小值，为 0.239，这与其在中周期尺度水平同一度最小是一致的。但大体上随着周期时间尺度的增加，两序列逐步朝着相同趋势变化的可能性呈增大趋势。

（6）陆浑灌区年 ET_c 与灌溉水量的多时间尺度集对分析表明，在短周期及中周期主要以差异度为主，分别为 0.545 及 0.523；在中长周期主要表现为同一度，为 0.386；在长周期以差异度为主，为 0.455；在特长周期以同一度为主，为 0.705。综合分析表明：灌区年 ET_c 与灌溉水量序列在短、中、长周期时间尺度上主要呈不确定状态变化，而在中长周期时间尺度上两者呈相同趋势变化，在特长周期时间尺度上两序列呈高度同步趋势变化。

第4章 水资源供需时序协整分析

4.1 协整理论

在经济领域内,若需要对时间序列进行分析时,传统上要求时间序列必须是平稳的,即该随机序列的均值和均方差在时间过程上都是常数[103],在其时序图上表现为没有随机趋势或确定性趋势,否则,会导致"伪回归"问题。为了解决这一问题,近年来发展了一种新的处理非平稳数据的方法——协整理论,它弥补了时间序列稳定假设的不足。协整理论(Co-intergration)最早由 Granger 在 1981 年首次提出设想[103],之后于 1987 年与 Engle 正式提出了协整概念和格兰杰定理[104-105]。随着许多经济学家和统计学家的系统研究,协整理论迅速发展成为了当今经济计量学界热门前沿领域[106]。

水资源供需时序属于非平稳时间序列,在以往的水资源供需时序分析中,一般假设时间序列是平稳的,分析结果存在一定的缺陷,即基于一个稳定模型而使用非稳定的时间序列数据建模[103],会得出虚假的结论。因此,将协整理论引入到水资源供需时序的分析当中,通过对随机时间序列进行差分来消除其非平稳性,然后对差分序列进行回归,并在识别变量间长期动态均衡关系的基础上,建立误差修正模型(ECM)来进一步确定变量间短期波动对长期均衡的偏离程度,从而保证回归分析的有效性。

4.1.1 协整概念

协整理论[107]是常用在计量经济学中的一种理论,主要用来处理两个或多个非平稳经济时间序列变量间的长期动态关系。其定义如下:

若某一原始时间序列是非平稳的,但是其一阶差分是平稳的,则称原序列是一阶单整序列,记为 $I(1)$。以两个时间序列为例,设时间序列 x_t、y_t,如果它们满足以下条件:

(ⅰ)x_t 和 y_t 为 $I(1)$。

(ⅱ)存在一个非零向量 α,使得 $y_t - \alpha x_t = \varepsilon_t \sim I(0)$,即为平稳。

则称时间序列 x_t 和 y_t 具有协整关系 $CI(1,1)$,而 $(1, -\alpha)$ 为协整向量。

对于两个长期具有波动态势的数据系列而言,如果它们之间协整,即说明它们长期保持一种均衡关系,反之则不存在。

4.1.2 平稳性检验

在检验变量间是否存在协整关系之前,首先需要检查数据的平稳性,而检验数据平稳性通常采用单位根法。Dickey 和 Fuller 于 1979 年基于一阶自回归模型提出 DF 检验法,1981 年又对该检验法进行扩展,提出了高阶自回归模型拟合数据系列,以消除随机干扰的自相关性,这就是现在常用的 ADF 单位根检验法,其检验方程为

$$\Delta y_t = \alpha + \beta t + \delta y_{t-1} + \sum_{i=1}^{p} \xi_i \Delta y_{t-i} + \varepsilon_t \qquad (4.1)$$

式中:$\Delta y_t = y_t - y_{t-1}$ 为变量 y_t 的一阶差分;α、β、δ 和 ξ_i 为参数;t 为时刻;p 为滞后阶数;ε_t 为白噪声过程。

使用 ADF(Augmented Dickey-Fuller)检验做变量平稳性检验时,利用最小二乘法作自回归模型,包含 3 种模型,即:无截距无趋势,只有截距项,既包含截距项又包含趋势项。通过对时间序列 Y_t 的 OLS 回归方程 $Y_t = \rho Y_{t-1} + \varepsilon_t$ 中的系数 ρ 进行检验[108]。

原假设 H_0 为:$\gamma=0$,若拒绝原假设,说明序列不存在单位根,是稳定的;反之,说明序列存在单位根,是非稳定的。若序列经过 p 阶差分后,具有平稳性,则称该序列为 p 阶单整序列,表示为 $I(p)$。

4.1.3 协整检验

当向量时间序列为二维时,只存在一个线性协整关系。此时,检验两时间序列 x_t 和 y_t 协整关系最常用的方法为 EG 两步法[109]:

第一步,检验变量间的协整关系,即对具有同阶单整的两时间序列采用最小二乘法(OLS)进行静态回归,得到两时间序列线性拟合关系的最小二乘估计量和一列残差。对此残差进行单位根检验,若该残差系列为 $I(0)$,说明两时间序列间存在协整关系。假设 Y_t 为被解释变量,X_t 为解释变量,先用 OLS 法建立模型:

$$Y_t = \alpha + \beta X_t + u_t \qquad (4.2)$$

第二步,若协整性存在,则以第一步求到的残差 u_t 作为非均衡误差项加入到误差修正模型中,并用 OLS 法估计相应参数。

4.1.4 误差修正模型

根据协整理论,若变量序列间存在协整关系,则可建立误差修正模型(ECM)描述序列间的长期静态表现和短期动态特征。为简单计算,考虑只有两个变量的一阶自回归分布滞后模型 $ADL(1,1)$,误差修正模型的表达式为

$$y_t = \beta_0 + \beta_1 x_t + \beta_2 y_{t-1} + \beta_3 x_{t-1} + \varepsilon_t \qquad (4.3)$$

两边取期望得

$$E(y_t) = \frac{\beta_0}{1-\beta_2} + \frac{\beta_1 + \beta_3}{1-\beta_2} E(x_t) \qquad (4.4)$$

式(4.4)表明了解释变量 x_t 和因变量 y_t 的长期均衡关系。对式(4.3)移项变换可得 y_t 的一阶差分表达式为

$$\Delta y_t = \beta_0 + \beta_1 \Delta x_t + \alpha ecm_{t-1} + \varepsilon_t \qquad (4.5)$$

其中

$$ecm_{t-1} = y_{t-1} - \frac{\beta_1 + \beta_3}{1 - \beta_2} x_{t-1}$$

式（4.5）即为误差修正模型，其中 ecm_{t-1} 为误差修正项，反映了因变量前一项在短期波动中偏离其长期均衡状态的程度；$\alpha = \beta_2 - 1$ 为修正系数，代表调整速度，通常为负值，即为了维持两变量间的长期均衡关系，当因变量出现偏离长期均衡状态时，将因变量拉回长期均衡状态的速度。因此，误差修正模型描述了变量向长期均衡状态调整的非均衡动态调整过程。

4.2 数据处理与平稳性检验结果

4.2.1 数据处理

采用陆浑灌区 1970—2013 年共 44 年天然降雨资料及灌区 ET_c、灌溉水量资料进行协整分析，解析两两变量间及三者之间的长期作用关系及短期修正机制。为了减少灌区原始数据序列的极端值、非正态分布以及异方差性，对数据进行了预处理，即对所采用的数据取自然对数。数据的自然对数并不改变序列原来的协整关系，而且可以将序列间可能的非线性关系转化为线性关系，消除时间序列中异方差的存在。研究中对各序列的原始序列进行协整分析时均使用对数处理后的数据。利用离散小波将陆浑灌区三变量进行 5 尺度的水平分解，得到各变量的高频成分 $d_1 \sim d_5$ 及趋势项 a_5，并依此来对各变量进行多时间尺度下的协整分析。

因此，将陆浑灌区灌溉水量、天然降雨量、ET_c 三者原始序列分别取对数，并用 Z、X、Y 表示，其相应的一阶差分序列为 ΔZ、ΔX、ΔY。各分量序列 d_1、d_2、d_3、d_4、d_5、a_5 分别用 Z_i、X_i、Y_i 表示，其相应的一阶差分序列为 ΔZ_i、ΔX_i、ΔY_i（其中 i 取值为 1~6）。

4.2.2 灌区变量平稳性检验结果

在协整检验中，平稳性检验是变量协整关系存在的前提条件。因此，对灌区天然降雨量、ET_c 及灌溉水量三者进行平稳性检验是必不可少的。这里统一将灌区三变量的平稳性检验结果列出，后续线性协整分析中将不再列出变量的平稳性检验结果，直接进行协整检验。

在 ADF 检验中滞后长度的选取标准采用：在保证残差不相关的前提下，采用 SC 准则，即同时采用 AIC 准则和 Schwarz 信息准则，作为最佳时滞的标准，在二者同时达到最小时为最佳滞后长度。

根据灌区 ET_c、天然降雨量及灌溉水量序列进行试分析[110]，发现在各变量没有进行一阶差分前，表现出了随机的趋势性，差分后三变量序列没有表现任何趋势且有非零均值，检验回归中应仅有常数项。计算滞后阶数 $k=1 \sim 3$ 时的 AIC 和 SC 检验值（见表 4.1）。根据 SC 准则选取最佳滞后长度，对于序列 X 宜选取 $k=2$ 时为最佳滞后阶数，Y 与 Z 序列宜选取 $k=1$ 时为最佳滞后阶数。

4.2 数据处理与平稳性检验结果

表 4.1 滞后阶数 k 与 AIC 及 SC 检验值表

k		1	2	3
X	AIC	0.453	0.360	0.366
	SC	0.536	0.487	0.537
Y	AIC	1.555	1.571	1.645
	SC	1.639	1.698	1.816
Z	AIC	−2.198	−2.138	−2.126
	SC	−2.114	−2.011	−1.956

表 4.1 给出时间序列 X、Y、Z 的单位根检验结果,其中检验类型 (c, t, k) 中的 c 为截距、t 为时间趋势、k 为滞后阶数。

从表 4.2 可以看出,未经过差分的 X、Y、Z 在显著性水平 1%、5%以及 10%都存在单位根,经过一阶差分后序列 X、Y、Z 均不含单位根,故序列 X、Y、Z 均为一阶单整,即 $X \sim I(1)$、$Y \sim I(1)$、$Z \sim I(1)$。

表 4.2 X、Y、Z 三时间序列的单位根检验结果

变量	ADF 值	检验类型 (c, t, k)	1%临界值	5%临界值	10%临界值	是否平稳
X	−0.170984	$(c, 0, 2)$	−2.6013	−1.9459	−1.6186	否
Y	−1.343278	$(c, t, 2)$	−2.6196	−1.9490	−1.6200	否
Z	0.366869	$(c, t, 3)$	−2.6019	−1.9460	−1.6187	否
ΔX	−6.903955	$(c, 0, 2)$	−2.6019	−1.9460	−1.6187	是
ΔY	−8.680822	$(c, 0, 1)$	−2.6196	−1.9490	−1.6200	是
ΔZ	−8.003188	$(c, 0, 1)$	−2.6013	−1.9459	−1.6186	是

陆浑灌区各变量的分量序列 d_1、d_2、d_3、d_4、d_5、a_5 分别用 Z_i、X_i、Y_i 表示,滞后长度的选取标准依旧采用 AIC 准则和 Schwarz 信息准则,根据结果可知,各变量 $d_1 \sim d_3$ 尺度下均在 $k=1$ 为最佳滞后长度;d_4 尺度下均在 $k=2$ 时为最佳滞后长度;d_5 尺度及趋势项 a_5 均在 $k=3$ 时取到最佳滞后长度。

经平稳性检验得出:未经过差分的序列 Z_i、X_i 与 Y_i 在显著性水平 1%、5%以及 10%都不存在单位根,故序列 Z_i 与 X_i、Y_i 为零阶单整,即 $Z_i \sim I(0)$、$X_i \sim I(0)$、$Y_i \sim I(0)$,这里列出的 X_i、Y_i 与 Z_i 序列的单位根检验结果见表 4.3~表 4.5。

表 4.3 X_i 时间序列的单位根检验结果

变量	ADF 值	检验类型 (c, t, k)	1%临界值	5%临界值	10%临界值	是否平稳
X_1	−10.10466	$(c, 0, 1)$	−2.6182	−1.9488	−1.6199	是
X_2	−13.32036	$(c, 0, 1)$	−2.6182	−1.9488	−1.6199	是
X_3	−13.04453	$(c, t, 1)$	−2.6182	−1.9488	−1.6199	是
X_4	−8.195253	$(c, t, 2)$	−2.6182	−1.9488	−1.6199	是
X_5	−13.91021	$(c, t, 3)$	−2.6182	−1.9488	−1.6199	是
X_6	−7.613658	$(c, t, 3)$	−3.5930	−2.9320	−2.6039	是

表 4.4 Y_i 时间序列的单位根检验结果

变量	ADF 值	检验类型 (c, t, k)	1%临界值	5%临界值	10%临界值	是否平稳
Y_1	-11.26697	(c, 0, 1)	-3.5930	-2.9320	-2.6039	是
Y_2	-10.37645	(c, 0, 1)	-3.5930	-2.9320	-2.6039	是
Y_3	-8.779563	(c, t, 1)	-3.5930	-2.9320	-2.6039	是
Y_4	-6.375919	(c, t, 2)	-3.5930	-2.9320	-2.6039	是
Y_5	-7.935681	(c, t, 3)	-3.5930	-2.9320	-2.6039	是
Y_6	-3.931989	(c, t, 3)	-3.5930	-2.9320	-2.6039	是

表 4.5 Z_i 时间序列的单位根检验结果

变量	ADF 值	检验类型 (c, t, k)	1%临界值	5%临界值	10%临界值	是否平稳
Z_1	-10.25268	(c, 0, 1)	-3.5930	-2.9320	-2.6039	是
Z_2	-11.25018	(c, 0, 1)	-3.5930	-2.9320	-2.6039	是
Z_3	-13.65675	(c, t, 1)	-3.5930	-2.9320	-2.6039	是
Z_4	-11.81044	(c, t, 2)	-3.5930	-2.9320	-2.6039	是
Z_5	-11.46209	(c, t, 3)	-3.5930	-2.9320	-2.6039	是
Z_6	-4.761828	(c, t, 3)	-3.5930	-2.9320	-2.6039	是

根据灌区水资源供需水量两两间的协整分析知道，在平稳性检验中，三变量序列原始数据在最佳滞后阶数确定的情况下，未经过差分的 Z、X、Y 在显著性水平 1%、5%以及10%都存在单位根，经过一阶差分后序列 Z、X、Y 均不含单位根，即序列 Z、X、Y 均为一阶单整，即 $X \sim I(1)$、$Y \sim I(1)$、$Z \sim I(1)$。这符合三变量协整关系确定的要求，即如果变量个数多于两个，即解释变量个数多于一个，被解释变量的单整阶数不能高于任何一个解释变量的单整阶数。另当解释变量的单整阶数高于被解释变量的单整阶数时，则必须至少有两个解释变量的单整阶数高于被解释变量的单整阶数。

4.3 灌区供需时序多时间尺度二维线性协整分析

4.3.1 降雨与作物需水量多时间尺度协整分析

4.3.1.1 平稳性检验

详见 4.2.2 节中灌区变量平稳性检验结果。

4.3.1.2 协整检验

根据 4.2.2 节中灌区变量平稳性检验结果可知，序列 X 与 Y 均为一阶单整，未经过差分的序列 X_i 与 Y_i 在显著性水平 1%、5%以及 10%都不存在单位根，故灌区降雨量与 ET_c 序列经过小波分解后的分量不需要经过一阶差分，故序列 X_i 与 Y_i 均为零阶单整，即 $X_i \sim I(0)$、$Y_i \sim I(0)$。因此，由协整关系存在的条件可知，当两个时间序列 $\{x\}$ 和 $\{y\}$ 是同阶单

整序列即 $I(d)$ 时，才可能存在协整关系。

因此可直接采用 OLS 法对序列 X_i、Y_i 的静态回归关系进行参数估计，得到序列 Y_i 对 X_i 的回归方程见表 4.6。

表 4.6　序列 X_i 与 Y_i 回归模型结果

原始序列回归方程	$Y=-0.064897X+7.103282$ （0.042259）（0.269374）	（R^2=0.0372）
尺度 1 回归方程	$Y_1=-0.165693X_1+0.259276$ （0.038833）（3.672420）	（R^2=0.2298）
尺度 2 回归方程	$Y_2=-0.109422X_2-0.392453$ （0.036489）（2.987347）	（R^2=0.1285）
尺度 3 回归方程	$Y_3=-0.168963X_3-0.091021$ （0.047850）（2.342684）	（R^2=0.1697）
尺度 4 回归方程	$Y_4=0.093836X_4+0.109752$ （0.057051）（2.625457）	（R^2=0.0425）
尺度 5 回归方程	$Y_5=-0.023582X_5+3.306870$ （0.083383）（4.533304）	（R^2=0.0013）
趋势项回归方程	$Y_6=-0.172553X_6+7.790416$ （0.016380）（0.103894）	（R^2=0.6481）

注：式中，括号内的数据为对应系数的标准差（以下方程标注意义与此相同）。

由检验结果可知，在序列 Y_i 对 X_i 的回归方程中，可决系数 R^2 较小，并随着周期长度的增加呈逐步减小趋势，说明随着两变量周期长度的增加，模型的拟合优度逐步降低。

模型参数表明：除在 d_4 长周期时间尺度上，灌区降雨与 ET_c 成正方向变动外，在其他时间尺度上二者均呈反方向变化，即随着灌区降雨量的增加，ET_c 呈降低趋势。其中，单从数值大小分析可以看出，ET_c 每增加 1%，灌区降雨量减少幅度最大为 0.168963%，即在 d_3 中长时间尺度上表现最显著。相反，在 d_5 特长时间尺度上，灌区降雨量随着 ET_c 的增加，减少的最少，为 0.023582%，说明灌区降雨量与 ET_c 的长期作用机制较弱。

由序列 Y_i 对 X_i 的回归方程式，可得其残差 E_i（$i=1\sim6$）。对残差进行单位根检验，若残差存在单位根，说明两序列不协整；若序列 X_i 与 Y_i 是协整的，那么残差不存在单位根，即是平稳的。

表 4.7　X_i 与 Y_i 两变量残差序列 E_i 的单位根检验结果

变量	ADF 值	检验类型（c, t, k）	1%临界值	5%临界值	10%临界值	是否平稳
E	−3.4232	（c, t, 1）	−2.6006	−1.9458	−1.6186	是
E_1	−11.3124	（c, 0, 3）	−2.6019	−1.9460	−1.6187	是
E_2	−10.0646	（c, 0, 3）	−2.6019	−1.9460	−1.6187	是
E_3	−4.5630	（c, t, 3）	−2.6019	−1.9460	−1.6187	是
E_4	−3.8555	（c, t, 3）	−2.6019	−1.9460	−1.6187	是
E_5	−3.0756	（c, t, 3）	−2.6019	−1.9460	−1.6187	是
E_6	−2.9289	（c, t, 3）	−2.6019	−1.9460	−1.6187	是

表 4.7 中残差序列的 ADF 检验值在 1%、5%以及 10%的显著性水平下，均小于 Mackinnon 临界值，拒绝 H_0，表明残差序列不存在单位根，是平稳序列，进一步说明序列 X_i 与 Y_i 之间存在长期的协整关系，且协整向量依次为（1，0.064897）、（1，0.165693）、（1，0.109422）、（1，0.168963）、（1，-0.093836）、（1，0.023582）、（1，0.172553）。

4.3.1.3 误差修正模型

根据协整理论可知，若两变量存在协整关系，则意味着可以建立误差修正模型（ECM），从而对两变量间的短期波动和长期均衡关系作直接的描述。根据序列 X_i 与 Y_i 之间的协整关系，建立灌区天然来水序列与 ET_c 序列在多时间尺度下的误差修正模型（ECM）。结果见表 4.8。

表 4.8 序列 X_i 与 Y_i 误差修正模型（ECM）结果

原始序列 ECM 模型	$\Delta Y=0.001208-0.071531\Delta X-0.545214ecm(-1)$ （0.009451）（0.027432）（0.114656）
尺度 1ECM 模型	$\Delta Y_1=0.263643-0.173315\Delta X_1-1.642909ecm(-1)$ （2.886408）（0.016883）（0.100269）
尺度 2ECM 模型	$\Delta Y_2=-0.816909-0.091457\Delta X_2-0.666487ecm(-1)$ （2.843278）（0.030892）（0.130655）
尺度 3ECM 模型	$\Delta Y_3=0.342246-0.242215\Delta X_3-0.277154ecm(-1)$ （1.459736）（0.044741）（0.084082）
尺度 4ECM 模型	$\Delta Y_4=1.264279+0.102171\Delta X_4-0.141018ecm(-1)$ （0.892496）（0.069921）（0.043783）
尺度 5ECM 模型	$\Delta Y_5=0.715935+0.191014\Delta X_5+0.011827ecm(-1)$ （0.687363）（0.080623）（0.022365）
趋势项 ECM 模型	$\Delta Y_6=-0.000447-0.299609\Delta X_6+0.056797ecm(-1)$ （1.89E-05）（0.005574）（0.004041）

可以看出，表 4.8 中灌区天然降雨在各时间尺度上的短期变化都会引起 ET_c 发生变化。Y 关于 X 的短期弹性为-0.071531，作用机制不是十分显著。而误差修正项 $ecm(-1)$ 的系数为负，符合反向修正机制，反映了对偏离长期均衡的调整力度，短期调整系数为-0.545214，比较显著，说明本期对均衡的偏离在下一期将有约 54.5%得到调整。

其中，在短时间尺度 d_1、中周期尺度 d_2 及中长时间尺度 d_3 上灌区天然降雨的短期变化将引起 ET_c 的反方向变化，在时间尺度 d_1、d_2、d_3 上，序列 Y_i 关于 X_i 的短期弹性分别为 -0.173315、-0.091457、-0.242215，其中，中长时间尺度 d_3 的反向作用机制相对比较显著。而在长时间尺度 d_4 与特长时间尺度 d_5 中，序列 Y_i 关于 X_i 的短期弹性系数为正，表明随着时间尺度的增大，灌区天然降雨的短期变化对 ET_c 的变化影响为正方向的变化。在上述模型中，在时间尺度 d_1、d_2、d_3、d_4 上误差修正项 $ecm(-1)$ 的系数为负，符合反向修正机制，反映了对偏离长期均衡的调整力度，短期调整系数比较显著的为短时间尺度 d_1，修正系数为-1.642909 及中周期尺度 d_2，修正系数为-0.666487，说明当灌区 ET_c 下一时期偏离了长期均衡关系,本期将以-1.642909 及-0.666487 的速度对前一时期灌区天然降雨与 ET_c 的非均衡状态进行调整,将其拉回到长期均衡状态。

4.3.2 降雨与灌溉水量多时间尺度协整分析

4.3.2.1 平稳性检验

详见 4.2.2 节中灌区变量平稳性检验结果。

4.3.2.2 协整检验

从 4.2.2 节中灌区变量平稳性检验结果可以看出,未经过差分的 X、Z 在显著性水平 1%、5%以及 10%都存在单位根,经过一阶差分后序列 X、Z 均不含单位根,故序列 X、Z 均为一阶单整;未经过差分的序列 X_i 与 Z_i 在显著性水平 1%、5%以及 10%都不存在单位根,故灌区降雨量与灌溉水量序列经过小波分解后的分量不需要经过一阶差分,均为零阶单整,即 $X_i \sim I(0)$、$Z_i \sim I(0)$。因此可直接采用 OLS 法对序列 X_i、Z_i 的静态回归关系进行参数估计,得到序列 Z_i 对 X_i 的回归方程见表 4.9。

表 4.9 序列 X_i 与 Z_i 回归模型结果

原始序列回归方程	$Z=-0.875113X+6.106983$ (0.236074)(1.509169)	(R^2=0.2465)
尺度 1 回归方程	$Z_1=-0.003143X_1+0.001934$ (0.000895)(0.068585)	(R^2=0.2271)
尺度 2 回归方程	$Z_2=-0.00122X_2-0.008633$ (0.000611)(0.050580)	(R^2=0.0868)
尺度 3 回归方程	$Z_3=0.000638X_3-0.007314$ (0.000880)(0.041887)	(R^2=0.0124)
尺度 4 回归方程	$Z_4=-0.000386X_4+0.003244$ (0.000114)(0.005908)	(R^2=0.2157)
尺度 5 回归方程	$Z_5=-0.000453X_5+0.003081$ (0.000129)(0.008356)	(R^2=0.2277)
趋势项回归方程	$Z_6=-0.163780X_6+1.649683$ (0.021697)(0.138493)	(R^2=0.5757)

注:括号内的数据为对应系数的标准差(以下方程标注意义与此相同)。

由检验结果可知,在序列 Z_i 对 X_i 的回归方程中,可决系数 R^2 较小,并随着周期长度的增加呈先减少后增加的趋势,其中在较小时间尺度水平下,随着两变量周期长度的增加,模型的拟合优度逐步降低,在短时间尺度 d_1 与 d_4 及特长时间尺度 d_5 上,模型的拟合优度较大,说明灌区两变量的回归关系在较大时间尺度上表现的较为显著。

模型中参数表明:除了在 d_3 中长周期时间尺度上,灌区降雨与灌溉水量成正方向变动外,在其他时间尺度上二者均呈反方向变化,即随着灌区降雨量的增加,灌区灌溉水量呈减少趋势。其中在 d_1 短时间尺度上表现最为显著,单从数值大小分析,灌区灌溉水量每增加 1%,灌区降雨量减少幅度最大的为 0.003143%。相反,在 d_4 长时间尺度上,灌区降雨量随着灌溉水量的增加,减少的最少,为 0.000386%,说明灌区降雨量与灌溉水量在该时间尺度上作用机制较弱。

由序列 X_i 与 Z_i 的回归方程式，可得其残差 E_i（$i=1\sim6$），结果见表 4.10。对残差进行单位根检验，若残差存在单位根，说明两序列不协整；若序列 X_i 与 Z_i 是协整的，那么残差不存在单位根，即是平稳的。

表 4.10　X_i 与 Z_i 两变量残差序列 E_i 的单位根检验结果

变量	ADF 值	检验类型（c, t, k）	1%临界值	5%临界值	10%临界值	是否平稳
E	−2.7587	(c, 0, 2)	−2.6196	−1.9490	−1.6200	是
E_1	−6.8255	(c, 0, 3)	−2.6211	−1.9492	−1.6201	是
E_2	−8.8100	(c, 0, 3)	−2.6211	−1.9492	−1.6201	是
E_3	−3.2292	(c, t, 2)	−2.6196	−1.9490	−1.6200	是
E_4	−3.0894	(c, t, 3)	−2.6211	−1.9492	−1.6201	是
E_5	−2.8369	(c, t, 3)	−2.6211	−1.9492	−1.6201	是
E_6	−7.1626	(c, t, 1)	−2.6182	−1.9488	−1.6199	是

表 4.10 中残差序列的 ADF 检验值在 1%、5%和 10%的显著性水平下，均小于 Mackinnon 临界值，拒绝 H_0，表明残差序列不存在单位根，是平稳序列，进一步说明序列 X_i 与 Z_i 之间存在长期的协整关系，且协整向量依次为（1, 0.875113）、（1, 0.003143）、（1, 0.001220）、（1, −0.000638）、（1, 0.000386）、（1, 0.000453）、（1, 0.163780）。

4.3.2.3　误差修正模型

根据协整方程建立误差修正模型（ECM），从而对两变量间的短期波动和长期均衡关系作直接描述。根据序列 X_i 与 Z_i 之间的协整关系，建立灌区天然来水序列与灌溉水量序列在多时间尺度下的误差修正模型（ECM），结果见表 4.11。

表 4.11　序列 X_i 与 Z_i 误差修正模型（ECM）结果

模型	方程
原始序列 ECM 模型	$\Delta Z = -0.005120 - 0.988449\Delta X - 0.907884 ecm(-1)$ （0.057899）（0.185978）（0.160456）
尺度 1 ECM 模型	$\Delta Z_1 = -0.002040 - 0.003378\Delta X_1 - 1.344500 ecm(-1)$ （0.066430）（0.000466）（0.147853）
尺度 2 ECM 模型	$\Delta Z_2 = 0.001809 - 0.001057\Delta X_2 - 0.632861 ecm(-1)$ （0.048679）（0.000502）（0.147913）
尺度 3 ECM 模型	$\Delta Z_3 = 0.006614 + 0.000949\Delta X_3 - 0.152939 ecm(-1)$ （0.024253）（0.000785）（0.098647）
尺度 4 ECM 模型	$\Delta Z_4 = -0.002698 + 2.804268\Delta X_4 - 0.248249 ecm(-1)$ （0.001992）（0.000170）（0.061154）
尺度 5 ECM 模型	$\Delta Z_5 = -0.000700 - 0.000165\Delta X_5 + 0.014926 ecm(-1)$ （0.001373）（0.000154）（0.033719）
趋势项 ECM 模型	$\Delta Z_6 = -0.001818 - 0.001685\Delta X_6 + 0.172376 ecm(-1)$ （0.000640）（0.000229）（0.034958）

可以看出，原始序列中灌区天然降雨的短期变化将引起灌溉水量发生反方向变化，Z 关于 X 的短期弹性为 -0.988449，作用机制十分显著。而误差修正项 $ecm(-1)$ 的系数为负，符合反向修正机制，反映了对偏离长期均衡的调整力度，短期调整系数为 -0.907883，比较显著，说明本期对均衡的偏离在下一期将有约 90.8%得到调整。同时结果显示，可决系数 R^2=0.648449，说明模型拟合优度较好，可信度较高。

可以看出，表 4.11 中灌区天然降雨在各时间尺度上的短期变化都会引起灌溉水量发生变化。其中，在短时间尺度 d_1、中周期尺度 d_2 及特长时间尺度 d_5 上灌区天然降雨的短期变化将引起灌溉水量的反方向变化，在时间尺度 d_1、d_2、d_5 上，序列 Z_i 关于 X_i 的短期弹性分别为 -0.003378、-0.001057、-0.000166，其中，短时间尺度 d_1 的反向作用机制相对比较显著。而在中长时间尺度 d_3 与长时间尺度 d_4 中，序列 Z_i 关于 X_i 的短期弹性系数为正，表明随着时间尺度的增大，灌区天然降雨的短期变化对灌溉水量的变化影响为正方向的变化。在上述模型中，在时间尺度 d_1、d_2、d_3、d_4 上误差修正项 $ecm(-1)$ 的系数为负，符合反向修正机制，反映了对偏离长期均衡的调整力度，短期调整系数比较显著的为短时间尺度 d_1，修正系数为 -1.344500 及中周期尺度 d_2，修正系数为 -0.632861，说明当灌区灌溉水量下一时期偏离了长期均衡关系，本期将以 -1.344500 及 -0.632861 的速度对前一时期灌区天然降雨与灌溉水量的非均衡状态进行调整，将其拉回到长期均衡状态。

4.3.3 灌溉水量与作物需水量多时间尺度协整分析

4.3.3.1 平稳性检验
详见 4.2.2 节中灌区变量平稳性检验结果。

4.3.3.2 协整检验
根据 4.2.2 节中灌区变量平稳性检验结果可知，未经过差分的 Y、Z 在显著性水平 1%、5%以及 10%都存在单位根，经过一阶差分后序列 Y、Z 均不含单位根，故序列 Y、Z 均为一阶单整；未经过差分的序列 Y_i 与 Z_i 在显著性水平 1%、5%以及 10%都不存在单位根，故灌区 ET_c 与灌溉水量序列经过小波分解后的分量不需要经过一阶差分，故序列 Y_i 与 Z_i 均为零阶单整，即 $Y_i \sim I(0)$、$Z_i \sim I(0)$。因此可直接采用 OLS 法对序列 Y_i、Z_i 的静态回归关系进行参数估计，得到序列 Z_i 对 Y_i 的回归方程见表 4.12。

表 4.12 序列 Y_i 与 Z_i 回归模型结果

原始序列回归方程	$Z=0.940098Y-5.761343$ （0.820994）（5.482828）	（R^2=0.0303）
尺度 1 回归方程	$Z_1=-5.276838Y_1-0.001872$ （0.002651）（0.078003）	（R^2=0）
尺度 2 回归方程	$Z_2=-0.003149Y_2-0.008258$ （0.002383）（0.051875）	（R^2=0.0399）
尺度 3 回归方程	$Z_3=-0.005042Y_3-0.005639$ （0.001771）（0.038563）	（R^2=0.1618）

续表

尺度4回归方程	$Z_4=0.000443Y_4+0.002086$	($R^2=0.0223$)
	(0.000453)　(0.006604)	
尺度5回归方程	$Z_5=0.001402Y_5-0.001154$	($R^2=0.6967$)
	(0.000143)　(0.005132)	
趋势项回归方程	$Z_6=0.002509Y_6-0.178316$	($R^2=0.7380$)
	(0.000231)　(0.184635)	

注：式中，括号内的数据为对应系数的标准差（以下方程标注意义与此相同）。

由检验结果可知，在序列 Z_i 对 Y_i 的回归方程中，可决系数 R^2 随着周期长度的增加变化较大，其中在短时间尺度 d_1 水平下，模型的拟合优度为 0，说明在短时间尺度 d_1 水平下灌区 ET_c 与灌溉水量的作用机制十分不显著；在中周期尺度 d_2 与长时间尺度 d_4 上，模型的拟合优度较小，说明灌区两变量的回归关系在此时间尺度上表现的较为微弱；而在中长时间尺度 d_3 与特长时间尺度 d_5 水平上，两序列的可决系数较大，尤其是在 d_5 尺度水平上达到了 0.696670，说明在特长时间尺度下灌区 ET_c 与灌溉水量之间相互作用十分显著。

模型中参数表明：除了在 d_4 长周期时间尺度与 d_5 特长时间尺度周期上，灌区 ET_c 与灌溉水量成正方向变动外，在其他时间尺度上二者均呈反方向变化，即随着灌区 ET_c 的增加，灌区灌溉水量呈减少趋势。其中在 d_1 短时间尺度上，两变量的模型拟合度为 0，说明模型建立不成功；在 d_3 中长时间尺度上表现较为显著，灌区灌溉水量每增加 1%，灌区 ET_c 减少幅度最大的为 0.005043%。

由序列 Y_i 与 Z_i 的回归方程式可得其残差 E_i (i=1~6)，结果见表 4.13。对残差进行单位根检验，若残差不存在单位根，说明两序列是协整的，即是平稳的。

表 4.13　Y_i 与 Z_i 两变量残差序列 E_i 的单位根检验结果

变量	ADF值	检验类型 (c, t, k)	1%临界值	5%临界值	10%临界值	是否平稳
E	-5.5143	(c, 0, 1)	-2.6182	-1.9488	-1.6199	是
E_1	-7.3221	(c, 0, 3)	-2.6211	-1.9492	-1.6201	是
E_2	-8.8016	(c, 0, 3)	-2.6211	-1.9492	-1.6201	是
E_3	-3.3060	(c, t, 2)	-2.6196	-1.9490	-1.6200	是
E_4	-3.1321	(c, t, 3)	-2.6211	-1.9492	-1.6201	是
E_5	-3.8219	(c, t, 3)	-2.6211	-1.9492	-1.6201	是
E_6	-5.6862	(c, t, 1)	-2.6182	-1.9488	-1.6199	是

表 4.13 中残差序列的 ADF 检验值在 1%、5%以及 10%的显著性水平下，均小于 Mackinnon 临界值，拒绝 H_0，表明残差序列不存在单位根，是平稳序列，进一步说明序列 Y_i 与 Z_i 之间存在长期的协整关系，且协整向量依次为（1, 0.940098）、（1, 5.276837）、（1, 0.003150）、（1, 0.005043）、（1, -0.000443）、（1, -0.001402）、（1, -0.002509）。

4.3.3.3　误差修正模型

根据协整方程建立误差修正模型（ECM），从而对两变量间的短期波动和长期均衡关系作直接描述。根据序列 Y_i 与 Z_i 间的协整关系，建立灌区 ET_c 序列与灌溉水量序列在多时间尺度下的误差修正模型（ECM），结果见表 4.14。

表 4.14　序列 Y_i 与 Z_i 误差修正模型（ECM）结果

原始序列 ECM 模型	$\Delta Z = -0.003984 + 1.365539\Delta Y - 1.114696ecm(-1)$ （0.065510）（0.773269）（0.160327）
尺度 1ECM 模型	$\Delta Z_1 = -2.67812 + 0.001997\Delta Y_1 - 1.550588ecm(-1)$ （0.067123）（0.001263）（0.132945）
尺度 2ECM 模型	$\Delta Z_2 = 0.002866 - 0.001438\Delta Y_2 - 0.635284ecm(-1)$ （0.049029）（0.001992）（0.147800）
尺度 3ECM 模型	$\Delta Z_3 = 0.006755 - 0.004809\Delta Y_3 - 0.128961ecm(-1)$ （0.022059）（0.001454）（0.092061）
尺度 4ECM 模型	$\Delta Z_4 = -0.003153 + 0.000770\Delta Y_4 - 0.137608ecm(-1)$ （0.002060）（0.000443）（0.056137）
尺度 5ECM 模型	$\Delta Z_5 = -0.001791 - 0.000731\Delta Y_5 - 0.336191ecm(-1)$ （0.000859）（0.000310）（0.051619）
趋势项 ECM 模型	$\Delta Z_6 = 0.000495 + 0.003355\Delta Y_6 + 0.070263ecm(-1)$ （0.000515）（0.000638）（0.046303）

可以看出，原始序列中灌区 ET_c 的短期变化将引起灌溉水量发生正方向变化，Z 关于 Y 的短期弹性为 1.365540，作用机制十分显著。而误差修正项 $ecm(-1)$ 的系数为负，符合反向修正机制，反映了对偏离长期均衡的调整力度，短期调整系数为 -1.114696，比较显著，说明本期对均衡的偏离在下一期将有约 111.5% 得到调整。同时结果显示，可决系数 $R^2 = 0.548869$，说明模型拟合优度较好，可信度较高。

可以看出，表 4.14 中灌区 ET_c 在各时间尺度上的短期变化都会引起灌溉水量发生变化。其中，在中周期尺度 d_2、中长时间尺度 d_3 及特长时间尺度 d_5 上灌区 ET_c 的短期变化都将引起灌溉水量的反方向变化，在时间尺度 d_2、d_3、d_5 上，序列 Z_i 关于 Y_i 的短期弹性分别为 -0.001438、-0.004810、-0.000732，其中，中长时间尺度 d_3 的反向作用机制相对比较显著。而在短时间尺度 d_1 与长时间尺度 d_4 中，序列 Z_i 关于 Y_i 的短期弹性系数为正，表明随着时间尺度的增大，灌区 ET_c 的短期变化对灌溉水量的变化影响为正方向的变化。

在上述模型中，在各时间尺度上误差修正项 $ecm(-1)$ 的系数为负，符合反向修正机制，反映了对偏离长期均衡的调整力度，短期调整系数比较显著的为短时间尺度 d_1，修正系数为 -1.550589 及中周期尺度 d_2、特长时间尺度 d_5，修正系数分别为 -0.635284、-0.336191，说明当灌区灌溉水量下一时期偏离了长期均衡关系，本期将以 -1.550589、-0.635284 及 -0.336191 的速度对前一时期灌区 ET_c 与灌溉水量的非均衡状态进行调整，将其拉回到长期均衡状态。

4.4　灌区供需多时间尺度下三维线性协整模型建立及预测

前面已分别对陆浑灌区降雨、ET_c 及灌溉水量两两间的线性协整关系进行了研究，可以看出：陆浑灌区降雨量与 ET_c、灌溉水量之间均表现出反向的作用关系，而灌区灌溉水

量与 ET_c 之间呈正向的协整变动关系；从多时间尺度角度分析，各变量间的线性协整关系更加细化，但各分量间的线性协整作用关系并不完全与原始数据间的作用关系相同，这说明多时间尺度下各变量间的作用关系更加细致，能反映不同时间周期下各变量间的协整关系。但灌区降雨、ET_c 与灌溉水量三者间的统筹线性协整关系仍需做进一步研究。

4.4.1 原始数据三变量协整建模及预测

灌区灌溉水量、降雨量与 ET_c 的原始数据时间序列图如图 4.1 所示，其中 P 为降雨量，ET_c 为作物需水量，$Irri$ 为灌溉水量。

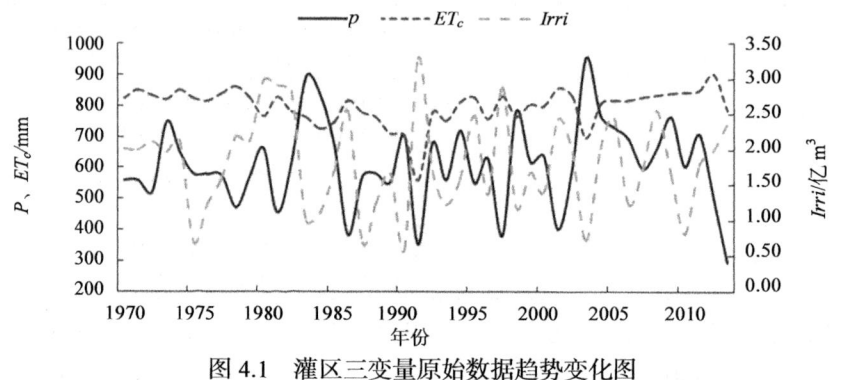

图 4.1 灌区三变量原始数据趋势变化图

4.4.1.1 平稳性检验

详见 4.2.2 节中灌区变量平稳性检验结果。

4.4.1.2 协整检验

按 EG 两步法做协整回归，从而检验陆浑灌区降雨量、灌溉水量与 ET_c 是否存在长期协整关系。

首先运用 OLS 估计方法得到灌区灌溉水量与降雨量以及 ET_c 的静态回归方程为

$$Z=-0.864009X+0.903889Y \quad (4.6)$$
$$(0.219820)(0.210422)$$

式中：括号内的数据为对应系数的标准差（以下方程标注意义与此相同）。

由检验结果可知，回归方程的可决系数为 $R^2=0.272413$，说明模型的拟合优度一般，可信度低。模型中参数表明：从长期来看，灌区灌溉水量与 ET_c 成正方向变动关系；相反，灌区灌溉水量与降雨量呈反方向作用关系。单从方程系数大小可以看出，ET_c 对灌区灌溉水量的影响相对较大，这也与实际情况相符，灌区灌溉水量在一定程度上需要根据当地 ET_c 实际情况制定。

由序列 Z 与 X、Y 的回归方程式 (4.1)，可得其残差 E（表 4.15）。若残差存在单位根，说明三变量不协整；若三变量是协整的，那么残差不存在单位根，即是平稳的。

表 4.15 X 与 Y、Z 三变量残差序列的单位根检验结果

变量	ADF 值	检验类型（c, t, k）	1%临界值	5%临界值	10%临界值	是否平稳
E	−4.9367	($c, t, 1$)	−3.5930	−2.9320	−2.6039	是

表 4.15 中残差序列的 ADF 检验值在 1%、5%以及 10%的显著性水平下，均小于 Mackinnon 临界值，拒绝 H_0，表明残差序列不存在单位根，是平稳序列，进一步说明序列 Z 与 X、Y 之间存在长期的协整关系，且协整向量为（1，0.864009，–0.903889）。

确定了三者之间存在协整关系，就意味着可以建立误差修正模型，用以反映三个变量间的短期波动影响。建立灌区灌溉水量 Z 与天然来水序列 X、ET_c 序列 Y 的误差修正模型如下：

$$Z=-0.003444-0.966845X+1.342093Y-0.965584ecm(-1) \quad (4.7)$$
$$(0.057495)(0.185279)(0.684747)(0.166613)$$

ecm（–1）表示误差修正项，前面的系数包含着变量的过去值对现在值影响的信息。若这一系数显著，说明上期的均衡误差修正项在决定变量当前的变化中起重要作用，而各变量差分项前的系数表示模型的短期动态变化。可以看出，式（4.7）中灌区天然降雨与 ET_c 对灌溉水量的短期影响不尽相同。从模型中可以看出，ΔX 短期变化将引起ΔZ 发生反方向变化，ΔY 短期变化将引起ΔZ 发生正方向变化，两者关于 Z 的短期弹性系数分别为 –0.966844、1.342093，作用机制都十分显著。而误差修正项 ecm（–1）的系数为负，符合反向修正机制，反映了对偏离长期均衡的调整力度，短期调整系数为–0.965584，比较显著，说明本期对均衡的偏离在下一期将有约 96.6%得到调整。

因此，误差修正模型表明，在短期内陆浑灌区的灌溉水量的需求不仅受自身滞后值得影响，而且还受灌区天然降雨量和 ET_c 的双重影响，但二者的影响程度不同，就二者的滞后系数来讲，在短时期内灌区 ET_c 对灌溉水量的影响大于降雨对灌区灌溉水量的影响。

4.4.1.3 原始数据灌溉水量线性协整模拟与预测

通过误差修正模型的建立，它不仅可以反映灌区灌溉水量与天然降雨量及 ET_c 的长期均衡关系，同时还反映了解释变量的短期波动影响，这提高了模型预测的精度并保证了回归分析的有效性。

采用陆浑灌区 1970—2013 年的天然降雨量、ET_c 及灌溉水量的原始数据系列进行分析，其中 1970—2003 年的数据系列作为建模依据，以 2004—2013 年的数据对模型进行检验。模拟结果图如图 4.2 所示。

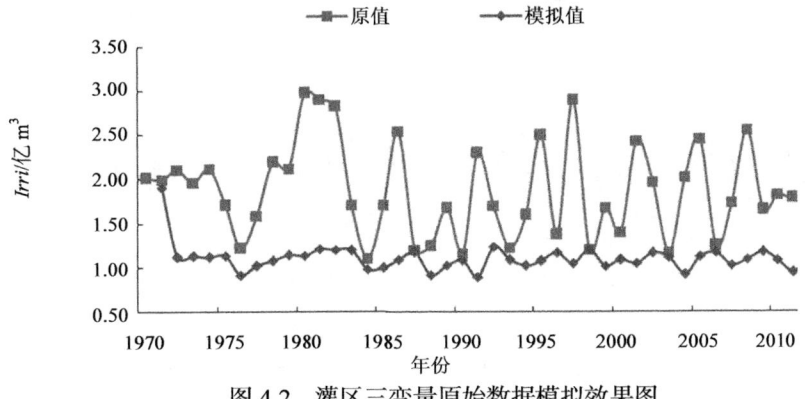

图 4.2 灌区三变量原始数据模拟效果图

协整模型检验结果见表 4.16。

表 4.16　原始数据线性协整预测结果

年份	灌溉水量实际值/亿 m³	灌溉水量预测值/亿 m³	绝对误差/亿 m³	相对误差/%
2004	2.020	0.921	1.099	−54.405
2005	2.450	1.123	1.327	−54.155
2006	1.240	1.166	0.074	−5.980
2007	1.733	1.023	0.710	−40.976
2008	2.550	1.091	1.459	−57.230
2009	1.650	1.174	0.476	−28.824
2010	1.820	1.081	0.739	−40.609
2011	1.780	0.944	0.836	−46.962
2012	1.997	1.097	0.899	−45.053
2013	2.372	1.123	1.249	−52.641

由表 4.16 可知，采用灌区天然降雨量及 ET_c 的原始数据对灌区灌溉水量进行预测，预测结果并不理想，相对误差较大，拟合效果差，这与前面直接利用原始数据建模可决系数差等结果相一致。因此，有必要将原始的天然降雨量及 ET_c 分解到不同的时间尺度上，再讨论分解后灌溉水量与二者之间的关系。

4.4.2　多时间尺度下三变量协整建模及预测

利用离散小波将陆浑灌区三变量进行 5 尺度的水平分解，得到各变量的高频成分 $d_1 \sim d_5$ 及趋势项 a_5，灌区灌溉水量、降雨量与 ET_c 的小波分解序列图如图 4.3~图 4.8 所示，其中 $d_1 \sim d_5$ 为各变量原始序列分解后的各分量，所列表中：P 为降雨量，ET_c 为作物需水量，$Irri$ 为灌溉水量，$P_{d1} \sim P_{d5}$ 为降水的 $d_1 \sim d_5$ 分量，$ET_{cd1} \sim ET_{cd5}$ 为 ET_c 的 $d_1 \sim d_5$ 分量，$Irri_{d1} \sim Irri_{d5}$ 为灌溉水量的 $d_1 \sim d_5$ 分量。

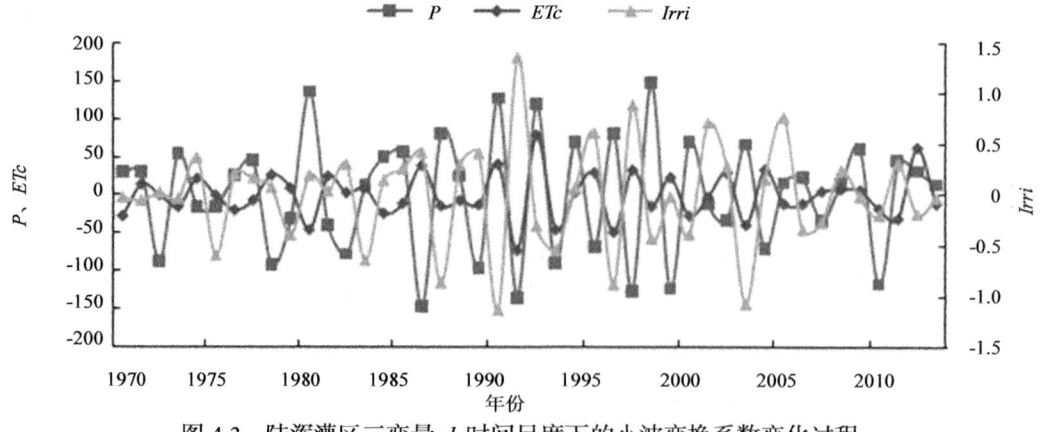

图 4.3　陆浑灌区三变量 d_1 时间尺度下的小波变换系数变化过程

4.4 灌区供需多时间尺度下三维线性协整模型建立及预测

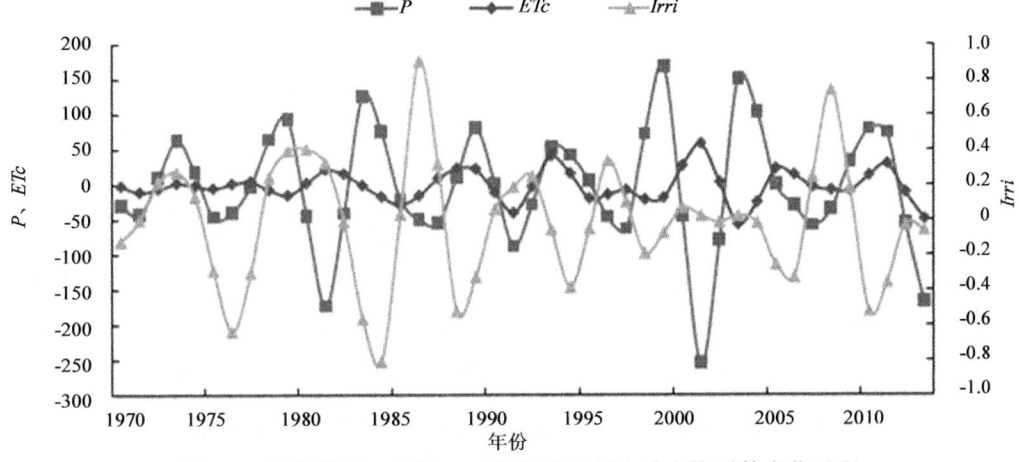

图 4.4 陆浑灌区三变量 d_2 时间尺度下的小波变换系数变化过程

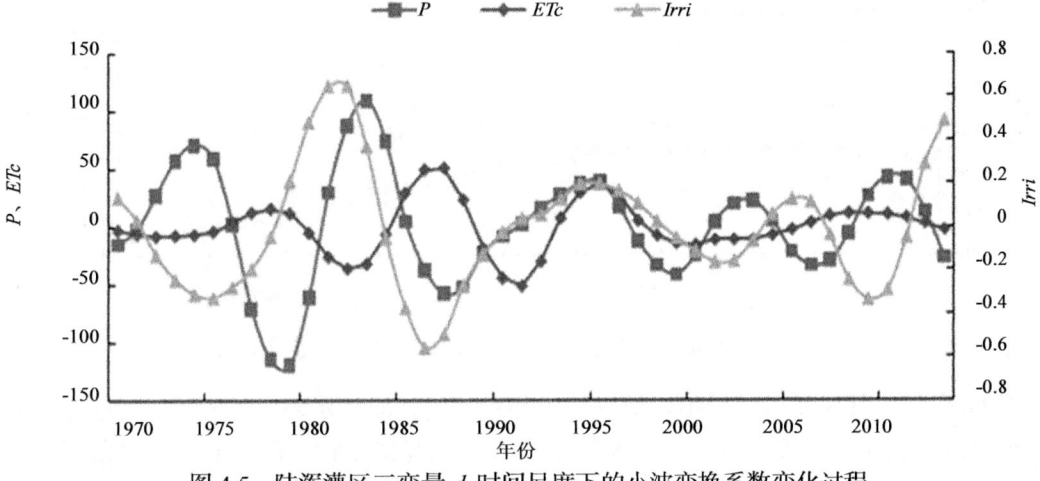

图 4.5 陆浑灌区三变量 d_3 时间尺度下的小波变换系数变化过程

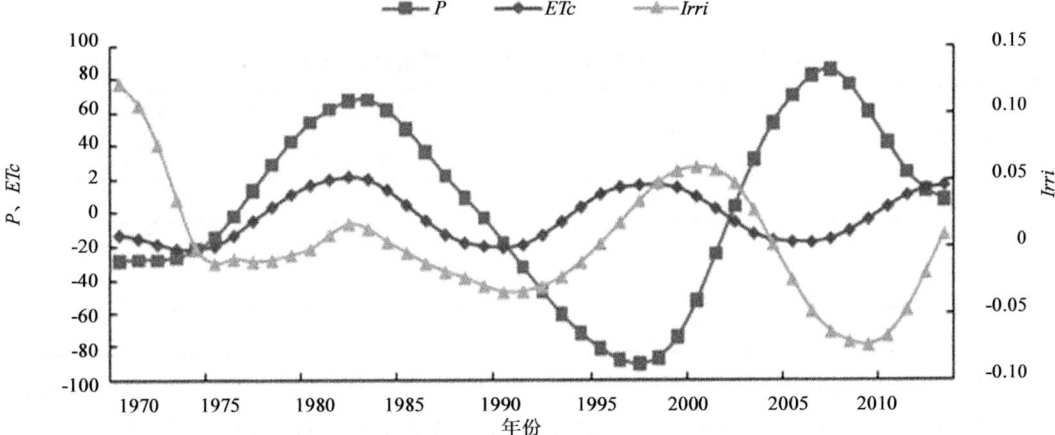

图 4.6 陆浑灌区三变量 d_4 时间尺度下的小波变换系数变化过程

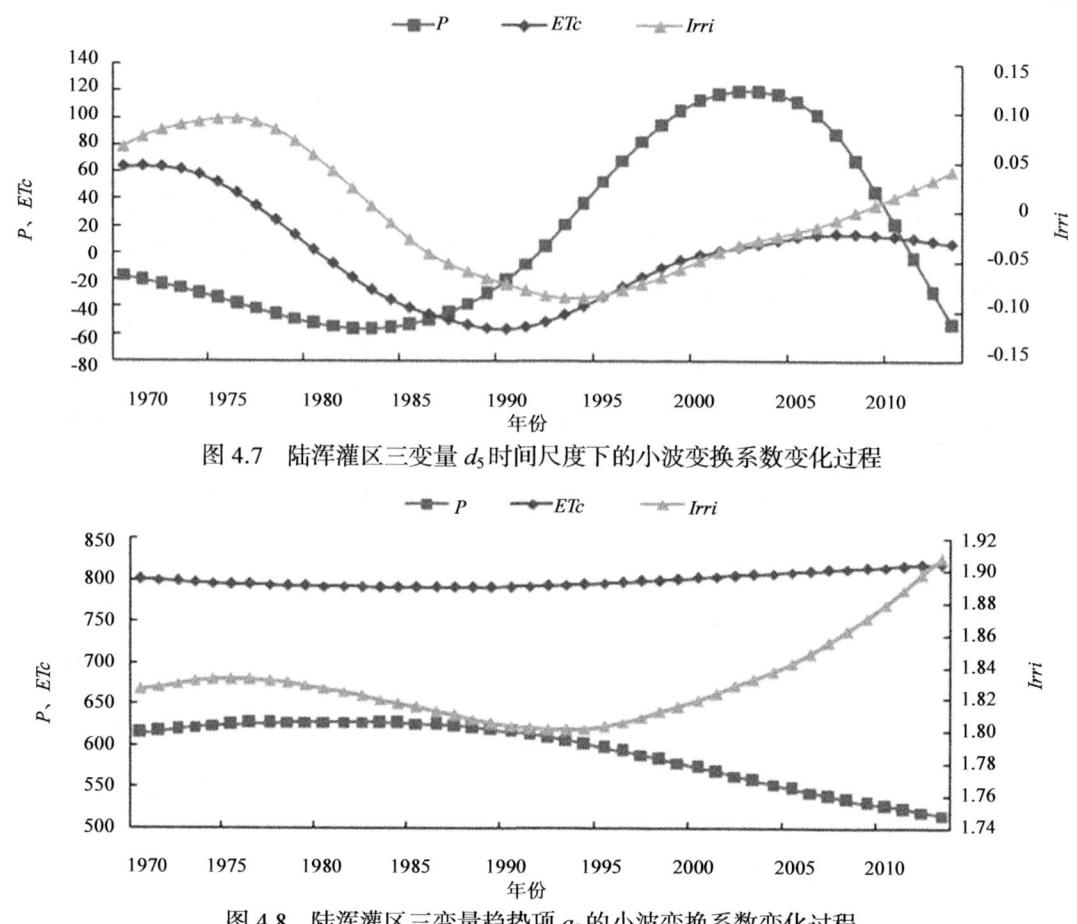

图 4.7 陆浑灌区三变量 d_5 时间尺度下的小波变换系数变化过程

图 4.8 陆浑灌区三变量趋势项 a_5 的小波变换系数变化过程

根据图 4.3~图 4.8 可以看出，灌区降雨量与 ET_c、灌溉水量之间都存在多层次结构，且在小时间尺度上，各变量的周期振荡剧烈，没有明显的规律，随着时间尺度的增加，各变量的周期振荡趋于平稳，且规律比较清晰，根据小波系数变化图可得出各变量的不同周期尺度，见表 4.17。

表 4.17　陆浑灌区降雨量、ET_c、灌溉水量周期性时间尺度　　单位：年

因素	年降雨量	ET_c	年灌溉水量
d_1	2~4	2~4	2~4
d_2	4~9	4~7	4~7
d_3	9~12	8~14	8~17
d_4	22	15~24	18
d_5	30	38	26

多时间尺度周期分析表明，灌区三变量的波动周期较为一致，说明三者之间的周期趋势变化具有同步性，从而也确定了灌区降雨量与灌溉水量及 ET_c 三者之间的内在联系。

4.4.2.1 平稳性检验

详见 4.2.2 节中灌区变量平稳性检验结果。

4.4.2.2 协整检验

未经过差分的序列 Z_i、X_i 与 Y_i 在显著性水平 1%、5% 以及 10% 都不存在单位根，故序列 Z_i 与 X_i、Y_i 为零阶单整，即 $Z_i \sim I(0)$、$Y_i \sim I(0)$、$Z_i \sim I(0)$。因此可直接采用 OLS 法对序列 Z_i、X_i、Y_i 的静态回归关系进行参数估计，得到序列 Z_i 对 X_i、Y_i 的回归方程见表 4.18。

表 4.18　序列 Z_i 与 X_i、Y_i 回归模型结果

尺度 1 回归方程	$Z_1 = -0.003188X_1 - 0.0009865Y_1$ （0.000899）（0.002342）	（$R^2 = 0.2303$）
尺度 2 回归方程	$Z_2 = -0.001468X_2 - 0.004357Y_2$ （0.000601）（0.002285）	（$R^2 = 0.1589$）
尺度 3 回归方程	$Z_3 = -0.000078X_3 - 0.005096Y_3$ （0.000850）（0.001859）	（$R^2 = 0.1616$）
尺度 4 回归方程	$Z_4 = -0.000374X_4 + 0.000346Y_4$ （0.000113）（0.000402）	（$R^2 = 0.2238$）
尺度 5 回归方程	$Z_5 = -0.000454X_5 + 0.001414Y_5$ （0.0000368）（0.0000663）	（$R^2 = 0.9344$）
趋势项回归方程	$Z_5 = -0.131845X_6 + 0.216270Y_6$ （0.017833）（0.017028）	（$R^2 = 0.6163$）

注：括号内的数据为对应系数的标准差（以下方程标注意义与此相同）。

由检验结果可知，在序列 Z_i 对 X_i、Y_i 的回归方程中，可决系数随着周期长度的增加变化较大。从序列 Z_i 对 X_i、Y_i 的回归方程中可以看出，序列 Z_i 对 X_i 的可决系数都为负数，表明灌区灌溉水量与天然降雨量在各时间周期内均呈负方向变化；其中在短时间尺度 d_1 水平下，模型的拟合优度为 0.23，并且随着时间尺度的增大，模型的拟合优度在一定范围呈下降趋势，说明在时间尺度 d_1、d_2、d_3、d_4 水平下灌区灌溉水量与天然降雨量的作用机制并不是十分显著，即灌区两变量的回归关系在此时间周期内表现较为微弱，因此当用于预测计算时，拟合效果较差；而在特长时间尺度 d_5 水平上，两序列的可决系数相当大，达到了 0.934，说明在特长时间尺度下灌区灌溉水量与天然降雨量之间相互作用十分显著，此时回归方程用于预测计算时，其模拟效果较好。

从序列 Z_i 对 X_i、Y_i 的回归方程中可以看出，序列 Z_i 对 Y_i 的可决系数有正有负，表明灌区灌溉水量与 ET_c 在各时间周期内变化趋势不尽相同；其中在短时间尺度 d_1 水平下，模型的可决系数为 -0.00099，并且随着时间尺度的增大，模型的可决系数在一定范围呈下降趋势，说明在时间尺度 d_1、d_2、d_3 水平下灌区灌溉水量与 ET_c 的反向作用机制在逐渐减弱，而随着时间尺度的增长，在 d_4、d_5 尺度水平上，两序列的可决系数不断增加，分别达到了 0.00035 与 0.0014，说明在长时间尺度下灌区灌溉水量与 ET_c 之间呈正方向变化趋势，即随着 ET_c 的增加，灌溉水量亦呈增加趋势。

由序列 Z_i 对 X_i、Y_i 的回归方程中,可得其残差 E_i(i=1~6)。对各残差进行单位根检验,残差均不存在单位根,即是平稳的,结果见表 4.19。

表 4.19　X_i 与 Y_i、Z_i 三变量残差序列 E_i 的单位根检验结果

变量	ADF 值	检验类型(c, t, k)	1%临界值	5%临界值	10%临界值	是否平稳
E_1	−14.13856	(c, 0, 1)	−3.5930	−2.9320	−2.6039	是
E_2	−7.707525	(c, 0, 1)	−3.5930	−2.9320	−2.6039	是
E_3	−7.152234	(c, 0, 1)	−3.5930	−2.9320	−2.6039	是
E_4	−6.154877	(c, 0, 1)	−3.5930	−2.9320	−2.6039	是
E_5	−5.088084	(c, t, 1)	−3.5930	−2.9320	−2.6039	是
E_6	−6.771244	(c, t, 1)	−3.5930	−2.9320	−2.6039	是

根据序列 Z_i 对 X_i、Y_i 的协整关系,建立灌区灌溉水量序列与降雨量以及 ET_c 序列在多时间尺度下的误差修正模型(ECM)。结果见表 4.20。

表 4.20　序列 Z_i 对 X_i、Y_i 的误差修正模型(ECM)结果

尺度 1ECM 模型	ΔZ_1=0.00071−0.00336ΔX_1+0.00099ΔY_1−1.38353$ecm(-1)$ (0.065119)　(0.000458)　(0.001233)　(0.147542)	R^2=0.7916
尺度 2ECM 模型	ΔZ_2=−0.00554−0.00120ΔX_2−0.00218ΔY_2−0.68001$ecm(-1)$ (0.046780)　(0.000504)　(0.002030)　(0.157990)	R^2=0.4205
尺度 3ECM 模型	ΔZ_3=0.00604−0.00012ΔX_3−0.00490ΔY_3−0.12769$ecm(-1)$ (0.022343)　(0.000747)　(0.001579)　(0.095166)	R^2=0.2306
尺度 4ECM 模型	ΔZ_4=−0.00182+0.00007ΔX_4+0.00019ΔY_4−0.27358$ecm(-1)$ (0.001906)　(0.000160)　(0.000442)　(0.072595)	R^2=0.4599
尺度 5ECM 模型	ΔZ_5=0.00145−0.00051ΔX_5+0.00118ΔY_5−0.18583$ecm(-1)$ (0.000646)　(0.000058)　(0.000143)　(0.053812)	R^2=0.8192
趋势项 ECM 模型	ΔZ_6=0.00959+4.55269ΔX_6+18.72470ΔY_6+0.04379$ecm(-1)$ (0.002319)　(1.104743)　(4.087448)　(0.037897)	R^2=0.7282

在上述模型中,在各时间尺度上误差修正项 ecm(−1)的系数为负,符合反向修正机制,反映了对偏离长期均衡的调整力度,即灌区天然降雨量及 ET_c 在各时间尺度上对灌区灌溉水量的短期影响都符合反向修正机制。其中,在短周期尺度 d_1 及中周期尺度 d_2 上,短期调整系数分别为−1.38353、−0.68001,表明年实际灌溉水量变动与长期均衡值的偏差中有 138.35%、68%被修正。而中长时间尺度 d_3 及 d_4、特长时间尺度 d_5,序列 Z_i 关于 X_i、Y_i 的短期弹性分别为−0.12769、−0.27358、−0.18583,其反向作用机制也相对比较显著。

4.4.2.3　多时间尺度下灌溉水量线性协整模拟与预测

前面已将小波理论引入协整建模理论,这里采用小波分解后的各变量分量序列对陆浑灌区灌溉水量进行模拟与预测,同样利用陆浑灌区 1970—2013 年的天然降雨量、ET_c 及灌溉水量的原始数据系列进行分析,以 1970—2003 年的数据系列作为建模依据,以 2004—2013 年的数据对模型进行检验。模拟结果图如图 4.9 所示。

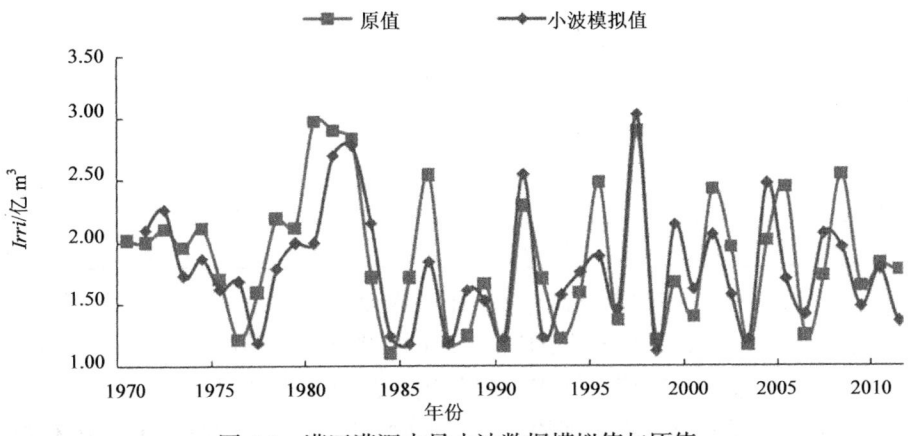

图 4.9 灌区灌溉水量小波数据模拟值与原值

将直接利用原始数据通过线性协整建立的预测模型模拟结果与利用小波多时间尺度分解并重构得出的模拟结果相比较（这里采用相对误差的绝对值大小来比较，如图 4.10 所示），可以发现，利用多时间尺度分解并重构的模拟结果优于未分解重构进行的模拟结果。

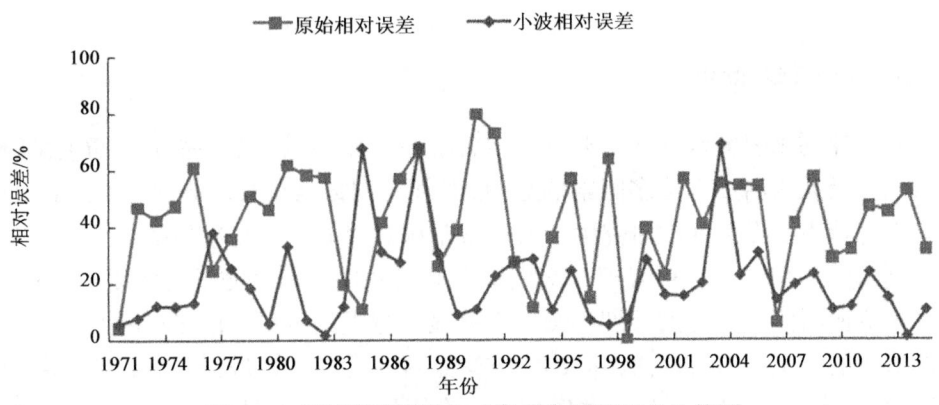

图 4.10 原始模拟误差与小波重构模拟误差比较图

因此，这里采用小波分解后的各变量分量序列对陆浑灌区灌溉水量进行预测，并将各级时间尺度下灌溉水量的预测结果进行小波重构，将其还原为原始灌溉水量，从而获得对原始灌溉水量的预测结果。协整模型检验结果见表 4.21。

表 4.21 小波序列协整模型预测结果

年份	灌溉水量实际值/亿 m³	灌溉水量预测值/亿 m³	绝对误差/亿 m³	相对误差/%
2004	2.020	2.474	−0.454	22.515
2005	2.450	1.702	0.748	30.526
2006	1.240	1.415	−0.075	14.119
2007	1.733	2.067	−0.334	19.282
2008	2.550	1.962	0.588	23.064
2009	1.650	1.479	0.170	10.318

续表

年份	灌溉水量实际值/亿 m³	灌溉水量预测值/亿 m³	绝对误差/亿 m³	相对误差/%
2010	1.820	1.783	0.037	2.016
2011	1.780	1.358	0.422	23.692
2012	1.997	1.703	0.294	14.707
2013	2.372	2.349	0.023	0.982

从表 4.21 可知，10 年中只有 2005 年的相对误差较大，超过 30%，其余结果相对较为合理。相对于直接通过原始数据建立的误差修正模型取得的预测结果而言，多分辨误差校正模型取得的预测效果更为准确。但相对误差仍有部分年份超过 20%。这表明即使在数据分解重构的情况下，预测结果不尽理想，从而反映出单纯的线性协整关系并不能真正表达灌区天然降雨量、ET_c 及灌溉水量三者间的长期均衡关系。因此，有必要建立三者的非线性协整模型，这也与实际更为符合。

4.5 灌区供需时序三维非线性协整建模

4.5.1 非线性协整的含义

利用时间序列来研究水文水资源领域中各变量的作用机理是一个非常重要的课题，但是受自然因素及人为活动等诸多因素的影响，时间序列数据具有趋势性、周期性、非线性、随机性较大等特点。在以往的研究中，人们常常假定时间序列是平稳的，并在此基础上建立了一系列模型。但实证分析发现，水文水资源时间序列都是非平稳的复杂序列。因此，寻求水文水资源时间序列间的长期均衡关系就显得越发的重要。Engle 等[103]于 1987 年提出了线性协整的定义，但线性协整的建模方法是对非平稳序列进行差分，然后利用差分后的序列建模，这样做不仅会丢失一些序列本身有用的信息，而且 Engle 等[103]的协整概念是在向量序列单整阶数全部相等的前提下提出的，具有很大的局限性。

在线性协整建模中，如果时间序列是非平稳的，通过 OLS 得到的模型结果表明，会有很高的拟合优度和显著的 t 统计量，但 DW 检验值很低，根据这些统计量对模型进行的推断往往是不正确的，回归可能是"伪回归"。针对线性协整整数阶的局限性，程细玉等[111]提出了分整时间序列的概念。在现实水文水资源系统中，许多水文水资源变量具有长记忆性的特点，具体表现在分数阶的特性上[112-113]。因此，在非线性协整关系的研究中，一个重要的问题就是非线性协整关系存在性的计算和判断。

在对分整时间序列（即分数维时间序列）的研究中，按照差分方法对时间序列是否平稳进行划分已经不太适用，而应采用长记忆、短记忆时间序列的划分方法。由于分数维时间序列是非线性的，它们之间的均衡、协整关系往往也是非线性的，因而协整函数也是非线性的，此时称为非线性协整。

文献给出了非线性协整的定义：

对于向量时间序列 $X_t=(x_{1t},x_{2t},\ldots,x_{nt})$，$\{X_t\}$ 的分量序列称为是非线性协整的（nonlinear cointegration），如果

（1）$\{x_{it}\}$ 是 LMM 序列（$i=1,2,\ldots,n$）。

（2）存在一个非线性函数 $f(.)$，使得 $y_t=f(x_{1t},x_{2t},\ldots,x_{nt})$ 是一个零均值的 SMM 序列。

上面定义中函数 $f(.)$ 是非线性的，因此被称作非线性协整函数（nonlinear cointegration）。

非线性函数 $f(.)$ 的估计是非线性协整研究的重点和难点，原有的线性协整研究方法已不再适用。因此，张世英等[114]将神经网络引入非线性协整研究，利用神经网络来对非线性协整系统进行建模和检验。BP（Back Propagation）模型是目前研究最多、应用最广的 ANN 模型。它是把一组样本的输入输出变成一个非线性优化问题，使用最优化计算中的最普遍的梯度下降算法，用迭代运算求解权，加入隐含层借点使得优化问题的可调参数增加，从而可以逼近精确解。BP 网络主要有输入层、隐含层及输出层三部分组成，其中每层包含多个神经元，隐含层个数可以有一个或多个。其特点主要体现在：各层神经元仅与相邻层神经元之间有连接，各层内神经元之间无连接。输入信号先向前传播到隐层节点，在经过变换函数之后，把隐层节点的输出信息传播到输出节点，经过处理后再输出结果[115-116]。

近些年来，小波分析理论因为其良好的时频特性，成为数据处理和非线性系统辨识中的重要工具，将小波理论与神经网络相结合而成的小波神经网络，也具有显著优势。小波网络最早由法国著名的信息科学研究机构 IRISA 的 Qinghua Zhang 等[117]于 1992 年提出，很快成为一种新兴的建模分析方法。目前，小波分析和神经网络的结合由两种途径：松散型结合（又叫离散性小波神经网络）和紧致型结合（又叫连续性小波神经网络模型）。前者利用小波分析处理数据并提取特征量用来确定神经网络的输入向量，然后利用神经网络训练数据，从而达到处理、识别、提取有用信息的目的[118]。

4.5.2 非线性协整建模的基本步骤

步骤 1：数据的预处理。利用小波去噪对数据进行处理，清除原始序列中的趋势和波动影响；在利用神经网络模型时，对所有数据进行归一化处理。

步骤 2：单变量时间序列长记忆存在性检验。在对单变量时间序列进行长记忆性检验时，Hurst 指数（它是描述分数维时间序列的重要参数，可用 H 表示）与时间序列的分维数 d 有着确定的关系[119]。此处选用传统的 R/S 检验法[120]。H 的近似估计式记为

$$H=d+0.5 \tag{4.8}$$

因此，借助于估计 Hurst 指数的方法来估计时间序列的分维数 d。当 $H\leq 0.5$ 时，时间序列为短记忆；而 $H>0.5$ 时，时间序列为长记忆。

步骤 3：建立用于非线性协整建模的神经网络模型。建立用于非线性协整建模的神经网络模型，网络的输入为 p 维向量时间序列 $X_t=(x_{1t},x_{2t},\cdots,x_{pt})^T$（$t=1,2,\cdots,T$），其中 T 为样本个数，对神经网络进行训练的目的是找出向量时间序列中分量之间的非线性协整关系。网络的输出为 $y_t=f(x_{1t},x_{2t},\cdots,x_{pt};\theta)$，$\theta$ 为神经网络中的参数向量。以 SMM 序列 $\{d_t\}$（$t=1,2,\cdots,T$）作为网络输出层教师值对网络进行训练，如果存在参数向量 $\hat{\theta}$，

使得当输入的各分量序列为 LMM 序列时，输出序列行$\{y_t\}$是一个 SMM 序列，则说明输入的分量之间存在非线性协整关系[121]：

$$f(x_{1t}, x_{2t}, \cdots, x_{pt}; \hat{\theta}) = 0 \quad (4.9)$$

且 $f(.)$ 为向量时间序列$\{X_t\}$的非线性协整函数。

网络输出残差

$$\varepsilon_t = d_t - y_t = d_t - f(x_{1t}, x_{2t}, \cdots, x_{pt}; \hat{\theta}), \quad t = 1, 2, \cdots, T \quad (4.10)$$

也为 SMM 序列。

步骤 4：模型验证。确定网络规模之后，以$\{X_t\}$的分量序列作为网络的输入序列，然后通过对网络的训练得到输入序列之间非线性关系的估计，这种非线性关系是否为非线性协整关系，关键要看网络的输出序列是否为 SMM 序列。如果网络的输出是一个 SMM 序列，则$\{X_t\}$的分量序列之间存在非线性协整关系；否则，$\{X_t\}$的分量序列之间不存在非线性协整关系[123]。

4.5.3 基于小波神经网络的灌溉水量预测

采用松散型小波神经网络，将陆浑灌区天然降雨与 ET_c、灌溉水量 1970—2013 年的原始数据进行小波 5 尺度分解，并将分解后数据作为小波神经网络输入，建立具有 3 组（每组包含 6 个输入节点）输入，8 个隐含层节点，1 个网络输出的小波神经网络。其中隐含层传递函数采用 sigmoid 函数，用梯度下降法对网络参数进行训练，取学习步长 0.1，动量系数 0.25 进行网络训练。

首先利用 R/S 统计量来判断各分量是否为 LMM 序列，检验结果见表 4.22。

表 4.22 R/S 统计检验

参数	d_1	d_2	d_3	d_4	d_5	a_5
P	0.505	0.595	0.542	0.721	0.790	0.783
ETc	0.560	0.583	0.515	0.598	0.764	0.771
$Irri$	0.570	0.567	0.540	0.605	0.781	0.725

由表 4.22 可知，三样本的 Hurst 指数均大于 0.5，故三数据序列均为长记忆序列即 LMM 序列，且各个指数不相等，即各时间序列的分维数 d 都不相等，因此，只能采用非线性的协整关系来分析三序列的均衡关系。

网络训练结束后，为了检验所建立的神经网络是否能反映陆浑灌区天然降雨、ET_c 与灌溉水量之间的非线性协整关系，将三时间序列的小波分量（其中每分量包含 44 组检验样本）作为输入序列，利用训练好的网络产生 44 个输出样本，并对输出样本进行长记忆检验，结果 Hurst 指数的估计值为 0.067，不具有长记忆性，说明陆浑灌区天然降雨、ET_c 与灌溉水量之间存在非线性协整关系。

因此，根据陆浑灌区天然降雨、ET_c 与灌溉水量之间存在非线性协整关系，采用 1970—2003 年的数据系列作为建模依据，以 2004—2013 年的数据对模型进行检验，进一步验证模型的合理性。模拟效果如图 4.11 所示。

4.5 灌区供需时序三维非线性协整建模

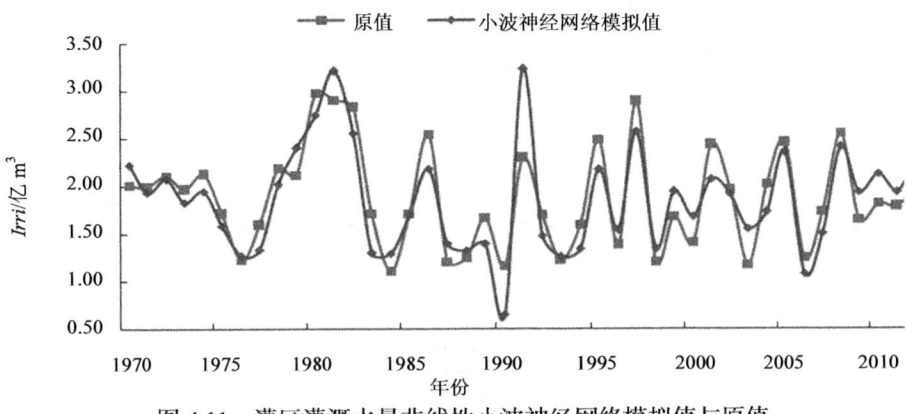

图 4.11 灌区灌溉水量非线性小波神经网络模拟值与原值

线性小波协整模拟相对误差与非线性小波神经网络模拟相对误差图如图 4.12 所示。

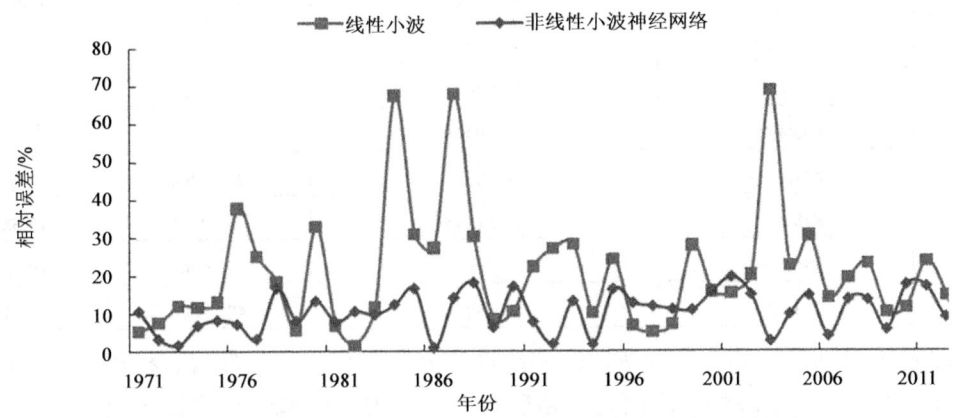

图 4.12 线性小波与非线性小波神经网络模拟误差比较图

灌区灌溉水量小波神经网络非线性协整预测结果见表 4.23。

表 4.23 灌区灌溉水量小波神经网络非线性协整预测结果

年份	灌溉水量/亿 m³	灌溉水量预测值/亿 m³	绝对误差/亿 m³	相对误差/%
2004	2.020	1.726	0.294	14.561
2005	2.450	2.358	0.096	3.928
2006	1.240	1.072	0.168	13.582
2007	1.733	1.501	0.232	13.412
2008	2.550	2.407	0.143	5.610
2009	1.650	1.937	−0.287	17.339
2010	1.820	2.128	−0.308	16.910
2011	1.780	2.038	−0.158	8.861
2012	1.997	1.938	−0.242	12.098
2013	2.372	2.245	0.127	−5.350

由表 4.23 可以看出,灌溉水量预测的相对误差控制在 20%以内,说明小波神经网络模型的精度远远高于线性多时间尺度协整预测,因此,利用该小波神经网络对陆浑灌区进行灌溉水量预测是可行的。

4.5.4 基于小波神经网络的作物需水量预测

同理,根据以上模型利用现有天然降雨资料、ET_c 及灌溉用水量资料对陆浑灌区进行 ET_c 预测,结果见表 4.24。

表 4.24 灌区 ET_c 预测

年份	ET_c/mm	ET_c拟合值/mm	绝对误差/mm	相对误差/%
2004	805.236	689.8007	115.4353	−14.3356
2005	816.4294	693.5873	122.8421	−15.0463
2006	816.0391	759.7786	56.26047	−6.89434
2007	825.3026	766.4721	58.8305	−7.12835
2008	831.8387	741.2006	90.63804	−10.8961
2009	836.4974	745.9458	90.55165	−10.8251
2010	841.1033	746.2786	94.82466	−11.2738
2011	848.3469	699.1245	149.2224	−17.5898
2012	899.5537	722.627	176.9267	−19.6683
2013	783.4236	743.3026	40.12096	−5.12124

通过表 4.24 可知,陆浑灌区 ET_c 的非线性协整预测拟合效果较好,相对误差都控制在 20%以内,相对于线性协整预测而言,精度较高。这说明模型建立比较成功。

第 5 章 水资源供需时序统计特性

5.1 水资源供需时序数据资料

研究中，水资源供水序列主要考虑天然降雨量和人工灌溉用水量系列，为具备普适性，与前述研究不同，此处需水主要考虑了参考作物潜在腾发量 ET_0。研究采用的基本数据为陆浑灌区 1970—2013 年的年灌溉用水量系列数据，以及 1970 年 1 月 1 日至 2013 年 12 月 31 日的逐日气象数据（降雨量、平均风速、最高气温、最低气温、平均相对湿度、日照时数等）。其中 ET_0 采用 1998 年 FAO 推荐的 Penman-Monteith 公式如式（3.7）计算得到。

陆浑灌区 1970—2013 年的年降雨量、年 ET_0 和年灌溉用水量数据系列如图 5.1 所示。

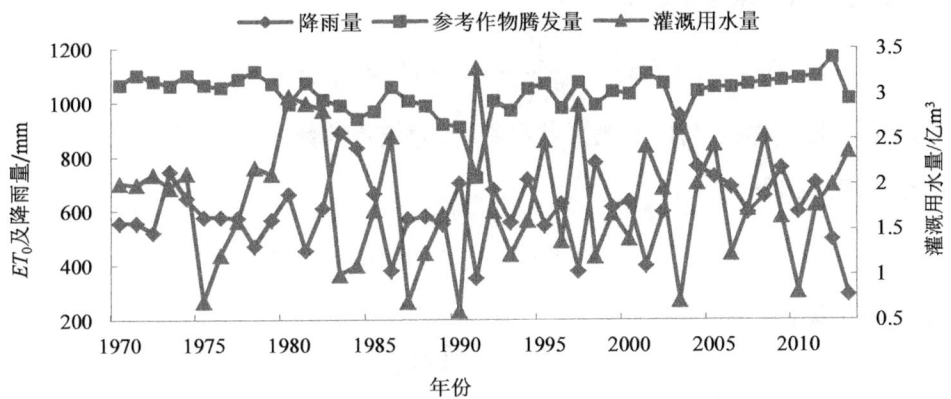

图 5.1 陆浑灌区 1970—2013 年的年降雨量、ET_0 和灌溉用水量数据系列

5.2 边缘分布函数及假设检验

5.2.1 分布函数和参数估计

单变量水文分析计算中，常用的分布线型包括正态分布、指数分布、两参数 Gamma 分布、皮尔逊Ⅲ型（P-Ⅲ）分布、广义极值分布、Generlized Pareto（GP）分布和对数正态分布。其累积概率分布函数、概率密度函数及参数估计方法分别介绍如下[123]。

5.2.1.1 正态分布
（1）概率密度函数：

$$f(x)=\frac{1}{\sigma\sqrt{2\pi}}\mathrm{e}^{-\frac{(x-\mu)^2}{2\sigma^2}},-\infty<x<\infty \tag{5.1}$$

累积分布函数如下：

$$F(x) = \frac{1}{\sqrt{2\pi}} \int_{-\infty}^{x} \exp\left[-\frac{(x-\mu)^2}{2\sigma^2}\right] dx, -\infty < x < \infty \tag{5.2}$$

式（5.1）、式（5.2）中，μ 为随机变量的均值，也称为位置参数；σ 为标准差，也称为形状参数。正太分布以 $x=\mu$ 为对称轴左右完全对称。

（2）参数估计方法。采用极大似然法进行参数估计：

$$\hat{\mu} = \frac{1}{n}\sum_{i=1}^{n}x_i = m_1' \tag{5.3}$$

$$\hat{\sigma}^2 = \frac{1}{n}\sum_{i=1}^{n}(x_i - \hat{\mu})^2 = m_2 \tag{5.4}$$

5.2.1.2 指数分布

（1）概率密度函数。Γ分布类包括皮尔逊Ⅲ型分布、一参数Γ分布和两参数Γ分布、对数皮尔逊Ⅲ型分布（三参数Γ分布）和广义Γ分布。指数分布是一类特殊的Γ分布，皮尔逊Ⅲ型分布的概率密度函数为

$$f(x) = \frac{1}{\alpha^\beta \Gamma(\beta)}(x-\varepsilon)^{\beta-1} e^{-\frac{x-\varepsilon}{\alpha}}, \varepsilon < x < \infty \tag{5.5}$$

式中：$\alpha > 0$ 为尺度参数；$\beta > 0$ 为形状参数；ε 为位置参数。

$\Gamma(x)$ 的定义如下：

$$\Gamma(y+1) = \int_0^\infty t^y e^{-t} dt, y+1 > 0 \tag{5.6}$$

$\Gamma(x)$ 具有以下性质：

$$\Gamma(1) = \Gamma(2) = 1$$

$$\Gamma\left(\frac{1}{2}\right) = \sqrt{\pi}$$

$$\Gamma(y+1) = y\Gamma(y), y > 0$$

$$\Gamma(y) = \Gamma(y+1)/y, y < 1$$

$$\Gamma(k) = (k-1)!, k \text{ 为正整数}$$

式（5.5）中取 $\beta=1$、$\varepsilon=0$ 时即为指数分布，概率密度函数如下：

$$f(x) = \frac{1}{\alpha} e^{-\frac{x}{\alpha}}, x > 0 \tag{5.7}$$

累积概率分布函数为

$$F(x) = 1 - \exp\left(-\frac{x}{\alpha}\right), x > 0 \tag{5.8}$$

（2）参数估计方法。采用极大似然法进行参数估计：

$$\hat{\alpha} = \frac{n(m_1' - x_1)}{n-1}, x_1 = \min(x_i) \tag{5.9}$$

$$\hat{\varepsilon} = \frac{nx_1 - m_1'}{n-1} \tag{5.10}$$

5.2.1.3 两参数 Gamma 分布

（1）概率密度函数。两参数 Gamma 分布（简称 Gamma 分布）属于一类特殊的皮尔逊III型分布，即式（5.5）中的参数 $\varepsilon=0$。Gamma 分布的概率密度函数为

$$f(x) = \frac{1}{\alpha^\beta \Gamma(\beta)} x^{\beta-1} e^{-\frac{x}{\alpha}}, x>0, \alpha>0, \beta>0 \tag{5.11}$$

累积概率分布函数为

$$F(x) = \int_0^x \frac{1}{\alpha^\beta \Gamma(\beta)} x^{\beta-1} e^{-\frac{x}{\alpha}} dx, x>0, \alpha>0, \beta>0 \tag{5.12}$$

（2）参数估计方法。采用极大似然法进行参数估计：

$$U = \ln A - \ln G \tag{5.13}$$

式中：A 为样本算数平均值；G 为样本几何平均值。

$$A = \frac{1}{n} \sum_{i=1}^{n} x_i = m_1' \tag{5.14}$$

$$G = (x_1 x_2 x_3 \cdots x_n)^{\frac{1}{n}} \tag{5.15}$$

α 和 β 由式（5.16）、式（5.17）、式（5.18）计算。

对于 $0 \leqslant U \leqslant 0.5772$，

$$\hat{\beta} = \frac{1}{U}(0.5000876 + 0.1648852U - 0.054427U^2) \tag{5.16}$$

对于 $0.5772 \leqslant U \leqslant 17.0$，

$$\hat{\beta} = \frac{8.898919 + 9.059950U + 0.9775373U^2}{U(17.7928 + 11.968477U + U^2)} \tag{5.17}$$

$$\hat{\alpha} = \frac{A}{\hat{\beta}} \tag{5.18}$$

5.2.1.4 皮尔逊III型分布（P-III）

（1）概率密度函数：

$$f(x) = \frac{1}{\alpha \Gamma(\beta)} \left(\frac{x-\gamma}{\alpha}\right)^{\beta-1} e^{-\frac{x-\gamma}{\alpha}}, \gamma < x < \infty \tag{5.19}$$

式中：γ 为位置参数；$\alpha>0$ 为尺度参数；$\beta>0$ 为形状参数。

累积概率分布函数为

$$F(x) = \int_0^x \frac{1}{\alpha \Gamma(\beta)} \left(\frac{x-\gamma}{\alpha}\right)^{\beta-1} e^{-\frac{x-\gamma}{\alpha}} dx, \gamma < x < \infty \tag{5.20}$$

（2）参数估计方法。采用极大似然方法进行参数估计：

联立式（5.21）、式（5.22）、式（5.23）求解，可以得到 P-Ⅲ型分布的极大似然估计的参数：

$$\frac{n\beta}{\alpha} - \frac{1}{\alpha^2}\sum_{i=1}^{n}(x_i - \gamma) = 0 \tag{5.21}$$

$$-n\Psi(\beta) + \sum_{i=1}^{n}\ln\left(\frac{x_i - \gamma}{\alpha}\right) = 0 \tag{5.22}$$

$$\frac{n}{\alpha} - (\beta - 1)\sum_{i=1}^{n}\left(\frac{1}{x_i - \gamma}\right) = 0 \tag{5.23}$$

其中

$$\Psi(\beta) = \frac{\partial \ln\Gamma(\beta)}{\partial \beta} = \Gamma'(\beta)/\Gamma(\beta) \tag{5.24}$$

式中：γ、α、β 分别为分布的位置参数、尺度参数和形状参数。这3个参数与常用的另外3个总体统计参数 E_x、C_v、C_s（期望值、变差系数、偏态系数）具有如下关系：

$$\gamma = E_x\left(1 - \frac{2C_v}{C_s}\right) \tag{5.25}$$

$$\beta = \frac{4}{C_s^2} \tag{5.26}$$

$$\alpha = \frac{2}{E_x C_v C_s} \tag{5.27}$$

5.2.1.5 广义极值分布

（1）概率密度函数：

$$f(x) = \frac{1}{\alpha}\left[1 - k\left(\frac{x-\mu}{\alpha}\right)\right]^{1/k-1} e^{-\left[1-k\left(\frac{x-\mu}{\alpha}\right)\right]^{1/k}} \tag{5.28}$$

累积分布函数如下：

$$F(x) = \exp\left\{-\left[1 - k\left(\frac{x-\mu}{\alpha}\right)^{\frac{1}{k}}\right]\right\}, \quad 1 - k\left(\frac{x-\mu}{\alpha}\right) > 0 \tag{5.29}$$

（2）参数估计方法。采用极大似然法进行参数估计：

联立以下式（5.30）、式（5.31）和式（5.32）求解，可得广义极值分布的极大似然参数。

$$-\frac{\partial \ln L}{\partial \mu} = \frac{Q}{\alpha} = 0 \tag{5.30}$$

$$-\frac{\partial \ln L}{\partial \alpha} = \frac{1}{\alpha}\frac{P+Q}{k} = 0 \tag{5.31}$$

$$-\frac{\partial \ln L}{\partial k} = \frac{1}{k}\left(R - \frac{P+Q}{k}\right) = 0 \quad (5.32)$$

在式（5.30）、式（5.31）和式（5.32）中，

$$P = n - \sum_{i=1}^{n} e^{-y_i}, y_i = \frac{1}{k}\ln\left[1 - k\left(\frac{x_i - \mu}{\alpha}\right)\right] \quad (5.33)$$

$$Q = \sum_{i=1}^{n} e^{-y_i + ky_i} - (1-k)\sum_{i=1}^{n} e^{ky_i} \quad (5.34)$$

$$R = N - \sum_{i=1}^{n} y_i + \sum_{i=1}^{n} y_i e^{-y_i} \quad (5.35)$$

式（5.33）、式（5.34）和式（5.35）中，μ 为位置参数；α 为尺度参数；k 为形状参数。

5.2.1.6 Generlized Pareto（GP）分布

（1）概率密度函数：广义 Pareto 分布是一类特殊的 Wakeby 分布。如果变量 x 可以用式（5.36）表示，则 x 服从广义 Pareto 分布。

$$x = \varepsilon + \frac{a}{k}\left[1 - (1-F)^k\right] \quad (5.36)$$

累积分布函数为

$$F(x) = 1 - \left[1 - \frac{k}{a}(x - \varepsilon)\right]^{1/k} \quad (5.37)$$

概率密度函数为

$$f(x) = \frac{1}{a}\left[1 - \frac{k}{a}(x - \varepsilon)\right]^{1/k - 1} \quad (5.38)$$

变量 x 的取值范围如下：

$$k \leq 0 \text{ 时}, \quad \varepsilon \leq x < \infty$$

$$k > 0 \text{ 时}, \quad \varepsilon \leq x \leq \varepsilon + a/k$$

（2）参数估计方法。采用极大似然法进行参数估计：采用牛顿迭代法求解联立方程，可以得到广义 Pareto 分布的极大似然估计参数。

$$L = \left(\frac{1}{a}\right)^n \prod_{i=1}^{n}\left[1 - \frac{k}{a}(x_i - \varepsilon)\right]^{1/k - 1} \quad (5.39)$$

$$\frac{\partial \ln L}{\partial a} = \frac{1}{a}\left(\frac{1}{k} - 1\right)\sum_{i=1}^{n} y_i^{-1} - \frac{n}{ak} = 0, y_i = 1 - \frac{k}{a}(x_i - \varepsilon) \quad (5.40)$$

$$\frac{\partial \ln L}{\partial k} = \frac{n}{k}\left(\frac{1}{k} - 1\right) - \frac{1}{k^2}\sum_{i=1}^{n} \ln(y_i) - \frac{1}{k}\left(\frac{1}{k} - 1\right)\sum_{i=1}^{n} y_i^{-1} = 0 \quad (5.41)$$

5.2.1.7 对数正态分布

（1）概率密度函数：

$$f(x) = \frac{1}{x\sigma_y\sqrt{2\pi}}\exp\left[\frac{-(\ln x - \mu_y)^2}{2\sigma_y^2}\right], x > 0 \quad (5.42)$$

式中：μ_y 和 σ_y 分别为 x 序列取自然对数 $(y=\ln x)$ 后形成序列的均值和标准差。

（2）参数估计方法。采用极大似然法进行参数估计：

$$\hat{\mu}_y = \frac{1}{n}\sum_{i=1}^{n}\ln x_i = m'_{1y} \tag{5.43}$$

$$\hat{\sigma}_y^2 = \frac{1}{n}\sum_{i=1}^{n}\left(\ln x_i - \hat{\mu}_y\right)^2 = m_{2y} \tag{5.44}$$

式中：m'_{1y} 和 m_{2y} 分别为 x 样本取自然对数后形成序列的均值和标准差。

5.2.1.8 边缘分布函数参数估计

陆浑灌区年降雨量、年 ET_0 和年灌溉用水量的基本统计特征值见表 5.1。根据前述边缘分布函数参数估计方法，分别假设降雨量、ET_0 和灌溉用水量服从前述的 7 种边缘分布类型，并且运用极大似然法估计三者的边缘分布函数的参数值，具体见表 5.2。

表 5.1 水文变量的基本统计特征

统计值	均值	最大值	最小值
降雨量/mm	611.02	953.9	294.4
ET_0/mm	1034.89	1168.25	724.59
灌溉用水量/亿 m³	1.815	3.290	0.603

表 5.2 边缘分布函数的参数值

分布类型及参数		降雨量/mm	ET_0/mm	灌溉用水量/亿 m³
正态分布	μ	611.0227	1034.9	1.8147
	σ	137.2369	75.0797	0.6764
指数分布	α	611.0227	1034.9	1.8147
Gamma 分布	β	18.8225	175.1783	6.4506
	α	32.4624	5.9076	0.2813
P-Ⅲ型分布	C_v	0.24	0.07	0.35
	C_s	0.03	0.01	0.09
广义极值分布	μ	561.6792	1017.0	1.5758
	k	−0.2585	−0.5	−0.2728
	α	135.9350	80.3	0.6561
广义 Pareto 分布	k	−1.2	−1.9	−1.0230
	α	1148.3	2199.0	3.3659
对数正态分布	μ	6.3883	6.9392	0.5164
	σ	0.2411	0.0787	0.4250

5.2.2 假设检验

为了检验随机变量的理论分布类型能否正确代表随机变量的总体分布，通常需要进行假设检验。常用的假设检验方法包括 x^2 检验、t 检验、F 检验等参数检验和非参数 Kolmogorov-Smirnov 等。

非参数 Kolmogorov-Smirnov 检验方法（K-S 检验）是一种检验样本数据的实际分布与所指定的理论分布的符合程度的方法，用来判断在某个显著性水平下样本数据是否符合具有某一理论分布的总体。通常通过查柯尔莫格洛夫检验分位数表（见附表）得到在假设显著性水平下的临界值，如果检验统计量 D 小于这一临界值，那么说明理论分布通过指定显著性水平下的 K-S 检验，表明拟合情况较好。研究采用非参数 K-S 检验，K-S 检验统计量 $D^{[123]}$ 表示如下：

$$D = \max_{1 \leq i \leq n}\left\{\left|F(x_i) - \frac{i-1}{n}\right|, \left|F(x_i) - \frac{i}{n}\right|\right\} \qquad (5.45)$$

式中：$F(x_i)$ 为随机变量 x 的理论分布值，即实测点据的理论频率；n 为样本个数；i 为实测点据样本中满足条件 $x \leq x_i$ 的实测点据的个数，随机变量由小到大排列后的序号。

为了优选出最适宜的边缘分布函数，采用均方根误差（$RMSE$）对能够通过检验的边缘分布函数进行拟合优度评价。

$$RMSE = \sqrt{\frac{1}{n}\sum_{i=1}^{n}(P_i - P_{ei})^2} \qquad (5.46)$$

式中：$RMSE$ 为均方根误差；P_i 为边缘分布的理论频率；P_{ei} 为边缘分布的经验频率。以 $RMSE$ 最小为优，P_e 的表述如下：

$$P_e(x_i) = P(X \leq x_i) = \frac{n_i}{N+1} \qquad (5.47)$$

式中：n_i 为 $x \leq x_i$ 的个数；N 为样本 x 的容量。

降雨量、ET_0 和灌溉用水量的理论分布与经验分布的拟合情况分别如图 5.2 至图 5.4 所示。

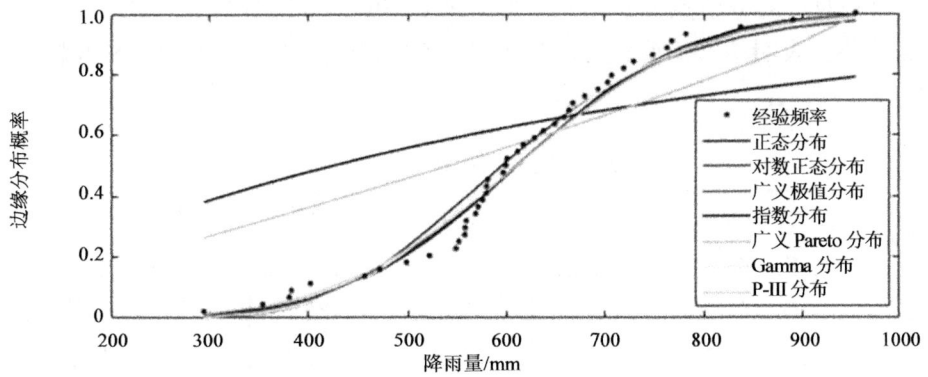

图 5.2 降雨量的理论分布与经验分布的拟合情况

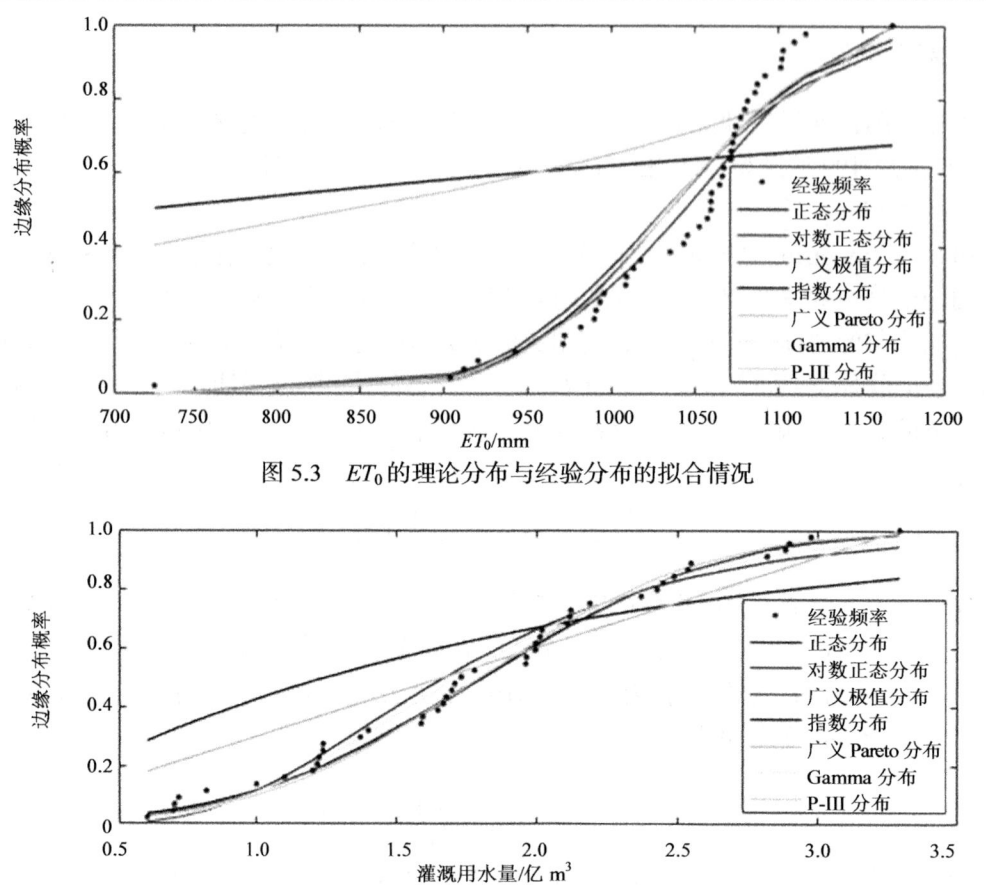

图 5.3 ET_0 的理论分布与经验分布的拟合情况

图 5.4 灌溉用水量的理论分布与经验分布的拟合情况

由图 5.2 至图 5.4 可知，相较于正态分布、对数正态分布、广义极值分布、Gamma 分布和 P-Ⅲ 分布，运用指数分布函数和广义 Pareto 分布函数对降雨量、ET_0 和灌溉用水量的边缘分布函数进行估计时，理论分布概率和经验分布概率的拟合情况不是很理想。

为了检验边缘分布函数是否合理，采用 K-S 检验，对陆浑灌区水文单变量的七种边缘分布类型进行假设检验。取 K-S 检验的显著性水平 $\alpha = 0.05$、$n = 44$ 时，查柯尔莫格洛夫检验分位数表得到对应的分位点为 0.20056，当边缘分布的检验统计量 D 值小于 0.20056 时，则通过 K-S 检验，表明拟合情况较好。降雨量、ET_0 和灌溉用水量单变量 K-S 检验计算结果见表 5.3。

表 5.3 水文单变量的 K-S 检验

水文变量	Gamma 分布	对数正态分布	广义 Pareto 分布	指数分布	P-Ⅲ 分布	正态分布	广义极值分布
降雨量/mm	0.147	0.164	0.304	0.418	0.132	0.120	0.128
ET_0/mm	0.169	0.169	0.528	0.56	0.17	0.165	0.125
灌溉用水量/亿 m³	0.107	0.133	0.2	0.326	0.088	0.075	0.076

由表 5.3 可以看出，对于降雨量和 ET_0，运用广义 Pareto 分布和指数分布估计得到边缘分布的 K-S 检验统计量 D 值均大于 0.20056，不能通过假设检验，其他五种边缘分布函数均能通过检验。对于灌溉用水量，运用指数分布估计得到边缘分布的 K-S 检验统计量 D 值大于 020056，不能通过假设检验，其他六种边缘分布函数均能通过检验。因此，采用均方根误差（$RMSE$）对能够通过检验的边缘分布函数进行拟合优度评价，以优选出最适宜的边缘分布函数。

表 5.4 水文单变量的 $RMSE$

边缘分布类型	Gamma 分布	对数正态分布	广义 Pareto 分布	指数分布	P-Ⅲ 分布	正态分布	广义极值分布
降雨量/mm	0.045	0.053	—	—	0.045	0.039	0.042
ET_0 /mm	0.082	0.086	—	—	0.075	0.076	0.065
灌溉用水量/亿 m³	0.082	0.049	0.1	—	0.034	0.030	0.031

从表 5.4 可以看出，运用正态分布对降雨量和灌溉用水量的边缘分布函数进行估计时，所得的 $RMSE$ 指标最小，所以选取正态分布函数来估计降雨量和灌溉用水量的边缘分布。运用广义极值分布对 ET_0 的边缘分布函数进行估计时，所得的 $RMSE$ 指标最小，所以选取广义极值分布函数来估计 ET_0 的边缘分布。

运用正态分布估计陆浑灌区降雨量和灌溉用水量的边缘分布，运用广义极值分布估计 ET_0 的边缘分布，将这三个水文单变量的理论频率和经验频率绘制成散点图来判断拟合效果，如图 5.5 至图 5.7 所示。

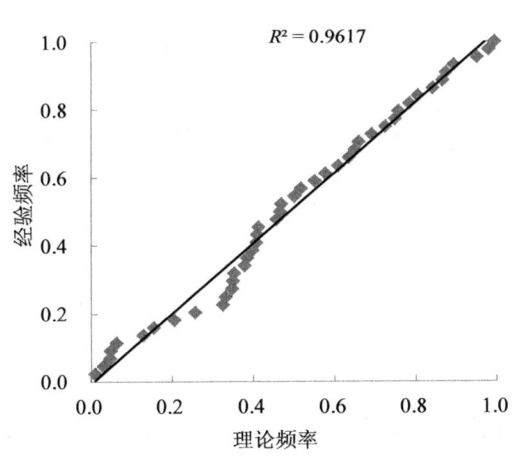

图 5.5 降雨量的理论频率与经验频率散点图

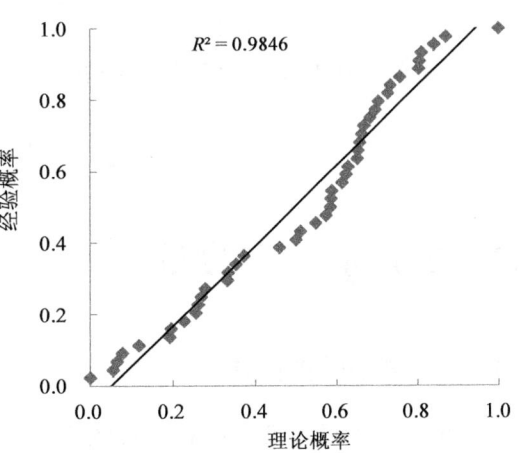

图 5.6 ET_0 的理论频率与经验频率散点图

由图 5.5 至图 5.7 可知，陆浑灌区年降雨量、年 ET_0 和年灌溉用水量的理论频率和经验频率的分布接近于一条直线，因此，通过所选择的边缘分布均能通过假设检验。

综上，由拟合检验评价结果和散点图可知，陆浑灌区的年降雨量、年 ET_0 和灌溉用水量的假定分布的函数的 K-S 检验统计量结果均在临界值之内，且经验频率和理论频率拟合较好，因此降雨量和灌溉用水量服从正态分布，ET_0 服从广义极值分布。各分布函数分别表述如下：

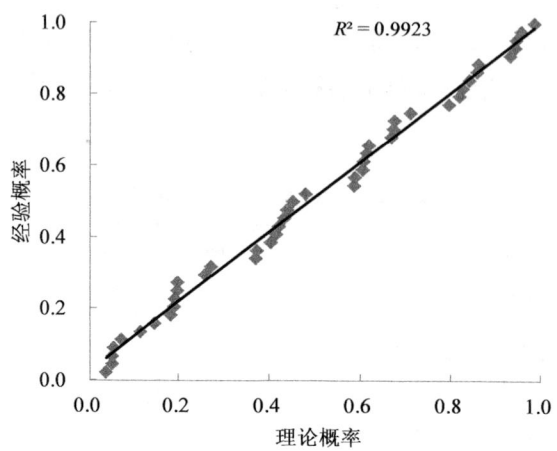

图 5.7 灌溉用水量的理论频率与经验频率的散点图

（1）降雨量的累积分布函数：

$$F(x) = \frac{1}{\sqrt{2\pi}} \int_{-\infty}^{x} \exp\left[-\frac{(x-611.0227)^2}{2 \times 137.2369^2}\right] dx, -\infty < x < \infty \tag{5.48}$$

（2）ET_0 的累积分布函数：

$$F(x) = \exp\left\{-\left[1 - 80.3\left(\frac{1017.0-x}{0.5}\right)^{\frac{1}{80.3}}\right]\right\}, 1 - 80.3\left(\frac{1017.0-x}{0.5}\right) > 0 \tag{5.49}$$

（3）灌溉用水量的累积分布函数：

$$F(x) = \frac{1}{\sqrt{2\pi}} \int_{-\infty}^{x} \exp\left[-\frac{(x-1.8147)^2}{2 \times 0.6764^2}\right] dx, -\infty < x < \infty \tag{5.50}$$

5.3 变量间相关性度量

5.3.1 变量相关性指标

目前常用的度量变量间相关性的指标主要有 Pearson（皮尔逊）线性相关系数 r、Kendall 秩相关系数 τ、Spearman 秩相关系数 ρ。

（1）Pearson（皮尔逊）线性相关系数 r。Pearson 线性相关系数 r 主要是定量表示两个变量 x 和 y 线性相关性的强弱。r 的取值范围为 $[-1,1]$，取值为负时表明变量具有负相关关系，取值为正时表明变量之间是正相关关系，r 值为 0 时表明变量之间没有线性相关关系。r 值越大，表明线性相关性越显著。线性相关系数 r 与相关性的关系见表 5.5。r 的计算公式如下：

$$r = \frac{\sum_{i=1}^{n}(x_i - \bar{x})(y_i - \bar{y})}{\sqrt{\sum_{i=1}^{n}(x_i - \bar{x})^2}\sqrt{\sum_{i=1}^{n}(y_i - \bar{y})^2}} \qquad (5.51)$$

式中：(x_i, y_i) 为取自总体 (x, y) 的样本，$i = 1, 2, \cdots, n$；$\bar{x}$、$\bar{y}$ 分别为变量 x 和 y 的样本均值。

表 5.5　Pearson 相关关系划分指标

相关性	$\|r\|$
不相关	0.0~0.09
低相关	0.1~0.3
中等相关	0.3~0.5
显著相关	0.5~1.0

实际中，Pearson 线性相关系数 r 仅反映了 X 与 Y 之间的线性相关性，$|r|$ 的值越接近于 1，说明 X 与 Y 之间的线性相关性越强。但是，当 $r = 0$ 时，称 X 与 Y 不相关，即不存在线性相关性。但实际上 X 与 Y 之间可能存在某种非线性相关性，例如 $X \sim N(0,1)$，$Y = X^2$，虽然 X 与 Y 有非线性函数关系，但是 X 与 Y 的 Pearson 线性相关系数 $r = 0$。当 (X, Y) 服从二元正态分布时，$r = 0$ 等价于 X 与 Y 相互独立，即在正态性假定下，r 描述了 X 与 Y 的线性和非线性相关性。在很多实际应用中，为了保证数据的正态性，需要对数据进行一些变换（如对数变换）。如果对 X 和 Y 同时进行单调性相同的线性变换，则 X 与 Y 的线性相关系数保持不变；如果对 X 或 Y 进行单调的非线性变换，则 X 与 Y 的线性相关系数将会改变。也就是说，在随机变量的单调变换下，线性相关系数不具有不变性。

（2）Kendall 秩相关系数 τ。设 (x_1, y_1)、(x_2, y_2) 是二维随机变量 (X, Y) 的两个观测值，如果 $(x_1 - x_2)(y_1 - y_2) > 0$，那么称 (x_1, y_1) 与 (x_2, y_2) 是和谐的，如果 $(x_1 - x_2)(y_1 - y_2) < 0$，那么称它们是不和谐的。

定义 5.1　设 (X_1, Y_1)、(X_2, Y_2) 是相互独立并且与 (X, Y) 具有相同分布的二维随机向量，用 $P[(X_1 - X_2)(Y_1 - Y_2) > 0]$ 表示它们的和谐的概率，用 $P[(X_1 - X_2)(Y_1 - Y_2) < 0]$ 表示它们的不和谐的概率，这两个概率的差称为 X 与 Y 的 Kendall 秩相关系数 τ，即

$$\tau = P[(X_1 - X_2)(Y_1 - Y_2) > 0] - P[(X_1 - X_2)(Y_1 - Y_2) < 0] \qquad (5.52)$$

设 $(X_i, Y_i)(i = 1, 2, \cdots, n)$ 为取自总体 (X, Y) 的样本，c 表示其中和谐的观测对数，d 为不和谐的观测对数，那么样本的 Kendall 秩相关系数为

$$\hat{\tau} = \frac{c - d}{c + d} = \frac{c - d}{C_n^2}$$

从 Kendall 秩相关系数的定义不难看出，如果对随机变量 X 和 Y 进行严格单调并且单调性相同的变换，X 与 Y 的 Kendall 秩相关系数 τ 保持不变。

Kendall 秩相关系数 τ 可以描述变量之间的线性相关关系和非线性相关关系，计算公式如下：

$$\tau = \left(C_n^2\right)^{-1} \sum_{i<j} \text{sign}\left[\left(x_i - x_j\right)\left(y_i - y_j\right)\right] \tag{5.53}$$

其中，(x_i, y_i) 是观测点据，$i, j = 1, 2, 3, \cdots, n$，$\text{sign}(\cdot)$ 是符号函数，其具体形式如下：

$$\text{sign}\left[\left(x_i - x_j\right)\left(y_i - y_j\right)\right] = \begin{cases} 1, \left(x_i - x_j\right)\left(y_i - y_j\right) > 0 \\ 0, \left(x_i - x_j\right)\left(y_i - y_j\right) = 0 \\ -1, \left(x_i - x_j\right)\left(y_i - y_j\right) < 0 \end{cases} \tag{5.54}$$

（3）Spearman 秩相关系数 ρ。Spearman 秩相关系数由 Spearman 在 1904 年提出，利用两变量的秩次大小来分析两个变量之间相关关系的强弱，消除了原始变量分布对相关关系的影响，是一个非参数性质的秩统计参数，与变量的分布情况无关。在某些情况下，由于数据分布原因，Pearson 线性相关系数不能对变量的相关关系进行正确描述，甚至无法描述。

定义 5.2 设 (X_1, Y_1)、(X_2, Y_2)、(X_3, Y_3) 是相互独立并且与 (X, Y) 具有相同分布的二维随机向量，定义 X 与 Y 的 Spearman 秩相关系数如下：

$$\rho = 3\left\{P\left[(X_1 - X_2)(Y_1 - Y_3) > 0\right] - P\left[(X_1 - X_2)(Y_1 - Y_3) < 0\right]\right\} \tag{5.55}$$

从定义 5.2 可以看出，Spearman 秩相关系数就是 (X_1, Y_1) 和 (X_2, Y_3) 的和谐与不和谐的概率之差的倍数，这里 X_2 与 Y_3 相互独立，也可用 (X_3, Y_2) 代替 (X_2, Y_3)。若对随机变量 X 与 Y 进行严格单调并且单调性相同的变换，X 与 Y 的 Spearman 秩相关系数 ρ 保持不变。

Spearman 秩相关系数也可定义为将变量排列之后所得新的变量的 Pearson 线性相关系数。具体步骤为：将原始的变量数据 x_i、y_i 从大到小进行排列，记为 x_i'、y_i' 原始变量数据 x_i、y_i 在排列后所在的位置，则 x_i'、y_i' 称为变量的秩次，分别记为 R_i、S_i。计算公式如下：

$$\rho = \frac{\sum_{i=1}^{n}\left(R_i - \overline{R}\right)\left(S_i - \overline{S}\right)}{\sqrt{\sum_{i=1}^{n}\left(R_i - \overline{R}\right)^2}\sqrt{\sum_{i=1}^{n}\left(S_i - \overline{S}\right)^2}} \tag{5.56}$$

式中：R_i、S_i 分别为变量 x、y 的秩次；$\overline{R}$、$\overline{S}$ 分别为变量 R_i 和 S_i 的均值，$i = 1, 2, 3, \cdots, n$。

注意到样本

$$\sum_{i=1}^{n} R_i = \sum_{i=1}^{n} S_i = \frac{n(n+1)}{2}, \quad \sum_{i=1}^{n} R_i^2 = \sum_{i=1}^{n} S_i^2 = \frac{n(n+1)(2n+1)}{6}$$

其 Spearman 秩相关系数可以简化为

$$\rho = 1 - \frac{6}{n(n^2 - 1)} \sum_{i=1}^{n} (R_i - S_i)^2 \tag{5.57}$$

5.3.2 变量相关性分析

采用上述的相关性指标来度量陆浑灌区 1970—2013 年的年降雨量、年 ET_0 和年灌溉用水量这三个水文变量间的相依性,得到的相关关系值见表 5.6。

表 5.6 水文单变量间相关关系计算结果

变量	降雨量与 ET_0	降雨量与灌溉用水量	ET_0 与灌溉用水量
γ	−0.1301	−0.5364	0.1077
τ	−0.2304	−0.3383	0.2537
ρ	−0.3180	−0.4698	0.3669

可以看出,灌区的年降雨量代表灌区全年的自然降水情况,年灌溉用水量反映灌区人工供水情况,年 ET_0 反映灌区全年需水状况。由表 5.6 可看出,陆浑灌区三个水文变量间的相关关系为:年降雨量与年 ET_0 间具有一定负相关性,年降雨量与年灌溉用水量之间具有显著负相关性,年 ET_0 与年灌溉用水量之间具有一定正相关性。

第6章 Copula 理论与相关函数

通常由随机变量的联合分布可以确定各自的边缘分布,但是由边缘分布却很难确定联合分布。在给定几个随机变量的边缘分布的情况下,如何确定它们的联合分布便成了一个非常重要的问题[128]。对于独立事件,其联合分布概率可以采用两事件的边缘分布概率乘积来表示;然而对于相关性事件,这种表示方法便不再合适。Copula 概念的提出及其理论的完善,使得这一问题在一定程度上得到了解决。近年来,Copula 函数方法在构造联合分布函数方面得到了比较广泛的应用,能够有效构建多维变量的联合分布,可以针对边缘分布为任意分布函数的水文变量建立联合分布模型,用以对多维水文变量之间的相关性进行分析。

6.1 Copula 函数的定义与基本性质

Copula 理论的提出要追溯到 1959 年,Sklar 提出可以将一个 N 维联合分布函数分解为 N 个边缘分布函数和一个 Copula 函数,这个 Copula 函数描述了变量间的相关性[124]。Copula 一词是法语,原意是连接、交换。Nelsen(1999)给出了 Copula 函数的严格的定义,Copula 函数是把随机向量 X_1, X_2, $\cdots$, X_N 的联合分布函数 $F_{X_1,X_2,\cdots,X_N}(x_1,x_2,\cdots,x_N)$ 与各自的边缘分布函数 $F_{X_1}(x_1), F_{X_2}(x_2), \cdots, F_{X_N}(x_N)$ 相连接的连接函数,即函数 $C(u_1,u_2,\cdots,u_N)$,使得

$$F_{X_1,X_2,\cdots,X_N}(x_1,x_2,\cdots,x_N)=C[F_{X_1}(x_1),F_{X_2}(x_2),\cdots,F_{X_N}(x_N)] \tag{6.1}$$

6.1.1 二元 Copula 函数的定义及性质

6.1.1.1 二元 Copula 函数的定义

定义 6.1:二元 Copula 函数是指满足以下性质的函数 $C(u,v)$:①$C(u,v)$ 的定义域为 $[0,1]\times[0,1]$;②$C(u,v)$ 有零基面,并且是二维递增的;③对任意 $u,v\in[0,1]$,满足 $C(u,1)=u$,$C(1,v)=v$。

所谓的零基面是指:至少存在一个 $u_0\in[0,1]$ 和一个 $v_0\in[0,1]$,使得 $C(u_0,v)=C(u,v_0)=0$。二维递增是指:对任意 $0\leqslant u_1\leqslant u_2\leqslant 1$ 和 $0\leqslant v_1\leqslant v_2\leqslant 1$,有 $C(u_2,v_2)-C(u_2,v_1)-C(u_1,v_2)+C(u_1,v_1)\geqslant 0$。

假定 $F(x)$ 和 $G(y)$ 是连续的一元分布函数,令 $U=F(x)$,$V=G(y)$,可知 U、V 均服从 $[0,1]$ 上的均匀分布,则 $C(u,v)$ 是一个边缘分布均为 $[0,1]$ 上的均匀分布的二元联合分布函数。对于定义域内任意一点 (u,v),有 $0\leqslant C(u,v)\leqslant 1$。

6.1.1.2 二元分布的 Sklar 定理

定理 6.1(二元分布的 Sklar 定理):令 $H(x,y)$ 为具有边缘分布 $F(x)$ 和 $G(y)$ 的二元联

合分布函数，则存在一个 Copula 函数 $C(u,v)$，满足

$$H(x,y) = C[F(x), G(y)] \tag{6.2}$$

若 $F(x)$ 和 $G(y)$ 是连续函数，则 $C(u,v)$ 唯一确定；反之，若 $F(x)$ 和 $G(y)$ 为一元分布函数，$C(u,v)$ 是一个 Copula 函数，则由式（6.2）确定的 $H(x,y)$ 是具有边缘分布 $F(x)$ 和 $G(y)$ 的二元联合分布函数。

6.1.1.3 二元 Copula 函数的性质

二元 Copula 函数满足以下性质：

（1）$C(u,v)$ 关于每一个变量都是单调非降的，即若保持一个变量不变，$C(u,v)$ 将随着另一个变量的增大而增大（或不变）。

（2）对任意 $u,v \in [0,1]$，$C(u,0) = C(0,v) = 0$，$C(u,1) = u$，$C(1,v) = v$，即只要有一个变量为 0，相应的 Copula 函数值就为 0，若有一个变量为 1，则 Copula 函数值由另一个变量确定。

（3）对任意 $0 \leq u_1 \leq u_2 \leq 1$ 和 $0 \leq v_1 \leq v_2 \leq 1$，有

$$C(u_2, v_2) - C(u_2, v_1) - C(u_1, v_2) + C(u_1, v_1) \geq 0$$

（4）对任意的 u_1，u_2，v_1，$v_2 \in [0,1]$，有

$$|C(u_2, v_2) - C(u_1, v_1)| \leq |u_2 - u_1| + |v_2 - v_1|$$

（5）对任意 $u,v \in [0,1]$，$\max(u+v-1, 0) \leq C(u,v) \leq \min(u,v)$。令 $C^-(u,v) = \max(u+v-1, 0)$，$C^+(u,v) = \min(u,v)$，则称 $C^-(u,v)$ 和 $C^+(u,v)$ 分别为 Fréchet 下界和上界，它们给出了任意一个二元 Copula 函数 $C(u,v)$ 的边界。

（6）若 U、V 独立且同服从 $[0,1]$ 上的均匀分布，则 $C(u,v) = uv$。

6.1.2 多元 Copula 函数的定义及性质

6.1.2.1 多元 Copula 函数的定义

定义 6.2：N 元 Copula 函数是指满足以下性质的函数 $C(u_1, u_2, \cdots, u_N)$：①定义域为 $[0,1]^N$；②$C(u_1, u_2, \cdots, u_N)$ 有零基面，并且是 N 维递增的；③$C(u_1, u_2, \cdots, u_N)$ 有边缘分布函数 $C_i(u_i)$（$i = 1, 2, \cdots, N$），且满足 $C_i(u_i) = C(1, \cdots, 1, u_i, 1, \cdots, 1) = u$，其中 $u_i \in [0,1]$（$i = 1, 2, \cdots, N$）。

6.1.2.2 多元分布的 Sklar 定理

定理 6.2（多元分布的 Sklar 定理）：令 $F_{X_1, X_2, \cdots, X_N}(x_1, x_2, \cdots, x_N)$ 为具有边缘分布 $F_{X_1}(x_1), F_{X_2}(x_2), \cdots, F_{X_N}(x_N)$ 的 N 元联合分布函数，则存在一个 Copula 函数 $C(u_1, u_2, \cdots, u_N)$，满足

$$F_{X_1, X_2, \cdots, X_N}(x_1, x_2, \cdots, x_N) = C[F_{X_1}(x_1), F_{X_2}(x_2), \cdots, F_{X_N}(x_N)] \tag{6.3}$$

若 $F_{X_1}(x_1), F_{X_2}(x_2), \cdots, F_{X_N}(x_N)$ 是连续函数，则 $C(u_1, u_2, \cdots, u_N)$ 唯一确定；反之，若 $F_{X_1}(x_1), F_{X_2}(x_2), \cdots, F_{X_N}(x_N)$ 为一元分布函数，$C(u_1, u_2, \cdots, u_N)$ 是一个 Copula 函数，则由

式（6.3）确定的 $F_{X_1,X_2,\cdots,X_N}(x_1,x_2,\cdots,x_N)$ 是具有边缘分布 $F_{X_1}(x_1),F_{X_2}(x_2),\cdots,F_{X_N}(x_N)$ 的 N 元联合分布函数。

Sklar's 定理表明：Copula 函数的本质就是边缘分布函数为 $F_{X_1}(x_1),F_{X_2}(x_2),\cdots,F_{X_N}(x_N)$ 的随机变量 $X_1,X_2,\cdots,X_N$ 的多元联合分布函数。因此，求解联合分布函数的问题就变为确定函数 C 的过程，Copula 理论为求解多变量联合分布问题提供了一种新的思路和手段。

6.1.2.3 多元 Copula 函数的性质

多元 Copula 函数满足以下性质：

（1）$C(u_1,u_2,\cdots,u_N)$ 关于每一个变量都是单调非降的。

（2）$C(u_1,u_2,\cdots,0,\cdots,u_N)=0$，$C(1,\cdots,1,u_i,1,\cdots,1)=u_i$。

（3）对任意的 $u_i,v_i \in [0,1]$（$i=1,2,\cdots,N$），有

$$\left|C(u_1,u_2,\cdots,u_N)-C(v_1,v_2,\cdots,v_N)\right| \leq \sum_{i=1}^{N}|u_i-v_i|$$

1）令 $C^{-}(u_1,u_2,\cdots,u_N)=\max\left(\sum_{i=1}^{N}u_i-N+1,0\right)$，$C^{+}(u_1,u_2,\cdots,u_N)=\min(u_1,u_2,\cdots,u_N)$，则对任意的 $u_i \in [0,1]$（$i=1,2,\cdots,N$），有 $C^{-}(u_1,u_2,\cdots,u_N) \leq C(u_1,u_2,\cdots,u_N) \leq C^{+}(u_1,u_2,\cdots,u_N)$，记为 $C^{-} < C < C^{+}$。称 C^{-} 和 C^{+} 分别为 Fréchet 下界和上界，当 $N \geq 2$ 时，C^{-} 并不是一个 Copula 函数。

2）若 $U_i \sim U(0,1)$（$i=1,2,\cdots,N$）相互独立，则 $C(u_1,u_2,\cdots,u_N)=\prod_{i=1}^{N}u_i$。

由 Sklar's 定理及 Copula 函数的性质可知：Copula 能够独立于随机变量的边缘分布来表征变量间的相依性关系，从而可以将联合概率分布分解为变量的边缘概率分布和变量间的相依性结构两个独立的部分来分别处理，其中相依性结构可以用 Copula 函数来描述。这样做就不必要求所有变量具有相同的边缘分布，任意类型的边缘分布经过 Copula "连结"之后都能构造成其联合概率分布，由于变量的各项特征都包含在边缘分布中，这样就能最大程度地减小转换过程中产生的信息缺失。

常用的 Copulas 函数类型有椭圆型、Archimedean 型、非对称 Archimedean 型和二次型。其中椭圆型包括 Meta-elliptical Copula、Meta-Gaussian Copula、Student t Copula 和非对称 Kotz Copula 等。Archimedean 型 Copula 函数有 20 余种，常用的 Archimedean 型函数有含有一个参数的 Clayton Copula、Gumbel Copula 和 Frank Copula；常用的非对称 Archimedean 型函数有 M3、M4、M5、M6、M12 型；常用的二次型 Copula 函数有 Plackett Copula。

本书研究项目主要应用三种对称型 Archimedean Copula 函数、Gaussian Copula 函数以及 Student t Copula 函数。分别针对陆浑灌区降雨量与 ET_0、降雨量与灌溉用水量、ET_0 与灌溉用水量，拟从五种常见的 Copula 函数（Frank Copula、Clayton Copula、Gumbel Copula、Gaussian Copula 和 Student t Copula，其中前三种属于 Archimedean Copula 函数）中选取最优的 Copula 函数，构造两变量的二维联合分布函数和三变量的三维联合分布函数。

6.1.3 基于 Copula 函数的相关性度量

定理 6.3（Nelson, 2006）：对随机变量 $X_1, X_2, \cdots, X_N$ 做严格单调增变换 $Y_k = h_k(X_k)$（$k = 1, 2, \cdots, N$），相应的 Copula 函数不变，即 $C_{X_1, X_2, \cdots, X_N} = C_{Y_1, Y_2, \cdots, Y_N}$。这里 $Y = h_k(x)$（$k = 1, 2, \cdots, N$）均为严格单调的增函数；$C_{X_1, X_2, \cdots, X_N}$ 为连接 $X_1, X_2, \cdots, X_N$ 的 Copula 函数；$C_{Y_1, Y_2, \cdots, Y_N}$ 为连接 $Y_1, Y_2, \cdots, Y_N$ 的 Copula 函数。

Copula 函数可以用来度量连续随机变量之间的相关性，并且根据上面的定理，基于 Copula 函数的相关性度量还具有单调变换不变性，即对随机变量进行严格单调增变换，由 Copula 函数得出的相关性测度的值不变。

若连续随机变量 (X, Y) 的边缘分布分别为 $F(x)$ 和 $G(y)$ 相应的 Copula 函数 $C(u, v)$，则 Copula 函数 $C(u, v)$ 与 Kendall 秩相关系数 τ、Spearman 秩相关系数 ρ 有如下关系：

$$\tau = 4 \int_0^1 \int_0^1 C(u, v) \mathrm{d}C(u, v) - 1 \tag{6.4}$$

$$\rho = 12 \int_0^1 \int_0^1 uv \mathrm{d}C(u, v) - 3 = 12 \int_0^1 \int_0^1 C(u, v) \mathrm{d}u \mathrm{d}v - 3 \tag{6.5}$$

其中

$$U = F(x) \sim U(0, 1), V = G(y) \sim V(0, 1)$$

可以证明 X 与 Y 的 Spearman 秩相关系数 ρ 等于 U 与 V 的线性相关系数。

6.2 Archimedean Copulas 函数

6.2.1 Archimedean Copulas 函数类型

6.2.1.1 二维 Archimedean Copula 函数

单参数族的 Archimedean Copulas 有 20 余种，常用的三种二维 Archimedean Copulas 函数的分布函数 $C(u_1, u_2)$ 和参数的取值范围介绍如下。

二维 Gumbel-Hougaard Copula 联合分布模型：

$$C(u_1, u_2) = \exp\left\{-\left[(-\ln u_1)^\theta + (-\ln u_2)^\theta\right]^{1/\theta}\right\}, \quad \theta \geq 1 \tag{6.6}$$

二维 Clayton Copula 联合分布模型：

$$C(u_1, u_2) = (u_1^{-\theta} + u_2^{-\theta} - 1)^{-1/\theta}, \quad \theta > 0 \tag{6.7}$$

二维 Frank Copula 联合分布模型：

$$C(u_1, u_2) = -\frac{1}{\theta} \ln\left[1 + \frac{(e^{-\theta u_1} - 1)(e^{-\theta u_2} - 1)}{e^{-\theta} - 1}\right], \quad \theta \in R \tag{6.8}$$

式（6.6）、式（6.7）和式（6.8）中，u_1、u_2 为 $[0, 1]$ 上的两个边缘分布函数的值；θ 为 Copula 函数中描述各变量之间的相关性的未知参数。

根据分布函数 $C(u_1,u_2)$，可推导出相应的密度函数 $c(u_1,u_2)=\dfrac{\partial^2 C(u_1,u_2)}{\partial u_1 \partial u_2}$ 如下。

（1）Clayton Copula 密度函数：

$$c(u_1,u_2)=(\theta+1)\left(u_1^{-\theta}+u_2^{-\theta}-1\right)^{-\frac{1}{\theta}-2}(u_1 u_2)^{-\theta-1} \tag{6.9}$$

（2）Frank Copula 密度函数：

$$c(u_1,u_2)=\frac{\theta \mathrm{e}^{-\theta(u_1+u_2)}\left(\mathrm{e}^{-\theta}-1\right)}{\left[\mathrm{e}^{-\theta(u_1+u_2)}-\mathrm{e}^{-\theta u_1}-\mathrm{e}^{-\theta u_2}+\mathrm{e}^{-\theta}\right]^2} \tag{6.10}$$

（3）Gumbel Copula 密度函数：

$$c(u_1,u_2)=C(u_1,u_2)\frac{\left[(-\ln u_1)(-\ln u_2)\right]^{\theta-1}}{u_1 u_2}\left[(-\ln u_1)^\theta+(-\ln u_2)^\theta\right]^{\frac{2}{\theta}-2} \times$$

$$\left\{(\theta-1)\left[(-\ln u_1)^\theta+(-\ln u_2)^\theta\right]^{-\frac{1}{\theta}}+1\right\} \tag{6.11}$$

6.2.1.2 三维 Archimedean Copulas 函数

相对于二维 Archimedean Copulas 函数，三维 Archimedean Copulas 函数的构造困难很多，常用的三维 Archimedean Copulas 函数有以下三种，其分布函数形式和参数范围见表 6.1。

表 6.1 常用的三种三维 Archimedean Copula 函数

名称	函数形式 $C(u_1,u_2,u_3)$	参数取值
Clayton	$\left(u_1^{-\theta}+u_2^{-\theta}+u_3^{-\theta}-2\right)^{-1/\theta}$	$\theta \geqslant -1$
Frank	$-\dfrac{1}{\theta}\ln\left[1+\dfrac{\left(\mathrm{e}^{-\theta u_1}-1\right)\left(\mathrm{e}^{-\theta u_2}-1\right)\left(\mathrm{e}^{-\theta u_3}-1\right)}{\left(\mathrm{e}^{-\theta}-1\right)^2}\right]$	$\theta \in R(R\text{为实数})$
Gumbel-Hougaard	$\exp\left\{-\left[(-\ln u_1)^\theta+(-\ln u_2)^\theta+(-\ln u_3)^\theta\right]^{1/\theta}\right\}$	$\theta \geqslant -1$

根据表 6.1 中的分布函数 $C(u_1,u_2,u_3)$，可推导出相应的概率密度函数 $c(u_1,u_2,u_3)$。

（1）Clayton Copula 密度函数：

$$c(u_1,u_2,u_3)=(2\theta+1)(\theta+1)(u_1 u_2 u_3)^{-\theta-1}\left(u_1^{-\theta}+u_2^{-\theta}+u_3^{-\theta}-2\right)^{-\frac{1}{\theta}-3} \tag{6.12}$$

（2）Gumbel-Houggard Copula 密度函数：

$$c(u_1,u_2,u_3)=\exp\left\{-\left[(-\ln u_1)^\theta+(-\ln u_2)^\theta+(-\ln u_3)^\theta\right]^{-\frac{1}{\theta}}\right\}\frac{(-\ln u_1 \ln u_2 \ln u_3)^{\theta-1}}{u_1 u_2 u_3}\times$$

$$\left\{\left[(-\ln u_1)^\theta+(-\ln u_2)^\theta+(-\ln u_3)^\theta\right]^{\frac{3}{\theta}-3}+(3\theta-3)\times\right.$$

$$\left[(-\ln u_1)^\theta+(-\ln u_2)^\theta+(-\ln u_3)^\theta\right]^{\frac{2}{\theta}-3}\times$$

$$(\theta-1)(2\theta-1)\left[(-\ln u_1)^\theta+(-\ln u_2)^\theta+(-\ln u_3)^\theta\right]^{\frac{1}{\theta}-3}\bigg\} \quad (6.13)$$

（3）Frank Copula 密度函数：

$$c(u_1,u_2,u_3)=\frac{\theta^2 e^{-\theta(u_1+u_2+u_3)}\left(e^{-\theta}-1\right)^2\left[\left(e^{-\theta}-1\right)^2-\left(e^{-\theta u_1}-1\right)\left(e^{-\theta u_2}-1\right)\left(e^{-\theta u_3}-1\right)\right]}{\left[\left(e^{-\theta}-1\right)^2-\left(e^{-\theta u_1}-1\right)\left(e^{-\theta u_2}-1\right)\left(e^{-\theta u_3}-1\right)\right]^3} \quad (6.14)$$

6.2.2 Archimedean Copulas 函数的参数估计

常用的 Copulas 函数的参数估计方法有相关性指标法、极大似然法和适线法等[125]。其中，对于二维 Copulas 函数的参数估计，多采用相对简便的方法是相关性指标法。然而，对于三维的 Copulas 函数，相关性指标法不再适用；即使对于二维的 Copulas 函数，相关性指标法的应用也存在一定的局限性，这是因为相关性指标法仅适用于 Copulas 函数的参数 θ 和 Kendall 秩相关系数 τ 之间存在明确的关系表达式的函数，如 Clayton、Gumbel 和 Frank 等函数，而不是对所有的二维 Archimedean Copulas 函数都适用。因此研究选用相关性指标法进行二维 Archimedean Copulas 函数的参数估计，选用极大似然法进行三维 Archimedean Copulas 函数的参数估计。

6.2.2.1 相关性指标法

Copula 方法通过分别独立处理变量间的相依性和边缘分布，将随机变量所含的全部信息包含于函数中。

通过前述的式（6.4）和式（6.5）可知，运用 Copula 函数，可以对变量间的 Spearman 秩相关系数和 Kendall 秩相关系数进行唯一的表示。进而得到 Copula 函数的 θ 与 Kendall 秩相关系数 τ 或 Spearman 秩相关系数 ρ 之间的关系，从而很容易地间接计算参数 θ。Copula 函数的参数 θ 与 Kendall 秩相关系数 τ 之间的关系见表 6.2。

表 6.2 Copula 函数参数与 Kendall 秩相关系数 τ 间的关系

名称	参数取值	τ 与 θ 的关系
Frank	$\theta \in R$	$\tau = 1-\dfrac{4}{\theta}\left[-\dfrac{1}{\theta}\int_\theta^0\dfrac{t}{\exp(t)-1}\mathrm{d}t-1\right]$
Clayton	$\theta > 0$	$\tau = \dfrac{\theta}{\theta+2}$
Gumbel-Hougaard	$\theta \geq 1$	$\tau = 1-\dfrac{1}{\theta}$

6.2.2.2 极大似然法

在 $(u_1,u_2,\cdots,u_m)$ 的样本空间上，极大似然的计算步骤表示如下：

$$L(\theta)=\prod_{i=1}^n c[(u_{i1},u_{i2},\cdots,u_{im});\theta] \quad (6.15)$$

$$c[(u_1,u_2,\cdots,u_m);\theta]=\frac{\partial^m C[(u_1,u_2,\cdots,u_m);\theta]}{\partial u_1 \partial u_2 \cdots \partial u_m} \quad (6.16)$$

$$\ln[L(\theta)] = \sum_{i=1}^{n} \ln\{c[(u_{i1}, u_{i2}, \cdots, u_{im}); \theta]\} \quad (6.17)$$

$$\frac{\partial \ln[L(\theta)]}{\partial \theta} = 0 \quad (6.18)$$

解方程即可得到参数θ。

式（6.15）~式（6.18）中，$L(\theta)$为似然函数，$c[(u_1, u_2, \cdots, u_m); \theta]$为$m$维 Copula 函数的密度函数。

6.3 椭圆 Copula 函数

Archimedean Copulas 的特殊性质使得对于它们的分析相对简单。在实际中，水文和水资源工程所涉及的变量间的相依关系可能表现为正相关、负相关或不相关（相互独立），同时也还会有非对称的样本系列。这些情形下变量间的相依性可以用一些二维 Archimedean Copulas（如 Frank Copula）来描述。多变量d（$d \geqslant 3$）维 Archimedean Copulas 则有非常严格的限制条件，它们只适用于描述变量间的正相关关系，因而这些 Copulas 在实际中的应用也受到相应的限制。Kao 和 Govindaraju[126]较为系统地总结了椭圆 Copulas 的相关性，他们指出椭圆 Copulas 拓展了多变量 Gaussian 分布在实际中的应用，能够用来度量并描述变量间蕴含在一个相关矩阵（即协方差矩阵）中的相依关系，但不同于 ArchimedeanCopulas，这类 Copulas 可以很方便地被用来模拟多维（二维及以上）随机变量而不受变量间相依性范围或相依性结构类型等的限制。作为 Copula 的一个重要分支，椭圆 Copulas 的构建是基于变换椭圆分布来实现的，Fang 等[127]较为系统地阐述了该方法。Kotz 和 Nadarajah[128]、Nadarajah 和 Kotz[129]、Nadarajah[130]先后对椭圆 Copulas 分布的求解进行过一系列的研究。Genest 等[131-132]也对椭圆 Copulas 的特性做了归纳，包括其构建的可能步骤及拟合度的检验方法。

6.3.1 Gaussian Copula

6.3.1.1 Caussian Copula 函数形式

对于 Gaussian 分布有$Q_g = \Phi$（Φ为标准正态分布函数），经过推导得到的d维 Gaussian Copula 的分布函数为[123]

$$C(u_1, u_2, \cdots, u_d; \Sigma) = \Phi_\Sigma[\Phi^{-1}(u_1), \cdots, \Phi^{-1}(u_d)]$$
$$= \int_{-\infty}^{\Phi^{-1}(u_1)} \cdots \int_{-\infty}^{\Phi^{-1}(u_d)} \frac{1}{(2\pi)^{\frac{d}{2}} |\Sigma|^{\frac{1}{2}}} \exp\left(-\frac{1}{2} w^T \Sigma^{-1} w\right) dw \quad (6.19)$$

式中：$\Phi^{-1}(.)$为标准正态分布的逆函数；$\Phi_\Sigma[\Phi^{-1}(u_1), \cdots, \Phi^{-1}(u_d)]$为多元正态分布函数；

$$\Sigma = \begin{bmatrix} 1 & \cdots & \rho_{1d} \\ \vdots & & \vdots \\ \rho_{d1} & \cdots & 1 \end{bmatrix}, \quad \rho_{ij} = \begin{cases} 1, & i = j \\ \rho_{ji}, & i \neq j \end{cases}, \quad -1 < \rho_{ij} < 1 \text{；} d \text{ 为随机变量的维数；} w \text{ 为积分变量矢}$$

量，$w = [w_1, w_2, \cdots, w_d]^T$。其概率密度函数为

$$\begin{aligned} C(u_1, u_2, \cdots, u_d; \Sigma) &= \frac{\partial^d C(u_1, u_2, \cdots, u_d; \Sigma)}{\partial u_1 \cdots \partial u_d} \\ &= \frac{\partial^d}{\partial u_1 \cdots \partial u_d} \left\{ \int_{-\infty}^{\Phi^{-1}(u_1)} \cdots \int_{-\infty}^{\Phi^{-1}(u_d)} \frac{1}{(2\pi)^{\frac{d}{2}} |\Sigma|^{\frac{1}{2}}} \exp\left(-\frac{1}{2} w^T \Sigma^{-1} w\right) dw_1 \cdots dw_d \right\} \\ &= |\Sigma|^{-\frac{1}{2}} \exp\left[-\frac{1}{2}\left(\zeta^T \Sigma^{-1} \zeta - \zeta^T \zeta\right)\right] \end{aligned} \quad (6.20)$$

式中：$\zeta = \left[\Phi^{-1}(u_1) \cdots \Phi^{-1}(u_d)\right]^T$。

对于两变量，$\Sigma = \begin{bmatrix} 1 & \rho_{12} \\ \rho_{21} & 1 \end{bmatrix} = \begin{bmatrix} 1 & \rho \\ \rho & 1 \end{bmatrix}$；$\zeta = \left[\Phi^{-1}(u_1) \quad \Phi^{-1}(u_2)\right]^T$；

$\zeta^T = \left[\Phi^{-1}(u_1) \quad \Phi^{-1}(u_2)\right]$。将其代入式（6.20）中计算并简化可得：

$$c(u_1, u_2; \Sigma) = |\Sigma|^{-\frac{1}{2}} \exp\left[-\frac{1}{2}\left(\zeta^T \Sigma^{-1} \zeta - \zeta^T \zeta\right)\right] = \frac{1}{\sqrt{1-\rho^2}} \times$$

$$\exp\left(\frac{-\left\{[\Phi^{-1}(u_1)]^2 - 2\rho \Phi^{-1}(u_1)\Phi^{-1}(u_2) + [\Phi^{-1}(u_2)]^2\right\}}{2(1-\rho^2)} + \frac{[\Phi^{-1}(u_1)]^2 + [\Phi^{-1}(u_2)]^2}{2}\right) \quad (6.21)$$

对于三变量，$\Sigma = \begin{bmatrix} 1 & \rho_{12} & \rho_{13} \\ \rho_{21} & 1 & \rho_{23} \\ \rho_{31} & \rho_{32} & 1 \end{bmatrix}$；$\Sigma^{-1} = \begin{bmatrix} \rho_{11}^{-1} & \rho_{12}^{-1} & \rho_{13}^{-1} \\ \rho_{21}^{-1} & \rho_{22}^{-1} & \rho_{23}^{-1} \\ \rho_{31}^{-1} & \rho_{32}^{-1} & \rho_{33}^{-1} \end{bmatrix}$；

$\zeta = \left[\Phi^{-1}(u_1) \quad \Phi^{-1}(u_2) \quad \Phi^{-1}(u_3)\right]^T$；$\zeta^T = \left[\Phi^{-1}(u_1) \quad \Phi^{-1}(u_2) \quad \Phi^{-1}(u_3)\right]$。将其代入式（6.20）

中计算并化简可得：

$$c(u_1, u_2, u_3; \Sigma) = |\Sigma|^{-\frac{1}{2}} \exp\left[-\frac{1}{2}\left(\zeta^T \Sigma^{-1} \zeta - \zeta^T \zeta\right)\right] = \frac{1}{\sqrt{1 + 2\rho_{12}\rho_{13}\rho_{23} - \rho_{12}^2 - \rho_{13}^2 - \rho_{23}^2}} \times$$

$$\exp\left[-\frac{1}{2}\left((\rho_{11}^{-1} - 1)[\Phi^{-1}(u_1)]^2 + (\rho_{22}^{-1} - 1)[\Phi^{-1}(u_2)]^2 + (\rho_{33}^{-1} - 1)[\Phi^{-1}(u_3)]^2 - \left\{\rho_{12}^{-1}[\Phi^{-1}(u_1)][\Phi^{-1}(u_2)] + \rho_{13}^{-1}[\Phi^{-1}(u_1)][\Phi^{-1}(u_3)] + \rho_{23}^{-1}[\Phi^{-1}(u_2)][\Phi^{-1}(u_3)]\right\}\right)\right]$$

$$(6.22)$$

6.3.1.2 Gaussian Copula 参数估计

采用极大似然法估计 Gaussian Copula 的参数。二维 Gaussian 分布的概率密度函数为

$$f(x,y) = \frac{1}{2\pi\sqrt{1-\rho^2}} \exp\left[-\frac{x^2 - 2\rho xy + y^2}{2(1-\rho^2)}\right] \quad (6.23)$$

相应的对数似然函数为

$$\ln[L(\rho)] = \ln[f(x,y)] = \frac{x^2 - 2\rho xy + y^2}{2(\rho^2 - 1)} - \ln(2\pi) - \frac{1}{2}\ln(1-\rho^2) \quad (6.24)$$

其对 ρ 的一阶偏导数为

$$\frac{\partial \ln L}{\partial \rho} = \frac{(1+\rho^2)xy - \rho x^2 - \rho y^2}{(1-\rho^2)^2} + \frac{\rho}{1-\rho^2} \quad (6.25)$$

求解对数似然函数的最大值点，即可得到边缘分布和 Copula 函数中参数 ρ 的最大似然估计。

实际估算参数时，可令 $\dfrac{\partial \ln L}{\partial \rho}=0$。

上述方程的解 ρ 即是参数 ρ 的最大似然估计值。三维 Gausssisan Copula 的参数可按同样的思路和方法进行估算。

6.3.2 Student t copula

6.3.2.1 Student t Copula 函数形式

对于 Student t 分布有 $Q_g = T_\upsilon$（T_υ 表示 υ 个自由度的 t 分布函数），经过推导得到的 d 维 Student t Copula 的分布函数[123]为

$$\begin{aligned} C(u_1, u_2, \cdots, u_d; \Sigma, \upsilon) &= T_{\Sigma,\upsilon}[T_\upsilon^{-1}(u_1), \cdots, T_\upsilon^{-1}(u_d)] \\ &= \int_{-\infty}^{T_\upsilon^{-1}(u_1)} \cdots \int_{-\infty}^{T_\upsilon^{-1}(u_d)} \frac{\Gamma\left(\dfrac{\upsilon+d}{2}\right)}{\Gamma\left(\dfrac{\upsilon}{2}\right)} \frac{1}{(\pi\upsilon)^{\frac{d}{2}}|\Sigma|^{\frac{1}{2}}} \left(1 + \frac{\boldsymbol{w}^{\mathrm{T}}\Sigma^{-1}\boldsymbol{w}}{\upsilon}\right)^{-\frac{\upsilon+d}{2}} \mathrm{d}\boldsymbol{w} \end{aligned} \quad (6.26)$$

式中：$T_\upsilon^{-1}(\cdot)$ 为单变量 Student t 分布的逆函数，υ 为 t 分布的自由度；$T_{\Sigma,\upsilon}[T_\upsilon^{-1}(u_1), \cdots, T_\upsilon^{-1}(u_d)]$ 为多元 Student t 分布函数；Σ 为对称协方差矩阵，$\Sigma = \begin{bmatrix} 1 & \cdots & \rho_{1d} \\ \vdots & & \vdots \\ \rho_{d1} & \cdots & 1 \end{bmatrix}$，$\rho_{ij} = \begin{cases} 1, & i = j \\ \rho_{ji}, & i \neq j \end{cases}$，$-1 \leqslant \rho_{ij} \leqslant 1$；$d$ 为随机变量的维数；$\boldsymbol{w}$ 为积分变量矢量，$\boldsymbol{w} = [w_1, w_2, \cdots, w_d]^{\mathrm{T}}$。其概率密度函数为

$$c(u_1,u_2,\cdots,u_d;\Sigma,\upsilon) = \frac{\partial^d C(u_1,u_2,\cdots,u_d;\Sigma,\upsilon)}{\partial u_1 \cdots \partial u_d}$$

$$= \frac{\partial^d}{\partial u_1 \cdots \partial u_d}\left[\int_{-\infty}^{T_\upsilon^{-1}(u_1)}\cdots\int_{-\infty}^{T_\upsilon^{-1}(u_d)}\frac{\Gamma\left(\frac{\upsilon+d}{2}\right)}{\Gamma\left(\frac{\upsilon}{2}\right)}\frac{1}{(\pi\upsilon)^{\frac{d}{2}}|\Sigma|^{\frac{1}{2}}}\left(1+\frac{w^{\mathrm{T}}\Sigma^{-1}w}{\upsilon}\right)^{-\frac{\upsilon+d}{2}}\mathrm{d}w_1\cdots\mathrm{d}w_d\right]$$

$$= |\Sigma|^{\frac{1}{2}}\frac{\Gamma\left(\frac{\upsilon+d}{2}\right)}{\Gamma\left(\frac{\upsilon}{2}\right)}\left[\frac{\Gamma\left(\frac{\upsilon}{2}\right)}{\Gamma\left(\frac{\upsilon+1}{2}\right)}\right]^d\frac{\left(1+\frac{\zeta^{\mathrm{T}}\Sigma^{-1}\zeta}{\upsilon}\right)^{-\frac{\upsilon+d}{2}}}{\prod_{j=1}^{d}\left(1+\frac{b_j^2}{\upsilon}\right)^{-\frac{\upsilon+1}{2}}} \quad (6.27)$$

式中：$\zeta = \left[T_\upsilon^{-1}(u_1) \cdots T_\upsilon^{-1}(u_d)\right]^{\mathrm{T}}$。

对于两变量，$\Sigma = \begin{bmatrix} 1 & \rho_{12} \\ \rho_{21} & 1 \end{bmatrix} = \begin{bmatrix} 1 & \rho \\ \rho & 1 \end{bmatrix}$；$\zeta = \left[T_\upsilon^{-1}(u_1) \quad T_\upsilon^{-1}(u_2)\right]^{\mathrm{T}}$；$\zeta^{\mathrm{T}} = \left[T_\upsilon^{-1}(u_1) T_\upsilon^{-1}(u_2)\right]$。

将其代入式（6.26）中计算并化简可得：

$$c(u_1,u_2;\Sigma,\upsilon) = \frac{\left\{1+\frac{[T_\upsilon^{-1}(u_1)]^2 - 2\rho[T_\upsilon^{-1}(u_1)][T_\upsilon^{-1}(u_2)] + [T_\upsilon^{-1}(u_2)]^2}{\upsilon(1-\rho^2)}\right\}^{-\frac{\upsilon+2}{2}}}{2\pi\sqrt{1-\rho^2}f_\upsilon(b_1)f_\upsilon(b_2)} \quad (6.28)$$

式中：$b_1 = T_\upsilon^{-1}(u_1)$，$b_2 = T_\upsilon^{-1}(u_2)$；$f_\upsilon(b_i) = \frac{\Gamma\left(\frac{\upsilon+1}{2}\right)}{\Gamma\left(\frac{\upsilon}{2}\right)}\frac{1}{(\pi\upsilon)^{\frac{1}{2}}}\left(1+\frac{b_i^2}{\upsilon}\right)^{-\frac{\upsilon+1}{2}}$，$i=1,2$。

对于三变量，其Σ、Σ^{-1}及$\zeta^{\mathrm{T}}\Sigma^{-1}\zeta$的表达式与Gaussian copula形式相同，代入式（6.26）中计算并化简可得：

$$c(u_1,u_2,u_3;\Sigma,\upsilon) = \frac{\Gamma\left(\frac{\upsilon+3}{2}\right)}{\Gamma\left(\frac{\upsilon}{2}\right)}\frac{\upsilon^{\frac{\upsilon}{2}}\left(1+2\rho_{12}\rho_{13}\rho_{23}-\rho_{12}^2-\rho_{13}^2-\rho_{23}^2\right)^{-\frac{1}{2}}}{\pi^{\frac{3}{2}}f_\upsilon(b_1)f_\upsilon(b_2)f_\upsilon(b_3)} \times$$

$$\left\{\upsilon + \rho_{11}^{-1}[T_\upsilon^{-1}(u_1)]^2 + \rho_{22}^{-1}[T_\upsilon^{-1}(u_2)]^2 + \rho_{33}^{-1}[T_\upsilon^{-1}(u_3)]^2 + \right.$$

$$2\rho_{12}^{-1}[T_\upsilon^{-1}(u_1)][T_\upsilon^{-1}(u_2)] + 2\rho_{13}^{-1}[T_\upsilon^{-1}(u_1)][T_\upsilon^{-1}(u_3)] +$$

$$\left. 2\rho_{23}^{-1}[T_\upsilon^{-1}(u_2)][T_\upsilon^{-1}(u_3)]\right\}^{-\frac{\upsilon+3}{2}} \quad (6.29)$$

式中：b_1、b_2、b_3和$f_\upsilon(b_i)$值同上。

6.3.2.2 Student t Copula 参数估计

采用极大似然法估计 Student t Copula 的参数。二维 Student t 分布的概率密度为

$$f(x,y) = \frac{\Gamma\left(\frac{\upsilon+2}{2}\right)}{\Gamma\left(\frac{\upsilon}{2}\right)(\upsilon\pi)\sqrt{1-\rho^2}}\left[1+\frac{x^2-2\rho xy+y^2}{\upsilon(1-\rho^2)}\right]^{-\frac{\upsilon+2}{2}} \quad (6.30)$$

相应的对数似然函数为

$$\begin{aligned}\ln[L(\rho,\upsilon)] &= \ln[f(x,y)] \\ &= \ln\left[\Gamma\left(\frac{\upsilon+2}{2}\right)\right] - \ln\left[\Gamma\left(\frac{\upsilon}{2}\right)\right] - \ln(\upsilon\pi) - \frac{1}{2}\ln(1-\rho^2) - \\ &\quad \frac{\upsilon+2}{2}\ln\left[\upsilon(1-\rho^2) + (x^2-2\rho xy+y^2)\right] + \frac{\upsilon+2}{2}\ln\left[\upsilon(1-\rho^2)\right]\end{aligned} \quad (6.31)$$

其对 ρ 和 υ 的一阶偏导数分别为

$$\frac{\partial \ln L}{\partial \rho} = \frac{(\upsilon+2)(\rho\upsilon+xy)}{(x^2-2\rho xy+y^2)+\upsilon(1-\rho^2)} - \frac{(\upsilon+1)\rho}{1-\rho^2} \quad (6.32)$$

$$\begin{aligned}\frac{\partial \ln L}{\partial \upsilon} = \frac{1}{2}\Bigg\{&\Psi\left(\frac{\upsilon+1}{2}\right) - \Psi\left(\frac{\upsilon}{2}\right) - \ln\left[\upsilon(1-\rho^2)+(x^2-2\rho xy+y^2)\right] \\ &- \frac{(\upsilon+2)(1-\rho^2)}{\upsilon(1-\rho^2)+(x^2-2\rho xy+y^2)} + \ln\left[\upsilon(1-\rho^2)\right] + \frac{\upsilon+2}{\upsilon}\Bigg\} - \frac{1}{\upsilon}\end{aligned} \quad (6.33)$$

式中：$\Psi(\cdot)$ 为普西（Psi）函数。估算参数时，可令

$$\left.\begin{aligned}&\sum_{i=1}^n \frac{\partial \ln L}{\partial \rho} = \sum_{i=1}^n \left\{\frac{\upsilon(\upsilon+2)\left[\rho(x_i^2-2\rho x_i y_j+y_j^2)+x_i y_j(1-\rho^2)\right]}{(x_i^2-2\rho x_i y_j+y_j^2)+\upsilon(1-\rho^2)} - \frac{(\upsilon+1)\rho}{1-\rho^2}\right\} = 0 \\ &\sum_{i=1}^n \frac{\partial \ln L}{\partial \upsilon} = -\frac{n}{\upsilon} + \frac{1}{2}\sum_{i=1}^n\Bigg\{\Psi\left(\frac{\upsilon+1}{2}\right) - \Psi\left(\frac{\upsilon}{2}\right) - \ln\left[\upsilon(1-\rho^2)+(x_i^2-2\rho x_i y_j+y_j^2)\right] - \\ &\qquad \frac{(\upsilon+2)(1-\rho^2)}{\upsilon(1-\rho^2)+(x_i^2-2\rho x_i y_j+y_j^2)} + \ln\left[\upsilon(1-\rho^2)\right] + \frac{\upsilon+2}{\upsilon}\Bigg\} = 0\end{aligned}\right\} \quad (6.34)$$

上述方程组的解 $\hat{\rho}$、$\hat{\upsilon}$ 即是参数 ρ 和 υ 的最大似然估计值。对于二维 Student t Copula 而言，为了使各个变量两两之间的 Student t 分布具有相同的自由度，一般预先给定自由度 υ 的值（如 $\upsilon=2,3,4,5,6$），仅通过求解上述方程组中的第一个方程来获得 $\hat{\rho}$ 的值。三维 Student t Copula 的参数同样可按上述的思路和方法估算 $\hat{\rho}$ 和 $\hat{\upsilon}$ 的值。

6.4 拟合优度检验

选定 Copula 函数之后，还需要考虑所选 Copula 函数是否能够比较准确地描述变量之间的相关性，所以需要对所选的 Copula 函数进行假设检验，并采用拟合优度指标进行优

选。采用 K-S 检验方法来检验陆浑灌区水文变量二维联合分布频率与联合实测样本的拟合程度。对于二维 Copula 函数，K-S 检验统计量 D 的定义[123]为

$$D = \max_{1 \leq k \leq n}\left(\left|C_k - \frac{m_k}{n}\right|, \left|C_k - \frac{m_k - 1}{n}\right|\right) \quad (6.35)$$

式中：C_k 为联合观测值样本 $X_k = (x_{1k}, x_{2k})$ 的 Copula 函数值；m_k 为联合观测值样本中满足条件 $x_1 \leq x_{1k}$ 并且 $x_2 \leq x_{2k}$ 的联合观测值的个数。

拟合优度评价是选择 Copula 函数类型的一个重要标准。选取离差平方和最小准则（OLS）和 AIC 信息准则法作为用于评价 Copula 函数拟合程度的指标和方法，并据此对陆浑灌区二维水文变量的联合分布函数模型进行优选[123]。

（1）离差平方和最小准则（OLS）：

$$\text{OLS} = \sqrt{\frac{1}{n}\sum_{i=1}^{n}(Pe_i - P_i)^2} \quad (6.36)$$

式中：Pe_i 为联合分布的经验频率，为联合分布的理论频率；OLS 值最小的模型为最优的二维联合分布函数模型。

（2）AIC 信息准则法。AIC 信息准则法包括两部分：一部分是 Copula 函数拟合的偏差；另一部分为因参数个数不同导致的不稳定性[123]。具体计算公式如下：

$$\text{AIC} = n\ln\left(\frac{RSS}{n}\right) + 2k \quad (6.37)$$

式中：k 为模型参数个数；n 为样本长度；RSS 为模型拟合后的残差平方和。

$$RSS = \sum_{i=1}^{n}(Pe_i - P_i)^2 \quad (6.38)$$

AIC 值最小的模型为最优的联合分布函数模型。特别是当 OLS 值差别不大时，以 AIC 值较小为优。

本书研究项目中，针对不同水资源供需时序下的水资源短缺风险的评价，进行风险分析时，运用 Copula 函数基本理论，需要选用适宜的 Copula 函数，分别针对陆浑灌区降雨量与 ET_0、ET_0 与灌溉用水量、降雨量与灌溉用水量优选出三种 Copula 函数，构建三个二维联合分布函数模型，并且针对降雨量、ET_0 与灌溉用水量，构建一个三维联合分布函数模型。选择 Copula 函数的具体步骤如下：

（1）应用水文频率分析方法，选用相应的随机变量概率分布函数（如 P-III 分布、广义极值分布、正态分布等），模拟分析得到降雨量、灌溉用水量以及参考作物腾发量的边缘分布函数。

（2）采用相关性指标法估计二维 Archimedean Copula 函数的未知参数，采用极大似然方法估计二维 Student t Copula 和 Gaussian Copula 函数的未知参数；三维 Copula 函数的未知参数均通过应用极大似然方法来估计。

（3）运用非参数 Kolmogorov-Smirnov 检验方法对每个联合概率分布函数进行拟合检验。

（4）采用离差平方和最小准则（OLS）和 AIC 信息准则法进行拟合优度评价，优选出拟合最好的 Copula 函数分别作为陆浑灌区二维水文变量的联合概率分布函数以及三维水文变量的联合概率分布模型。

第 7 章 自然降雨条件下的灌区水资源短缺风险分析

7.1 降雨量与 ET_0 的二维联合概率分布模型

分别采用 Frank、Gaussian、Student t Copula 函数进行陆浑灌区 1970—2013 年的年降雨量和年 ET_0 的联合概率分布模型的构建。参数估计、K-S 检验的统计量 D 以及拟合优度评价的结果见表 7.1（其中 θ 表示 Copula 函数的参数）。

表 7.1 Copula 函数计算、检验和评价结果

Kendall 秩相关系数	参数与指标	Copula 函数类型		
		Frank	Gaussian	Student t
-0.2304	θ	-2.168	-0.1758	$\rho=-0.3348$ $V=5.3025$
	D	0.1258	0.1189	0.1205
	OLS	0.0495	0.0506	0.0489
	AIC	-262.5760	-260.6112	-263.6596

图 7.1～图 7.3 分别表示运用 Frank、Gaussian、Student t Copula 函数构建的陆浑灌区的年降雨量和年 ET_0 的联合概率分布模型。

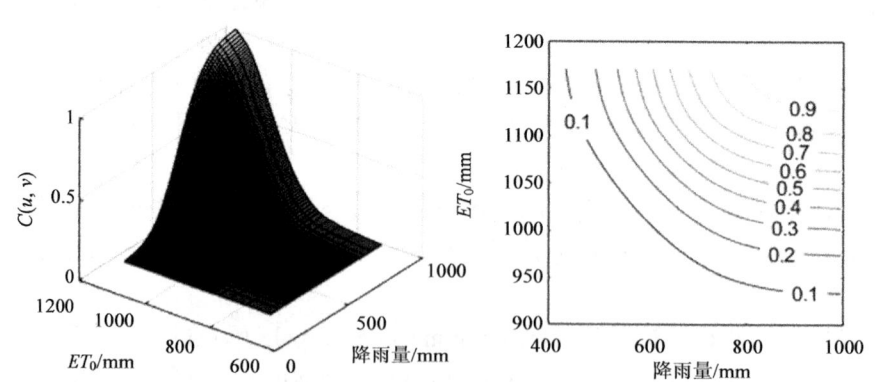

图 7.1 基于 Frank Copula 的降雨量和 ET_0 的联合分布及其等值线图

由检验统计量 D 的值可知，三种 Copula 联结函数的 K-S 检验统计量 D 均小于临界值 0.20056，因此三种 Copula 函数均能够构建陆浑灌区年降雨量与年 ET_0 的联合分布模型。由表 7.1 和拟合优度的评价指标可知，运用 Student t Copula 函数构建的联合分布模型的

OLS 和 *AIC* 指标最小，所以选取 Student t Copula 函数模型为拟合最优的函数模型。图 7.4 为由 Frank、Gaussian 和 Student t Copula 函数建立的联合分布模型所得的经验 Copula 值与理论 Copula 值的拟合情况的直观散点图。

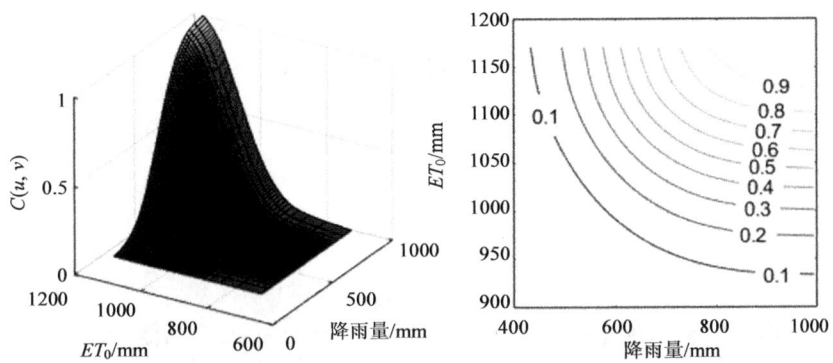

图 7.2　基于 Gaussian Copula 的降雨量和 ET_0 的联合分布及其等值线图

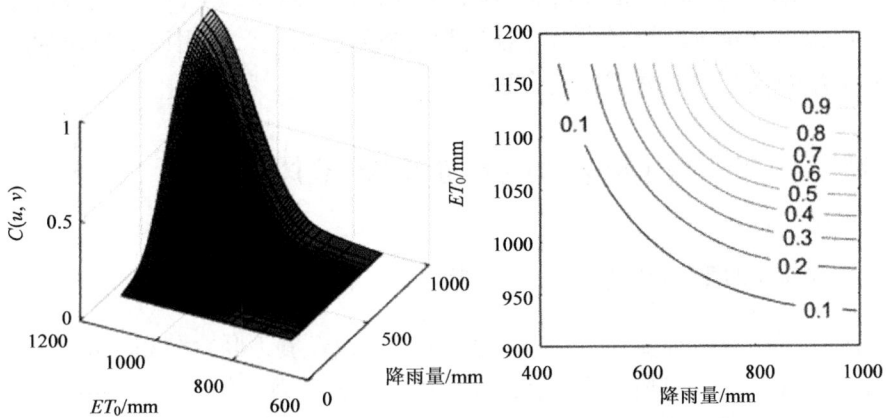

图 7.3　基于 Student t Copula 的降雨量和 ET_0 的联合分布及其等值线图

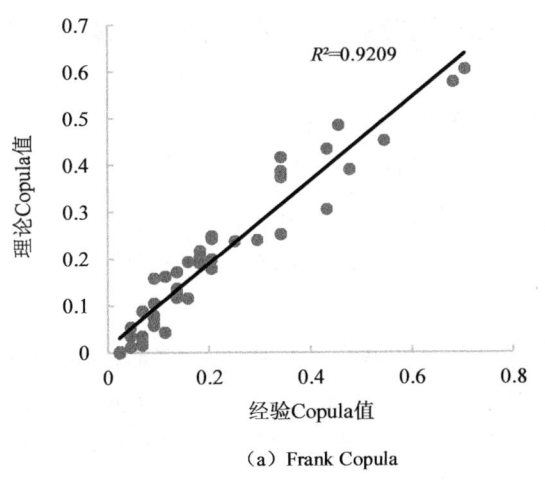

（a）Frank Copula

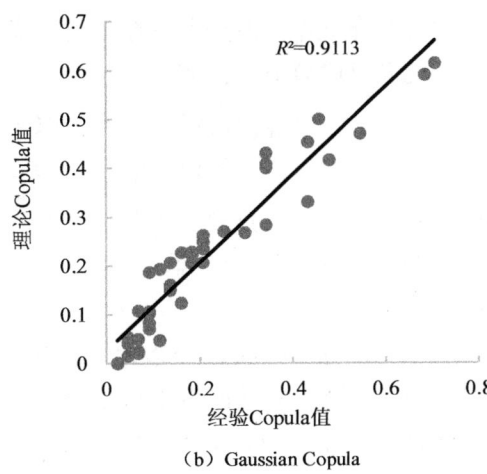

（b）Gaussian Copula

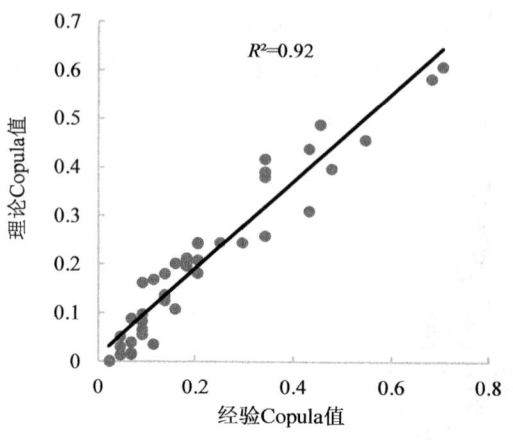

(c) Student t Copula

图 7.4 降雨量与 ET_0 的经验 Copula 值与理论 Copula 值的拟合情况

由图 7.4 可以看出,陆浑灌区年降雨量和年 ET_0 的理论频率和经验频率的相关性很高,与 Frank Copula 函数与 Gaussian Copula 函数相比,由 Student t Copula 函数建立的联合分布模型对年降雨量和年 ET_0 的联合分布情况拟合较好,因此,选用该函数作为陆浑灌区年降雨量和年 ET_0 的联合概率模型比较合理。

7.2 自然降雨条件下陆浑灌区水资源短缺风险分析

7.2.1 水资源短缺风险的联合概率分析

设 $F(x)$ 和 $F(y)$ 分别为变量 X 和 Y 的边缘分布,$F(x,y)$ 为联合分布(X 表示降雨量,Y 表示 ET_0)。基于 Copula 函数的两变量联合分布可以表示为

$$F(x,y) = P(X \leqslant x, Y \leqslant y) = C[F_X(x), F_Y(y)] \quad (7.1)$$

降雨量与 ET_0 理论上存在多种耦合事件,可以运用上述的联合概率分布模型计算出它们的联合分布概率。但是本研究主要考虑的是对灌区水资源短缺风险的描述,因此主要关注以下的两种联合分布概率。

$$\left.\begin{array}{l} G_{X,Y}(x,y) = (X \leqslant x \text{ 或 } Y \geqslant y) = 1 - F_Y(y) + C[F_X(x), F_Y(y)] \\ G'_{X,Y}(x,y) = P(X \leqslant x, Y \geqslant y) = F_X(x) - C[F_X(x), F_Y(y)] \end{array}\right\} \quad (7.2)$$

式中:$P(X \leqslant x$ 或 $Y \geqslant y)$ 为 X 不超过某特定值、Y 超过某特定值这两个事件中至少有一个事件发生的联合分布概率;$P(X \leqslant x, Y \geqslant y)$ 为 X 不超过某特定值且 Y 超过某特定值时事件发生的联合分布概率。

根据 Student t Copula 函数建立的年降雨量与年 ET_0 的联合分布模型,在描述天然来水情况下灌区水资源短缺的发生概率时,主要考虑以下两种不同降雨量与 ET_0 遭遇组合条件下的联合分布概率:① ET_0 超过某一特定值、降雨量不超过某一特定值,这两个事件中至少有一个事件发生时组合事件的联合分布概率,记为 $G_{X,Y}(x,y)$;② ET_0 超过某一特定值,

且降雨量不超过某一特定值时的组合事件的联合分布概率，记为 $G'_{X,Y}(x,y)$，以此来表示天然降雨条件下的灌区供水与需水的遭遇组合概率。

根据式（7.1）、式（7.2）计算得到的年降雨量与年 ET_0 的两种联合概率分布的分布图和等值线图分别如图 7.5 和图 7.6 所示。由此可知，等值线的弯曲弧度比较大，说明陆浑灌区的年降雨量和年 ET_0 间存在较强相依关系。

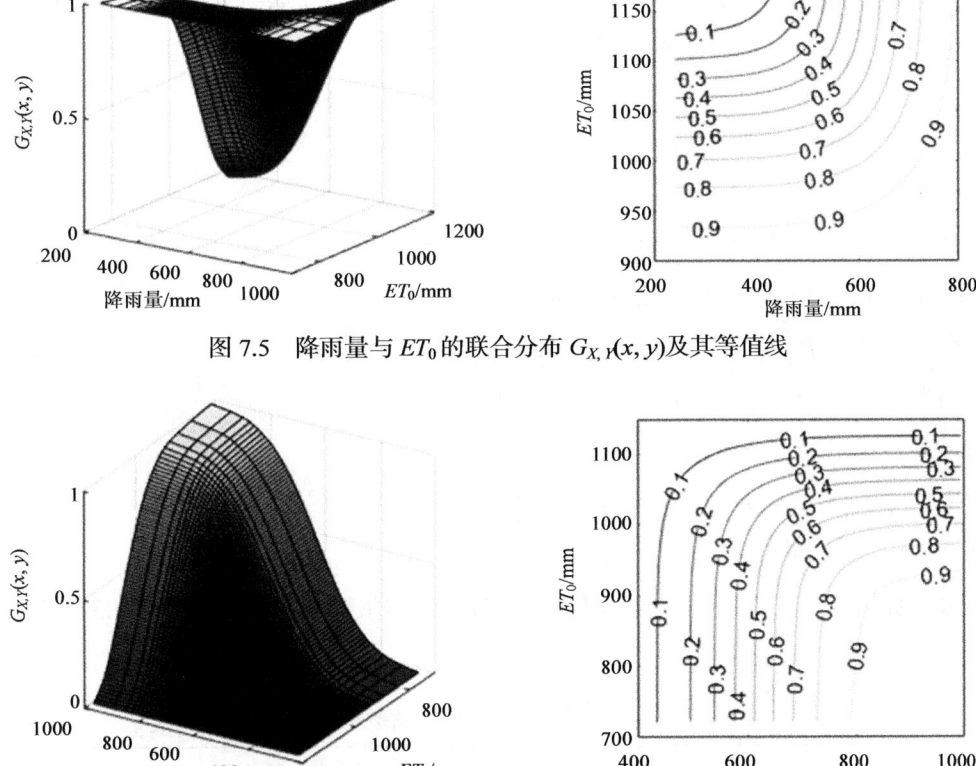

图 7.5　降雨量与 ET_0 的联合分布 $G_{X,Y}(x,y)$ 及其等值线

图 7.6　降雨量与 ET_0 的联合分布 $G'_{X,Y}(x,y)$ 及其等值线

图 7.5 和图 7.6 分别给出了天然降雨条件下，降雨量与 ET_0 在多种遭遇组合情况下的联合分布概率 $G_{X,Y}(x,y)$、$G'_{X,Y}(x,y)$，也给出了联合概率相同情况下的降雨量和 ET_0 的多种遭遇组合。联合概率值 $G_{X,Y}(x,y)$、$G'_{X,Y}(x,y)$ 随着降雨量的增大和 ET_0 的减小而呈增大趋势。从图 7.5 和图 7.6 中可以查出不同量级的年降雨量与年 ET_0 的多种遭遇组合概率。例如，$P(P\leqslant 600\text{mm}$ 或 $ET_0\geqslant 1000\text{mm})$ 为 0.78；$P(P\leqslant 600\text{mm}, ET_0\geqslant 1000\text{mm})$ 为 0.37。这两种联合概率表示不同量级的年降雨量与年 ET_0 的遭遇组合事件发生的可能性，可以用来表征在多种遭遇情况下灌区天然来水不能满足作物需水的风险。

7.2.2　丰枯遭遇联合概率分析

以 $p_f = 37.5\%$、$p_k = 62.5\%$ 分别为对陆浑灌区的年降雨量和年 ET_0 进行丰枯划分的频率，运用已构建的二维 Copula 联合分布模型，对二者在年际间的丰枯遭遇情况进行分析。

由频率分布曲线可得年降雨量和年 ET_0 的丰枯划分数值见表 7.2。

表 7.2　年降雨量和年 ET_0 丰枯划分值

频率	37.5%	62.5%
降雨量/mm	654.75	567.29
ET_0/mm	1067.50	1018.55

采用频率法进行年降雨量和年 ET_0 的丰枯划分，则二者间的丰枯遭遇情形可分为 9 种，包括丰枯同步和丰枯异步两种类型[127]，形式如下（其中，X 表示降雨量序列，Y 表示 ET_0 序列）：

丰丰型：$p_1 = P(X \geqslant x_{pf}, Y \geqslant y_{pf})$

丰平型：$p_2 = P(X \geqslant x_{pf}, y_{pk} < Y < y_{pf})$

丰枯型：$p_3 = P(X \geqslant x_{pf}, Y \leqslant y_{pk})$

平丰型：$p_4 = P(x_{pk} < X < x_{pf}, Y \geqslant y_{pf})$

平平型：$p_5 = P(x_{pk} < X < x_{pf}, y_{pk} < Y < y_{pf})$

平枯型：$p_6 = P(x_{pk} < X < x_{pf}, Y \leqslant y_{pk})$

枯丰型：$p_7 = P(X \leqslant x_{pk}, Y \geqslant y_{pf})$

枯平型：$p_8 = P(X \leqslant x_{pk}, y_{pk} < Y < y_{pf})$

枯枯型：$p_9 = P(X \leqslant x_{pk}, Y \leqslant y_{pk})$

经过计算可得，陆浑灌区年降雨量与年 ET_0 的丰枯遭遇分析结果见表 7.3，其中 P 为降雨量。

表 7.3　降雨量和 ET_0 的丰枯遭遇频率

丰枯同步频率				丰枯异步频率						
P-ET_0 同丰	P-ET_0 同平	P-ET_0 同枯	合计	P 丰 ET_0 平	P 丰 ET_0 枯	P 平 ET_0 枯	P 平 ET_0 丰	P 枯 ET_0 丰	P 枯 ET_0 平	合计
8.54%	6.76%	8.54%	23.84%	9.11%	19.86%	9.11%	9.11%	19.86%	9.11%	76.16%

由表 7.3 可知：

（1）P 枯 ET_0 丰这种极端组合是最不利于灌溉调度的情况，其遭遇频率是 9 种丰枯遭遇频率中最大的，为 19.86%。

（2）P 和 ET_0 的丰枯同步频率中，同丰的频率与同枯的频率相等，同平的频率最小，分别为 8.54%、8.54% 和 6.76%，但三种同步频率相差不大。

（3）P 和 ET_0 的丰枯异步频率中，P 丰（枯）ET_0 枯（丰）这种极端组合的频率是 6 种丰枯异步频率中最大的，为 19.86%；丰枯级别相差一个层级时的遭遇频率大小均相等，P 丰（平）ET_0 平（丰）、P 平（枯）ET_0 枯（平）组合的遭遇频率都为 9.11%。

（4）P 和 ET_0 丰枯异步的频率大于其丰枯同步的频率，分别为 76.16% 和 23.84%。

降雨量和 ET_0 的丰枯异步的频率较大，说明在天然条件下陆浑灌区供水和需水处于不协调状况的概率较大。其中，降雨量枯、ET_0 丰的组合状态和降雨量丰、ET_0 枯的组合状态的遭遇频率约达 20%。

7.2.3 丰枯遭遇的条件概率和重现期分析

灌区的供水与需水不协调组合的遭遇频率较大，因此有必要考虑 ET_0（降雨量）处于各种水平年状态时的降雨量（ET_0）的情形，即进行条件概率和重现期分析，然后据此进行灌区水资源短缺风险的分析。

当已知 ET_0 分别处于丰态、平态及枯态时，即 $Y \geq y_{pf}$、$y_{pk} \leq Y \leq y_{pf}$ 及 $Y \leq y_{pk}$ 时，降雨量不超过某一特定值的条件概率及相应的条件重现期分别为

$$\left.\begin{aligned} F_{X_i|y_f}(X_i,Y) &= P(X_i \leq x | Y \geq y_{pf}) = \frac{F_X(x) - F(x, y_{pf})}{1 - F_Y(y_{pf})} \\ F_{X_i|y_p}(X_i,Y) &= P(X_i \leq x | y_{pk} \leq Y \leq y_{pf}) = \frac{F(x, y_{pf}) - F(x, y_{pk})}{F_Y(y_{pf}) - F_Y(y_{pk})} \\ F_{X_i|y_k}(X_i,Y) &= P(X_i \leq x | Y \leq y_{pk}) = \frac{F(x, y_{pk})}{F_Y(y_{pk})} \end{aligned}\right\} \quad (7.3)$$

$$\left.\begin{aligned} T_{X_i|y_f}(X_i,Y) &= \frac{1}{F_{X_i|y_f}(X_i,Y)} \\ T_{X_i|y_p}(X_i,Y) &= \frac{1}{F_{X_i|y_p}(X_i,Y)} \\ T_{X_i|y_k}(X_i,Y) &= \frac{1}{F_{X_i|y_k}(X_i,Y)} \end{aligned}\right\} \quad (7.4)$$

当已知降雨量分别处于丰态、平态及枯态时，即 $X \geq x_{pf}$、$x_{pk} \leq X \leq x_{pf}$ 及 $X \leq x_{pk}$ 时，ET_0 超过某一特定值的条件概率及相应的条件重现期分别为

$$\left.\begin{aligned} F_{Y_i|x_f}(X,Y_i) &= P(Y_i \geq y | X \geq x_{pf}) = \frac{1 - F_Y(y) - F_X(x_{pf}) + F(x_{pf}, y)}{1 - F_X(x_{pf})} \\ F_{Y_i|x_p}(X,Y_i) &= P(Y_i \geq y | x_{pk} \leq X \leq x_{pf}) = \frac{F_X(x_{pf}) - F_X(x_{pk}) + F(x_{pk}, y) - F(x_{pf}, y)}{F_X(x_{pf}) - F_X(x_{pk})} \\ F_{Y_i|x_k}(X,Y_i) &= P(Y_i \geq y | X \leq x_{pk}) = \frac{F_X(x_{pk}) - F(x_{pk}, y)}{F_X(x_{pk})} \end{aligned}\right\} \quad (7.5)$$

$$\left.\begin{array}{l}T_{Y_i|x_f}(X,Y_i)=\dfrac{1}{F_{Y_i|x_f}(X,Y_i)}\\[6pt] T_{Y_i|x_p}(X,Y_i)=\dfrac{1}{F_{Y_i|x_p}(X,Y_i)}\\[6pt] T_{Y_i|x_k}(X,Y_i)=\dfrac{1}{F_{Y_i|x_k}(X,Y_i)}\end{array}\right\} \qquad (7.6)$$

图 7.7 给出了 ET_0 分别处于丰态、平态及枯态时，降雨量不超过某一特定值的条件概率和条件重现期。降雨量的条件概率随着降雨量的增大而增大，条件重现期随着降雨量的增大而减小。当 ET_0 处于丰态条件时，降雨量的条件概率序列最大，条件重现期序列最小；当 ET_0 处于枯态条件时，降雨量的条件概率序列最小，条件重现期序列最大。例如，当 ET_0 处于丰态条件时，降雨量不超过 300mm 的条件概率约为 0.019，相应的条件重现期约为 53 年；降雨量不超过 600mm 的概率已达 0.62，条件重现期仅为 1.61 年；降雨量不超过 900mm 的概率已达 0.99，条件重现期仅为 1.01 年。当 ET_0 处于平态条件时，降雨量不超过 300mm 的条件概率约为 0.01，相应的条件重现期约为 100 年；降雨量不超过 600mm 的概率已达 0.47，条件重现期仅为 2.13 年；降雨量不超过 900mm 的概率已达 0.98，条件重现期仅为 1.02 年。当 ET_0 处于枯态条件时，降雨量不超过 300mm 的条件概率小于 0.01，相应的条件重现期超过 100 年；降雨量不超过 600mm 的概率已达 0.32，条件重现期仅为 3.13 年；降雨量不超过 900mm 的概率已达 0.97，条件重现期仅为 1.03 年。这在一定程度上表明灌区天然来水不能满足需水要求的可能性较高，间隔时间较短。

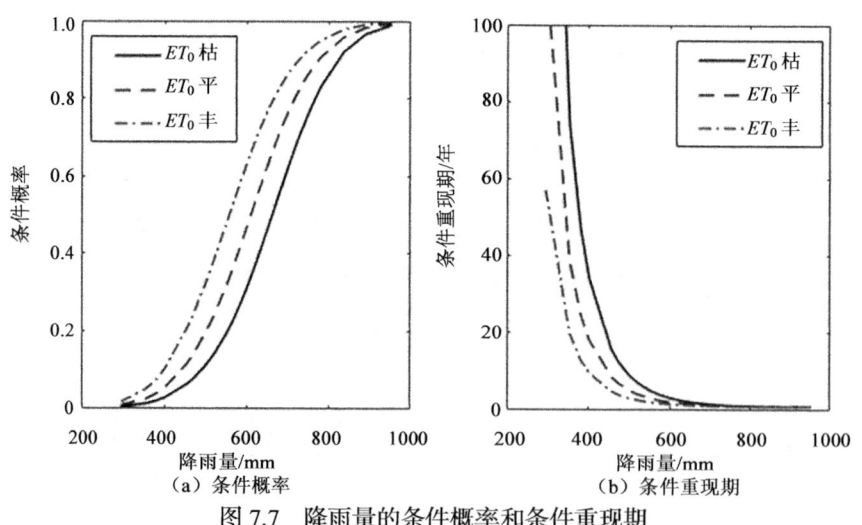

图 7.7 降雨量的条件概率和条件重现期

图 7.8 给出了降雨量分别处于丰态、平态及枯态时，ET_0 超过某一特定值的条件分布概率和条件重现期。ET_0 的条件概率随着 ET_0 的增大而减小，条件重现期随着 ET_0 的增大而增大。当降雨量处于枯态条件时，ET_0 的条件概率序列最大，条件重现期序列最小；当降雨量处于丰态条件时，ET_0 的条件概率序列最小，条件重现期序列最大。例如，当降雨

量处于丰态条件时,ET_0 超过 750mm 的条件概率约为 0.99,相应的条件重现期约为 1 年;ET_0 超过 950mm 的条件概率约为 0.79,相应的条件重现期约为 1.27 年;ET_0 超过 1150mm 的条件概率为 0.02,条件重现期长达 50 年。当降雨量处于平态条件时,ET_0 超过 750mm 的条件概率约为 0.992,相应的条件重现期约为 1 年;ET_0 超过 950mm 的条件概率约为 0.86,相应的条件重现期约为 1.16 年;ET_0 超过 1150mm 的条件概率为 0.03,条件重现期超过 30 年。当降雨量处于枯态条件时,ET_0 超过 750mm 的条件概率约为 0.996,相应的条件重现期约为 1 年;ET_0 超过 950mm 的条件概率约为 0.91,相应的条件重现期约为 1.1 年;ET_0 超过 1150mm 的条件概率为 0.05,条件重现期为 20 年。这在一定程度上表明天然条件下灌区供水和需水处于不协调状况的可能性较高,供水不能满足需水要求的频率较高,重现期较短。

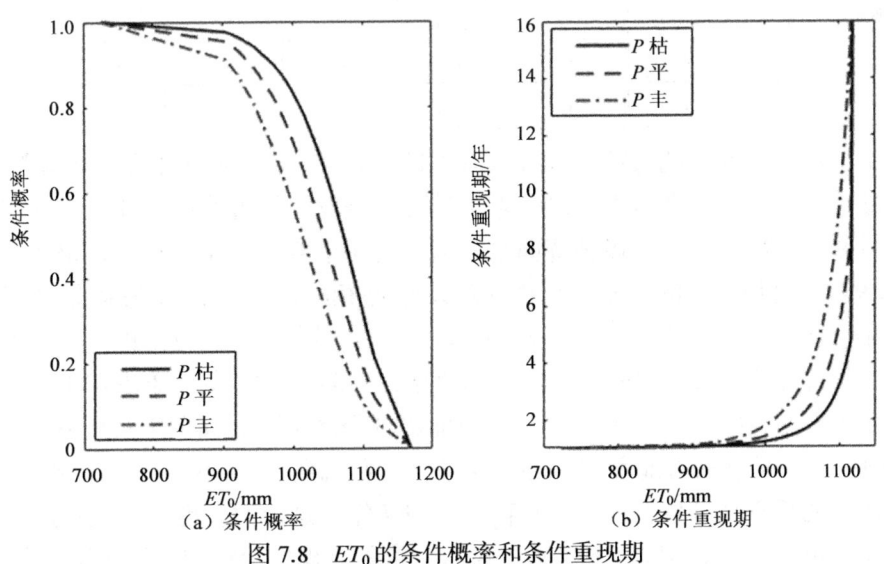

图 7.8 ET_0 的条件概率和条件重现期

7.2.4 特定设计频率下的条件概率和重现期分析

由前述可知,降雨量处于枯态、ET_0 处于丰态时,灌区水资源供需处于最不利于灌溉调度的状况,且这种组合出现的可能性较高,所以分别考虑两类条件概率。

条件概率Ⅰ[$P(X \leqslant x|Y \geqslant y)$]和相应的条件重现期Ⅰ[$T(X \leqslant x|Y \geqslant y)$],分别表示当发生超过某一设计频率的丰态 ET_0 时,出现不超过某一设计频率的枯态降雨量的概率和重现期;条件概率Ⅱ[$P(Y \geqslant y|X \leqslant x)$]和相应的条件重现期Ⅱ[$T(Y \geqslant y|X \leqslant x)$],分别表示当发生不超过某一设计频率的枯态降雨量时,出现超过某一设计频率的丰态 ET_0 的概率和重现期。其中,变量 X、Y 分别表示降雨量和 ET_0。这两类条件概率及重现期实质都是反映灌区天然来水和需水的遭遇风险,揭示灌区水资源供需的短缺风险。两种不同条件概率和条件重现期的计算结果分别见表 7.4 和表 7.5。

表 7.4 发生超过特定频率 ET_0 时降雨量的条件概率 I 和条件重现期 I

条件	ET_0/mm	P/mm	291.8	385.3	435.1	518.5	567.3
		P/%	99	95	90	75	62.5
条件概率 I	1067.5	37.5	0.017	0.082	0.161	0.375	0.529
	1091.5	25	0.019	0.092	0.178	0.406	0.563
	1125.5	10	0.022	0.105	0.202	0.446	0.603
	1141.2	5	0.023	0.111	0.211	0.459	0.616
	1161.5	1	0.024	0.115	0.218	0.470	0.626
条件重现期 I	1067.5	37.5	59.9	12.2	6.2	2.7	1.9
	1091.5	25	53.2	10.9	5.6	2.5	1.8
	1125.5	10	45.8	9.5	4.9	2.2	1.7
	1141.2	5	43.5	9.0	4.7	2.2	1.6
	1161.5	1	41.7	8.7	4.6	2.1	1.6

表 7.4 显示，当发生超过特定设计频率下的丰态 ET_0，降雨量的条件概率随着 ET_0 设计频率的减小而增大，二者遭遇风险呈增大趋势。当发生超过特定设计频率 ET_0 时，出现不超过设计频率 99%、95%的极枯降雨量的概率均小于 0.12，条件重现期最小为 8.7 年，最长达 59.9 年。这说明在灌区发生超过特定设计频率的丰态 ET_0 时，降雨量处于极枯状态的概率较小，灌区水资源出现严重短缺的风险较小。当发生超过特定设计频率的 ET_0 时，出现不超过设计频率 67.5%的枯态降雨量的概率为 0.53~0.63，条件重现期不超过 2 年，反映出在发生丰态 ET_0 时，平均不到 2 年，可能出现降雨量不足其多年平均值 611.02mm 的情况，降雨量处于枯态的可能性大，间隔时间短，风险高；出现不超过设计频率 90%、75%的较枯降雨量的重现期分别为 4.6~6.2 年、2.1~2.7 年。这说明在灌区发生超过给定设计频率的需水条件下，灌区天然来水不能满足需水要求的重现期较短，风险较高。实际生产中，可以通过调整灌区作物种植面积，减少高耗水作物的种植比例，优化产业结构等措施减小作物需水量，以期减小灌区水资源短缺的风险。

表 7.5 发生不超过特定频率降雨量时 ET_0 的条件概率 II 和条件重现期 II

条件	P/mm	ET_0/mm	1067.5	1091.5	1125.5	1141.2	1161.5
		P/%	37.5	25	10	5	1
条件概率 II	291.8	99	0.626	0.470	0.218	0.115	0.024
	385.3	95	0.616	0.459	0.211	0.111	0.023
	435.1	90	0.603	0.446	0.202	0.105	0.022
	518.5	75	0.563	0.406	0.178	0.092	0.019
	567.3	62.5	0.529	0.375	0.161	0.082	0.017
条件重现期 II	291.8	99	1.6	2.1	4.6	8.7	41.7
	385.3	95	1.6	2.2	4.7	9.0	43.5

续表

条件	P/mm	ET_0/mm	1067.5	1091.5	1125.5	1141.2	1161.5
		P/%	37.5	25	10	5	1
条件重现期Ⅱ	435.1	90	1.7	2.2	4.9	9.5	45.8
	518.5	75	1.8	2.5	5.6	10.9	53.2
	567.3	62.5	1.9	2.7	6.2	12.2	59.9

表 7.5 显示，在发生特定设计频率的枯态降雨量的条件下，ET_0 的条件概率随着降雨量设计频率的减小而减小，二者遭遇风险呈减小趋势。当发生不超过特定频率的枯态降雨量时，出现超过设计频率 5%、1%的极丰 ET_0 的概率小于 0.12，重现期最小为 8.7 年，最长达 59.9 年。这说明在灌区发生不超过特定频率的枯态降雨量条件下，ET_0 出现极丰状态的重现期较长，风险较小，灌区水资源出现严重短缺的风险较小。当发生不超过特定设计频率的降雨量时，出现超过设计频率 37.5%的丰态 ET_0 的概率为 0.53~0.63，条件重现期不到 2 年，反映出在发生不超过特定设计频率的降雨量时，平均不到 2 年，可能出现 ET_0 超过其多年平均值 1034.89mm 的状况，ET_0 处于丰态的可能性大，间隔时间短，风险高；出现超过设计频率 25%、10%的较丰 ET_0 的重现期分别为 2.1~2.7 年、4.6~6.2 年。这说明在灌区发生不超过特定设计频率的天然降水条件下，灌区天然来水不能满足需水要求的重现期较短，风险较高。在灌区的用水过程中，可以通过合理的灌溉调度来减小灌区水资源短缺风险。

第8章 人工灌溉条件下的陆浑灌区水资源短缺风险分析

8.1 灌溉用水量与参考作物腾发量的二维联合概率分布模型

分别用 Frank、Clayton、Gumbel、Gaussian、Student t Copula 函数进行陆浑灌区 1970—2013 年的年 ET_0 和年灌溉用水量的联合概率分布模型。参数估计、K-S 检验的统计量 D 以及拟合优度评价的结果见表 8.1。

表 8.1 Copula 函数计算、检验和评价结果

Kendall 秩相关系数	参数与指标	Copula 函数 类型				
		Frank	Clayton	Gumbel	Gaussian	Student t
0.2537	θ	2.4110	0.6799	1.3399	0.1392	ρ=0.4251 υ=3.3590
	D	0.1040	0.1131	0.1115	0.1258	0.1083
	OLS	0.0415	0.0431	0.0415	0.0568	0.0395
	AIC	−277.9573	−274.7515	−278.0298	−250.4240	−282.3884

图 8.1~图 8.5 分别表示运用 Clayton、Frank、Gumbel、Gaussian、Student t Copula 函数构建的陆浑灌区的年 ET_0 和年灌溉用水量的联合概率分布模型。

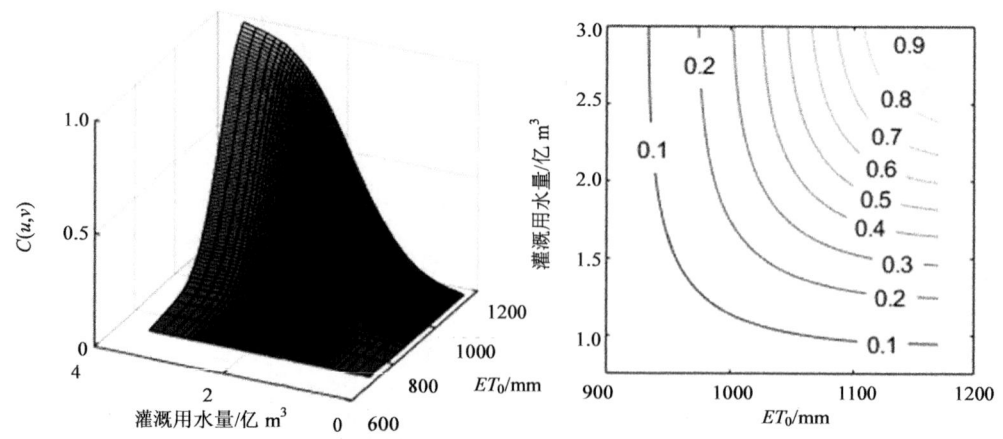

图 8.1 基于 Clayton Copula 的 ET_0 和灌溉用水量的联合分布及其等值线图

8.1 灌溉用水量与参考作物腾发量的二维联合概率分布模型

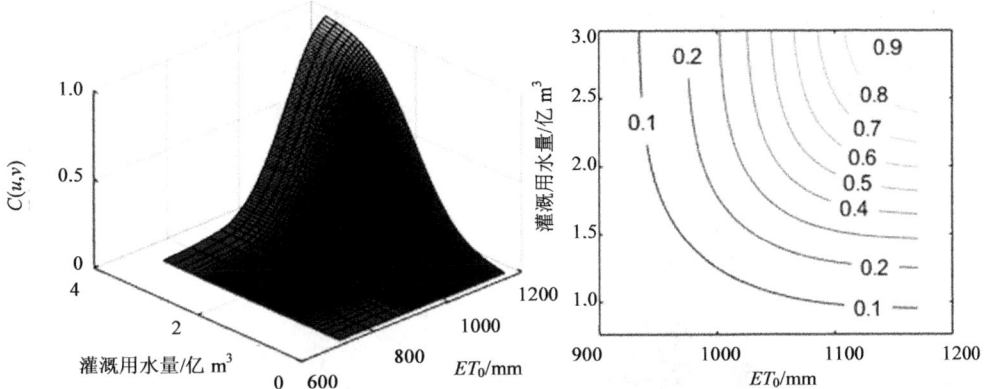

图 8.2 基于 Frank Copula 的 ET_0 和灌溉用水量的联合分布及其等值线图

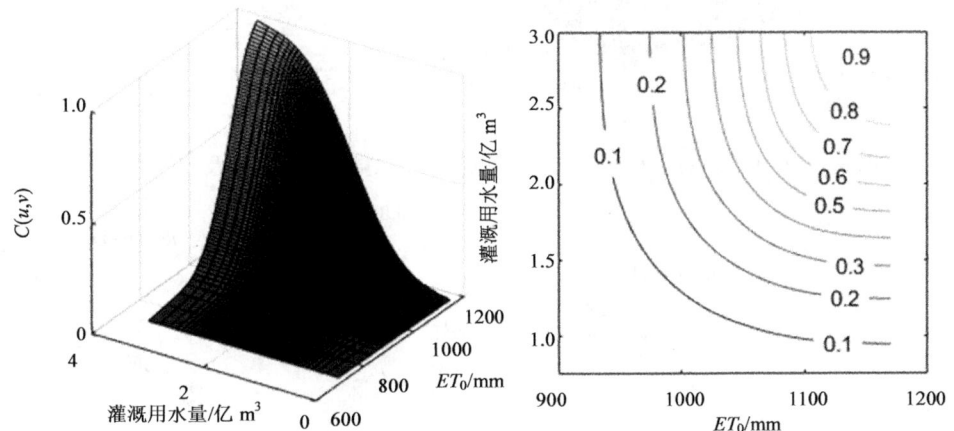

图 8.3 基于 Gumbel Copula 的 ET_0 和灌溉用水量的联合分布及其等值线图

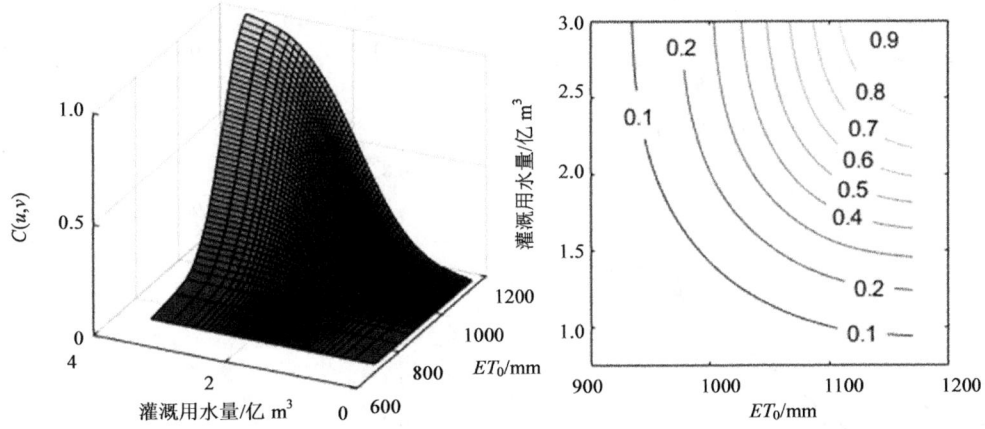

图 8.4 基于 Gaussian Copula 的 ET_0 和灌溉用水量的联合分布及其等值线图

由检验统计量 D 的值可知,五种 Copula 函数的 K-S 检验统计量 D 均小于临界值 0.20056,因此五种 Copula 均能够构建陆浑灌区年 ET_0 与年灌溉用水量的联合分布模型。由表 8.1 可知,运用 Student t Copula 构建的联合分布模型的 OLS 和 AIC 指标最小,所以选取 Student t Copula 模型为拟合最优的函数模型。图 8.6 为由 Clayton、Frank、Gumbel、Gaussian 和 Student t Copula 建立的联合分布模型所得的经验 Copula 值与理论 Copula 值的拟合情况的直观散点图。

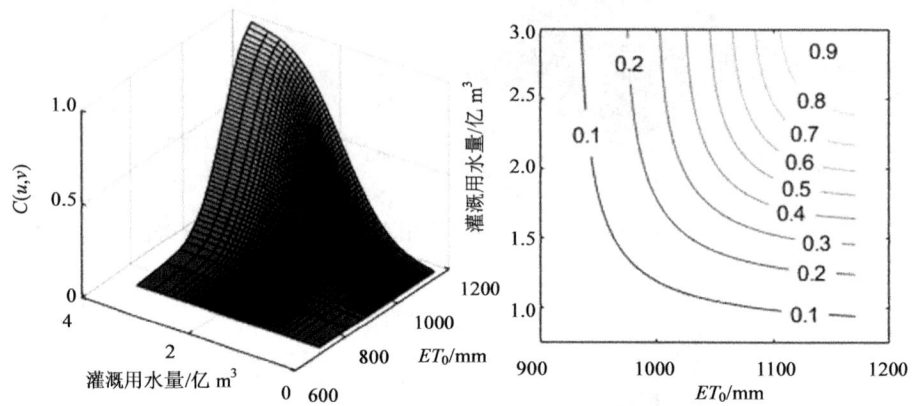

图 8.5 基于 Student t Copula 的 ET_0 和灌溉用水量的联合分布及其等值线图

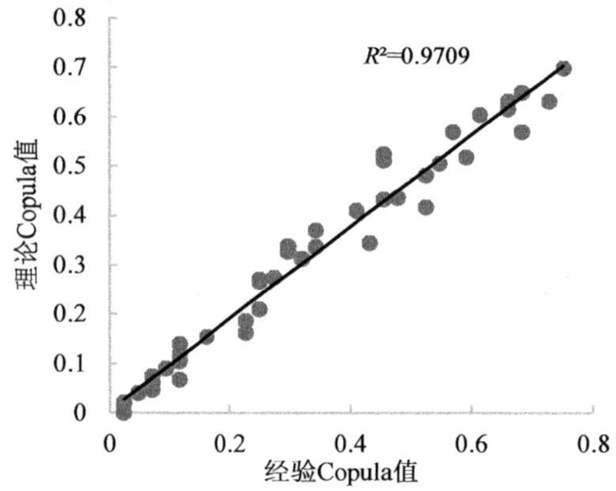

(a) Clayton Copula

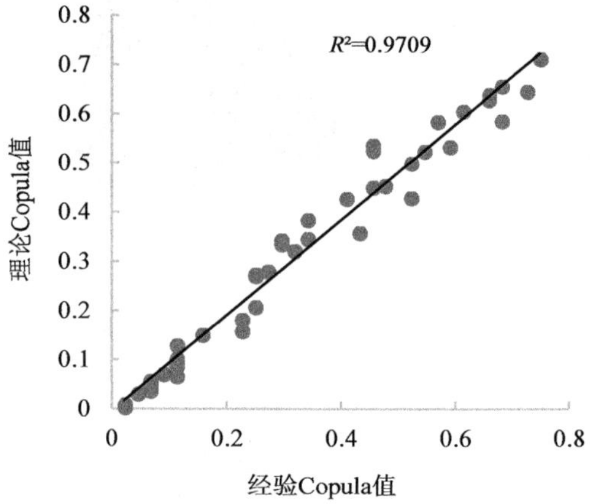

(b) Frank Copula

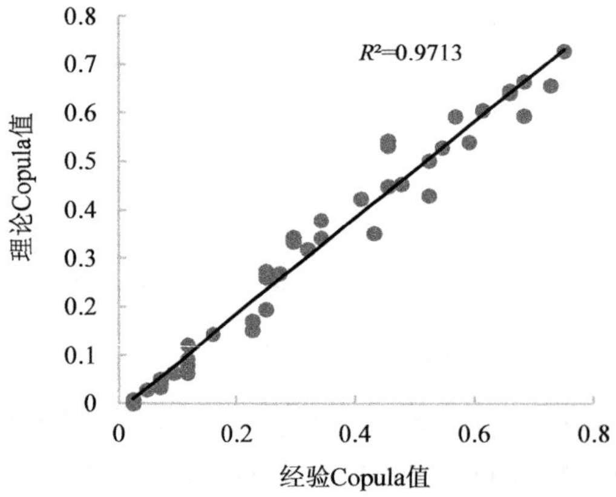

(c) Gumbel Copula

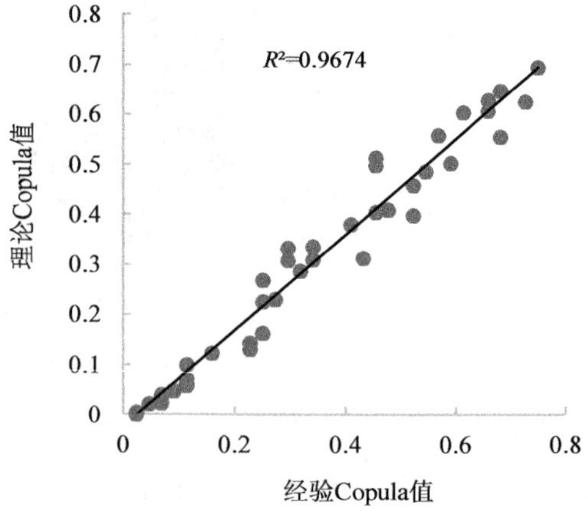

(d) Gaussian Copula

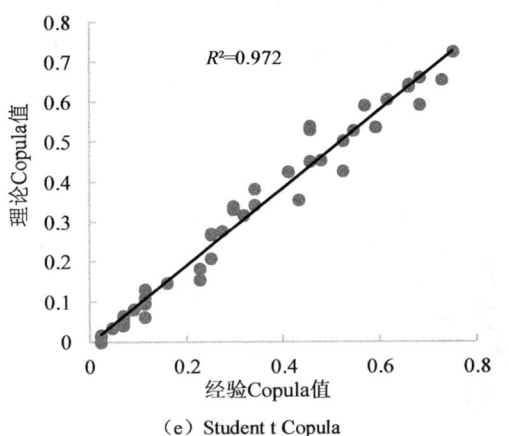

(e) Student t Copula

图 8.6 灌溉用水量与 ET_0 的经验 Copula 值与理论 Copula 值拟合情况

由此可知,陆浑灌区年 ET_0 和年灌溉用水量的理论 Copula 值和经验 Copula 值的相关性很高,K-S 检验统计量 D 的结果在临界值之内,由 Student t Copula 函数建立的联合分布模型对年 ET_0 和年灌溉用水量的联合分布情况拟合较好,联合概率模型比较合理。

8.2 人工灌溉条件下陆浑灌区水资源短缺风险分析

8.2.1 水资源短缺风险的联合概率分析

设 Y 表示 ET_0,Z 表示灌溉用水量,$F(y)$ 和 $F(z)$ 分别表示其边缘分布,$F(y,z)$ 为联合分布。基于 Copula 函数的两变量联合分布可以表示为

$$F(y,z)=P(Y\leqslant y,Z\leqslant z)=C[F_Y(y),F_Z(z)] \quad (8.1)$$

ET_0 和灌溉用水量在理论上存在多种耦合事件,可以运用上述的联合分布模型计算出它们的联合分布概率。但是本研究主要考虑的是对灌区水资源短缺风险的描述,因此主要关注以下的两种联合分布概率:

$$\left.\begin{array}{l}G_{Y,Z}(y,z)=P(Y\geqslant y \text{或} Z\leqslant z)=1-F_Y(y)+C[F_Y(y),F_Y(z)]\\ G'_{Y,Z}(y,z)=P(Y\geqslant y,Z\leqslant z)=F_Z(z)-C[F_Y(y),F_Z(z)]\end{array}\right\} \quad (8.2)$$

式中:$P(Y\geqslant y \text{或} Z\leqslant z)$ 为 Y 超过某特定值、Z 不超过某特定值这两个事件中至少有一个事件发生的联合分布概率;$P(Y\geqslant y,Z\leqslant z)$ 为 Y 超过某特定值,且 Z 不超过某特定值时事件发生的联合分布概率。

根据 Student t Copula 函数建立的年 ET_0 与年灌溉用水量的联合分布模型,在描述人工供水情况下灌区水资源短缺的发生概率时,主要考虑以下两种不同 ET_0 与灌溉用水量的遭遇组合条件下的联合分布概率:① ET_0 超过某一特定值、灌溉用水量不超过某一特定值,这两个事件中至少有一个事件发生时组合事件的联合分布概率,记为 $G_{Y,Z}(y,z)$;② ET_0 超过某一特定值,且灌溉用水量不超过某一特定值时的组合事件的联合分布概率,记为

$G'_{Y,Z}(y,z)$；以此来表示人工供水条件下的灌区供水与需水的遭遇组合概率。

根据式（8.1）、式（8.2）计算得到的年 ET_0 与年灌溉用水量的两种联合概率的分布图和等值线图分别如图 8.7 和图 8.8 所示。由此可知，等值线的弯曲弧度比较大，说明陆浑灌区的年 ET_0 与年灌溉用水量间存在较强相依关系。

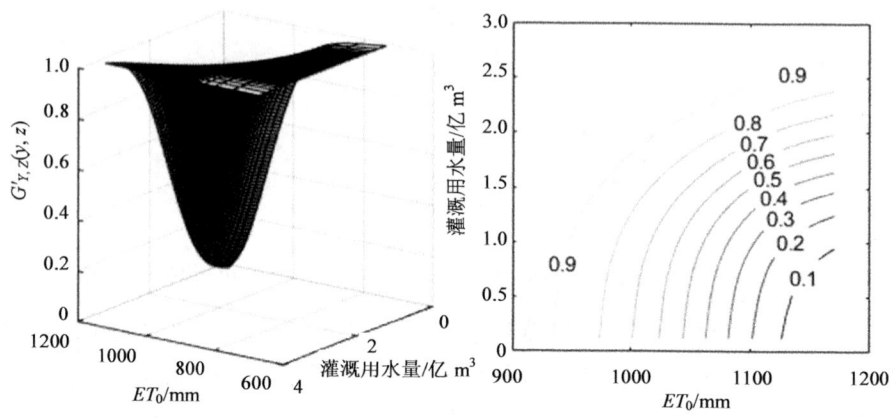

图 8.7　ET_0 与灌溉用水量的联合分布 $G_{Y,Z}(y,z)$ 及其等值线

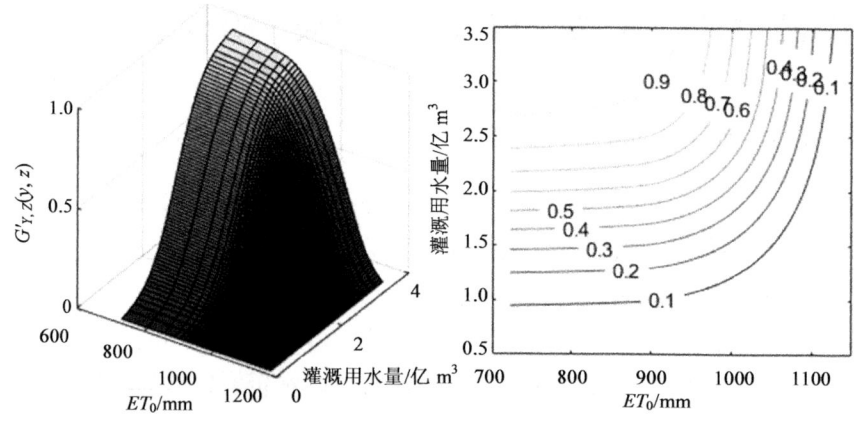

图 8.8　ET_0 与灌溉用水量的联合分布 $G'_{Y,Z}(y,z)$ 及其等值线

图 8.7 与图 8.8 分别给出了人工供水条件下，ET_0 与灌溉用水量在多种遭遇组合情况下的联合分布概率 $G_{Y,Z}(y,z)$、$G'_{Y,Z}(y,z)$，也给出了联合概率相同情况下的 ET_0 与灌溉用水量的多种遭遇组合。联合概率值 $G_{Y,Z}(y,z)$、$G'_{Y,Z}(y,z)$ 随 ET_0 的增大和灌溉用水量的减小而呈减小趋势。从图 8.7 至图 8.8 中可以查出不同量级的年 ET_0 与年灌溉用水量的多种遭遇组合概率。例如，$P(ET_0 \geqslant 1000\text{mm} \text{或} IR \leqslant 1.8亿\text{m}^3)$ 为 0.89；$P(ET_0 \geqslant 1000\text{mm}，IR \leqslant 1.8亿\text{m}^3)$ 为 0.29。这两种联合分布概率表示不同量级的年 ET_0 与年灌溉用水量的遭遇组合事件发生的可能性，可以用来表征在多种遭遇情况下的灌区人工供水不能满足作物需水的风险。

8.2.2　丰枯遭遇的联合概率分析

以 p_f=37.5%，p_k = 62.5% 分别为对陆浑灌区的年 ET_0 和年灌溉用水量进行丰枯划分的频率，运用已构建的二维 Copula 联合分布模型，对二者在年际间的丰枯遭遇情况进行分析。由频率分布曲线可得年 ET_0 和年灌溉用水量的丰枯划分数值见表8.2。

表8.2 年 ET_0 和年灌溉用水量的丰枯划分值

频率	37.5%	62.5%
ET_0/mm	1067.50	1018.55
灌溉用水量/亿 m^3	2.03	1.60

采用频率法进行年 ET_0 和年灌溉用水量的丰枯划分，则二者间的丰枯遭遇情形可分为9种，包括丰枯同步和丰枯异步两种类型[127]，形式如下（其中，Y 表示 ET_0 序列，Z 表示灌溉用水量序列）：

丰丰型：$p_1 = P(Y \geq y_{pf}, Z \geq z_{pf})$

丰平型：$p_2 = P(Y \geq y_{pf}, z_{pk} < Z < z_{pf})$

丰枯型：$p_3 = P(Y \geq y_{pf}, Z \leq z_{pk})$

平丰型：$p_4 = P(y_{pk} < Y < y_{pf}, Z \geq z_{pf})$

平平型：$p_5 = P(y_{pk} < Y < y_{pf}, z_{pk} < Z < z_{pf})$

平枯型：$p_6 = P(y_{pk} < Y < y_{pf}, Z \leq z_{pk})$

枯丰型：$p_7 = P(Y \leq y_{pk}, Z \geq z_{pf})$

枯平型：$p_8 = P(Y \leq y_{pk}, z_{pk} < Z < z_{pf})$

枯枯型：$p_9 = P(Y \leq y_{pk}, Z \leq z_{pk})$

经过 Excel 表进行计算可得，陆浑灌区年 ET_0 和年灌溉用水量的丰枯遭遇分析结果见表8.3。

表8.3 ET_0 和灌溉用水量 IR 的丰枯遭遇频率

丰枯同步频率				丰枯异步频率						
ET_0、IR 同丰	ET_0、IR 同平	ET_0、IR 同枯	合计	ET_0 丰 IR 平	ET_0 丰 IR 枯	ET_0 平 IR 枯	ET_0 平 IR 丰	ET_0 枯 IR 丰	ET_0 枯 IR 平	合计
20.47%	7.03%	19.30%	46.80%	8.40%	8.64%	9.56%	8.40%	8.64%	9.56%	53.20%

由表8.3可知：

（1）ET_0 丰 IR 丰这种进行灌溉调水的组合情形，其遭遇频率是9种丰枯遭遇频率中最大的，为20.47%。

（2）ET_0 和 IR 的丰枯同步频率中，同丰的频率与同枯的频率相差不大，同平的频率最小。

（3）ET_0 和 IR 的丰枯异步频率中，ET_0 平（丰）IR 丰（平）这种极端组合的频率是6种丰枯异步频率中最小的，为8.40%；ET_0 丰（枯）IR 枯（丰）这种极端组合的频率为8.64%；ET_0 枯（平）IR 平（枯）组合的遭遇频率都为9.56%。这6种丰枯异步频率相差不大。

（4）ET_0 和 IR 丰枯异步的频率大于其丰枯同步的频率，分别为53.20%和46.80%，但相差不大。

8.2.3 丰枯遭遇的条件概率和重现期分析

当已知灌溉用水量分别处于丰态、平态及枯态时，即 $Z \geq z_{pf}$、$z_{pk} \leq Z \leq z_{pf}$ 及 $Z \leq z_{pk}$ 时，ET_0 超过某一特定值的条件概率及相应的条件重现期分别如式（8.3）、式（8.4）所示，其中 Y 表示 ET_0，Z 表示灌溉用水量。

$$\left. \begin{aligned} F_{Y_i|z_f}(Y_i, Z) &= P(Y_i \geq y | Z \geq z_{pf}) = \frac{1 - F_Z(z_{pf}) - F_Y(y) + F(y, z_{pf})}{1 - F_Z(z_{pf})} \\ F_{Y_i|z_p}(Y_i, Z) &= P(Y_i \geq y | z_{pk} \leq Z \leq z_{pf}) = \frac{F_Z(z_{pf}) - F_Z(z_{pk}) - F(y, z_{pf}) + F(y, z_{pk})}{F_Z(z_{pf}) - F_Z(z_{pk})} \\ F_{Y_i|z_k}(Y_i, Z) &= P(Y_i \geq y | Z \leq z_{pk}) = \frac{F_Z(z_{pk}) - F(y, z_{pk})}{F_Z(z_{pk})} \end{aligned} \right\} \quad (8.3)$$

$$\left. \begin{aligned} T_{Y_i|z_f}(Y_i, Z) &= \frac{1}{F_{Y_i|z_f}(Y_i, Z)} \\ T_{Y_i|z_p}(Y_i, Z) &= \frac{1}{F_{Y_i|z_p}(Y_i, Z)} \\ T_{Y_i|z_k}(Y_i, Z) &= \frac{1}{F_{Y_i|z_k}(Y_i, Z)} \end{aligned} \right\} \quad (8.4)$$

当已知 ET_0 分别处于丰态、平态及枯态时，即 $Y \geq y_{pf}$、$y_{pk} \leq Y \leq y_{pf}$ 及 $Y \leq y_{pk}$ 时，灌溉用水量不超过某一特定值的条件概率及相应的条件重现期分别如式（8.5）、式（8.6）所示。

$$\left. \begin{aligned} F_{Z_i|y_f}(Y, Z_i) &= P(Z_i \leq z | Y \geq y_{pf}) = \frac{F_Z(z) - F(y_{pf}, z)}{1 - F_Y(y_{pf})} \\ F_{Z_i|y_p}(Y, Z_i) &= P(Z_i \leq z | y_{pk} \leq Y \leq y_{pf}) = \frac{F(y_{pf}, z) - F(y_{pk}, z)}{F_Y(y_{pf}) - F_Y(y_{pk})} \\ F_{Z_i|y_k}(Y, Z_i) &= P(Z_i \leq z | Y \leq y_{pk}) = \frac{F(y_{pk}, z)}{F_Y(y_{pk})} \end{aligned} \right\} \quad (8.5)$$

$$\left. \begin{aligned} T_{Z_i|y_f}(Y, Z_i) &= \frac{1}{F_{Z_i|y_f}(Y, Z_i)} \\ T_{Z_i|y_p}(Y, Z_i) &= \frac{1}{F_{Z_i|y_p}(Y, Z_i)} \\ T_{Z_i|y_k}(Y, Z_i) &= \frac{1}{F_{Z_i|y_k}(Y, Z_i)} \end{aligned} \right\} \quad (8.6)$$

8.2 人工灌溉条件下陆浑灌区水资源短缺风险分析

图 8.9 给出了灌溉用水量分别处于丰态、平态及枯态时，ET_0 超过某一特定值的条件概率和条件重现期。ET_0 的条件概率随着 ET_0 的增大而减小，条件重现期随着 ET_0 的增大而增大。当灌溉用水量处于丰态条件时，ET_0 的条件概率序列最大，条件重现期序列最小；当灌溉用水量处于枯态条件时，ET_0 的条件概率序列最小，条件重现期序列最大。例如，当灌溉用水量处于丰态条件时，ET_0 超过 750mm 的条件概率约为 0.99，相应的条件重现期约为 1 年；ET_0 超过 950mm 的条件概率约为 0.92，相应的条件重现期约为 1.09 年；ET_0 超过 1150mm 的条件概率为 0.08，条件重现期长达 12.5 年。当灌溉用水量处于平态条件时，ET_0 超过 750mm 的条件概率约为 0.98，相应的条件重现期约为 1.02 年；ET_0 超过 950mm 的条件概率约为 0.88，相应的条件重现期约为 1.14 年；ET_0 超过 1150mm 的条件概率为 0.04，条件重现期超过 25 年。当灌溉用水量处于枯态条件时，ET_0 超过 750mm 的条件概率约为 0.97，相应的条件重现期约为 1.03 年；ET_0 超过 950mm 的条件概率约为 0.78，相应的条件重现期约为 1.28 年；ET_0 超过 1150mm 的条件概率为 0.02，条件重现期为 50 年。这在一定程度上表明人工供水条件下灌区供水和需水处于不协调状况的可能性并不高，供水不能满足需水要求的频率较低，重现期较长。

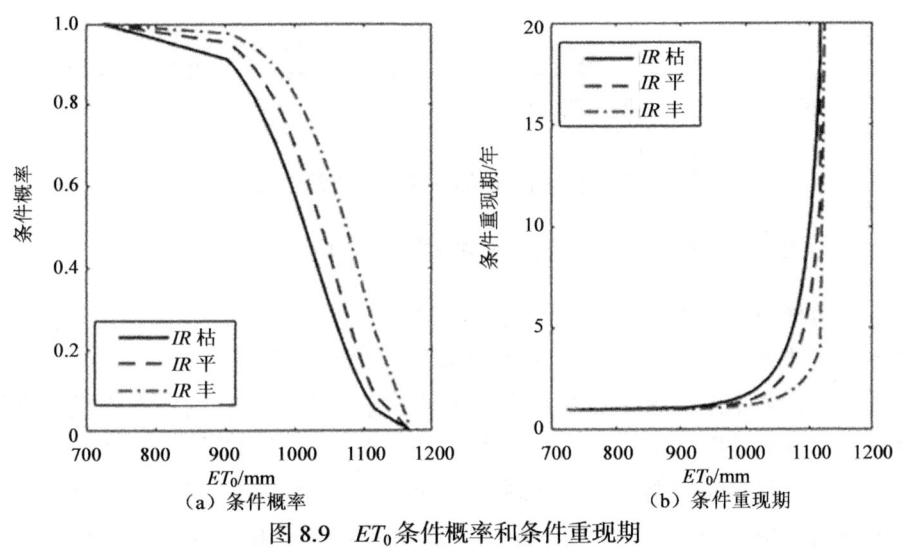

图 8.9 ET_0 条件概率和条件重现期

图 8.10 给出了 ET_0 分别处于丰态、平态及枯态时，灌溉用水量不超过某一特定值的条件概率和条件重现期。灌溉用水量的条件概率随着灌溉用水量的增大而增大，条件重现期随着灌溉用水量的增大而减小。当 ET_0 处于枯态条件时，灌溉用水量的条件概率序列最大，条件重现期序列最小；当 ET_0 处于丰态条件时，灌溉用水量的条件概率序列最小，条件重现期序列最大。例如，当 ET_0 处于丰态条件时，灌溉用水量不超过 1.0 亿 m^3 的条件概率约为 0.05，相应的条件重现期约为 20 年；灌溉用水量不超过 2.0 亿 m^3 的概率已达 0.43，条件重现期仅为 2.38 年；灌溉用水量不超过 3.0 亿 m^3 的概率已达 0.9，条件重现期仅为 1.11 年。当 ET_0 处于平态条件时，灌溉用水量不超过 1.0 亿 m^3 的条件概率约为 0.1，相应的条件重现期约为 10 年；灌溉用水量不超过 2.0 亿 m^3 的概率已达 0.62，条件重现期仅为 1.61

年；灌溉用水量不超过 3.0 亿 m³ 的概率已达 0.98，条件重现期仅为 1.02 年。当 ET_0 处于枯态条件时，灌溉用水量不超过 1.0 亿 m³ 的条件概率约为 0.19，相应的条件重现期超过 5.26 年；灌溉用水量不超过 2.0 亿 m³ 的概率已达 0.75，条件重现期仅为 1.33 年；灌溉用水量不超过 3.0 亿 m³ 的概率已达 0.99，条件重现期仅为 1.01 年。从图 8.10 中可以查出，当 ET_0 分别处于丰态、平态及枯态时，灌区人工供水不能满足需水要求的可能性，这可为灌区灌溉调度提供参考。

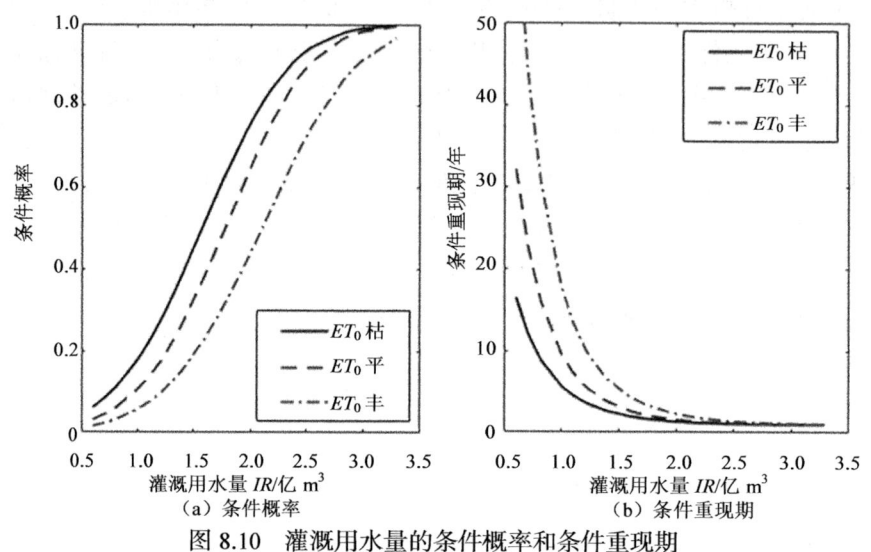

图 8.10 灌溉用水量的条件概率和条件重现期

8.2.4 特定设计频率下的条件概率和重现期分析

考虑以下两种条件概率及相应的条件重现期。

条件概率 I 即 $P(Z \leqslant z | Y \geqslant y)$ 和相应的条件重现期 I 即 $T(Z \leqslant z | Y \geqslant y)$，分别表示当发生超过某一设计频率的丰态 ET_0 时，出现不超过某一设计频率的枯态灌溉用水量的概率和重现期；条件概率 II 即 $P(Y \geqslant y | Z \leqslant z)$ 和相应的条件重现期 II 即 $T(Y \geqslant y | Z \leqslant z)$，分别表示当发生不超过某一设计频率的枯态灌溉用水量时，出现超过某一设计频率的丰态 ET_0 的概率和重现期其中，变量 Y、Z 分别表示 ET_0 和灌溉用水量。这两类条件概率及重现期实质都是反映灌区人工供水和需水的遭遇风险，揭示灌区水资源供需的短缺风险。两种不同条件概率和条件重现期的计算结果分别见表 8.4 和表 8.5。

表 8.4 灌溉用水量的条件概率 I 和条件重现期 I

	ET_0/mm	IR/亿 m³	0.7	0.9	1.4	1.6		ET_0/mm	IR/亿 m³	0.7	0.9	1.4	1.6
条件概率 I		P/%	95	90	75	62.5	条件重现期 I		P/%	95	90	75	62.5
	1067.5	37.5	0.023	0.049	0.140	0.230		1067.5	37.5	44.4	20.6	7.1	4.3
	1091.5	25	0.018	0.040	0.117	0.194		1091.5	25	54.5	25.1	8.6	5.2
	1125.5	10	0.012	0.027	0.080	0.135		1125.5	10	80.5	36.9	12.5	7.4
	1141.2	5	0.010	0.021	0.062	0.104		1141.2	5	104.7	47.9	16.1	9.6

表 8.4 显示,当发生超过特定设计频率下的丰态 ET_0,灌溉用水量的条件概率随着 ET_0 设计频率的减小而减小,二者遭遇风险呈减小趋势。当发生超过特定设计频率 ET_0 时,出现不超过设计频率 95%的极枯灌溉用水量的概率均小于 0.03,条件重现期很长,最小达 44.4 年,最长超过 100 年。这说明在灌区发生超过特定设计频率的丰态 ET_0 时,灌溉用水量处于极枯状态的概率很小,灌区水资源出现严重短缺的风险小。当发生超过特定设计频率的 ET_0 时,出现不超过设计频率 90%、75%的较枯灌溉用水量的概率均小于 0.15,分别为 0.021~0.049、0.062~0.140,条件重现期较长,分别为 20.6~47.9 年、7.1~16.1 年。当发生超过特定设计频率的丰态 ET_0 时,出现不超过设计频率 62.5%的枯态灌溉用水量的概率不超过 0.230,条件重现期最长为 9.6 年,最小为 4.3 年。这说明在灌区发生超过给定设计频率的需水条件下,灌区人工供水不能满足需水要求的风险并不高。

表 8.5 ET_0 的条件概率 II 和条件重现期 II

条件概率 II	IR/亿 m³	ET_0/mm	1067.5	1091.5	1125.5	1141.2	条件重现期 II	IR/亿 m³	ET_0/mm	1067.5	1091.5	1125.5	1141.2
		P/%	37.5	25	10	5			P/%	37.5	25	10	5
	0.7	95	0.169	0.092	0.025	0.010		0.7	95	5.9	10.9	40.2	104.7
	0.9	90	0.182	0.100	0.027	0.010		0.9	90	5.5	10.0	36.9	95.8
	1.4	75	0.210	0.117	0.032	0.012		1.4	75	4.8	8.6	31.2	80.7
	1.6	62.5	0.230	0.129	0.036	0.014		1.6	62.5	4.3	7.7	27.8	71.9

表 8.5 显示,在发生特定设计频率的枯态灌溉用水量的条件下,ET_0 的条件概率随着灌溉用水量的设计频率的减小而增大,二者遭遇风险呈增大趋势。当发生不超过特定频率的枯态灌溉用水量时,出现超过设计频率 5%的极丰 ET_0 的概率小于 0.015,条件重现期很长,最小达 71.9 年,最长超过 100 年。这说明在灌区发生不超过特定频率的枯态灌溉用水量条件下,ET_0 出现极丰状态的重现期很长,灌区水资源出现严重短缺的风险较小。当发生不超过特定设计频率的灌溉用水量时,出现超过设计频率 25%、10%的较丰 ET_0 的概率均不超过 0.13,条件重现期较长,分别为 7.7~10.9 年、27.8~40.2 年。当发生不超过特定设计频率的灌溉用水量时,出现超过设计频率 37.5%的丰态 ET_0 的概率小于 0.23,条件重现期较长,平均约为 5 年。这说明在灌区发生不超过特定设计频率的人工灌溉条件下,灌区人工供水不能满足需水要求的风险并不高。

第9章 自然降雨和灌溉用水量组合来水条件下的陆浑灌区水资源短缺风险分析

9.1 降雨量与灌溉用水量的二维联合概率分布模型

为进行自然降雨和灌溉用水量组合来水条件下的陆浑灌区水资源短缺风险分析,需要建立年降雨量、年 ET_0 和年灌溉用水量的三维联合概率分布模型。因而,首先需要建立降雨量与灌溉用水量的二维联合概率分布模型。

分别运用 Frank、Gaussian 和 Student t Copula 函数建立陆浑灌区 1970—2013 年的年降雨量与年灌溉用水量的联合分布模型。参数估计、K-S 检验的统计量 D 以及拟合优度评价的结果见表 9.1。

表 9.1　Copula 函数计算、检验和评价结果

Kendall 秩相关系数	参数与指标	Copula 函数 类型		
		Frank	Gaussian	Student t
-0.3383	θ	−3.3656	−0.5364	$\rho = -0.5433$ $\upsilon = 4669187.7000$
	D	0.1109	0.1061	0.1051
	OLS	0.0511	0.0514	0.0517
	AIC	−259.7083	−259.1196	−258.6419

图 9.1、图 9.2、图 9.3 分别表示运用 Frank、Gaussian、Student t Copula 函数构建的陆浑灌区的年降雨量和年灌溉用水量的联合概率分布模型。

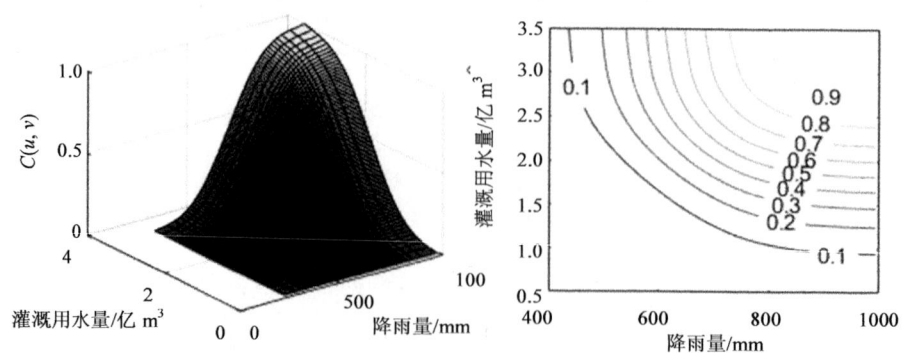

图 9.1　基于 Frank Copula 的降雨量与灌溉用水量的联合分布及其等值线图

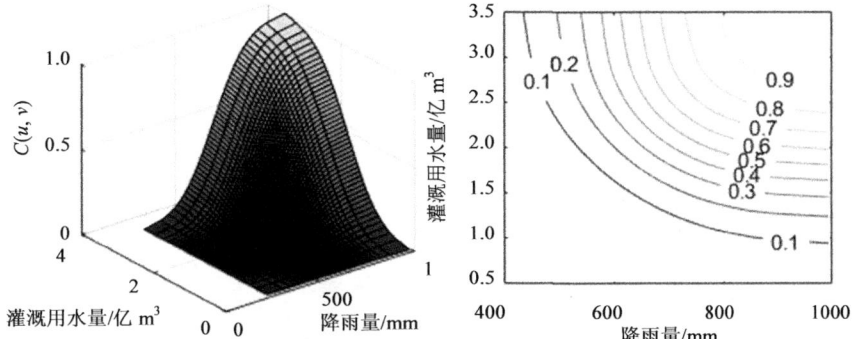

图9.2 基于Gaussian Copula的降雨量与灌溉用水量的联合分布及其等值线图

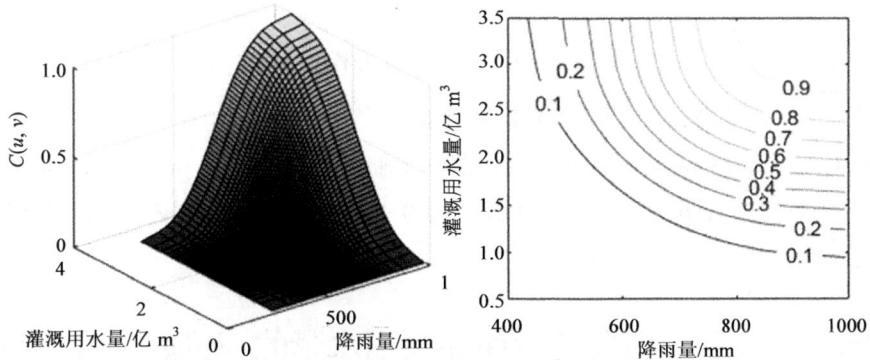

图9.3 基于Student t Copula的降雨量与灌溉用水量的联合分布及其等值线图

由检验统计量 D 的值可知，三种 Copula 联结函数的 K-S 检验统计量 D 均小于临界值 0.20056，因此三种 Copula 函数均能够构建陆浑灌区年降雨量与年灌溉用水量的联合分布模型。由表9.1可知，运用 Frank Copula 函数构建的联合分布模型的 *OLS* 和 *AIC* 指标最小，所以选取 Frank Copula 函数模型为拟合最优的函数模型。图9.4 为由 Frank、Gaussian 和 Student t Copula 函数建立的联合分布模型所得的经验 Copula 值与理论 Copula 值的拟合情况的直观散点图。

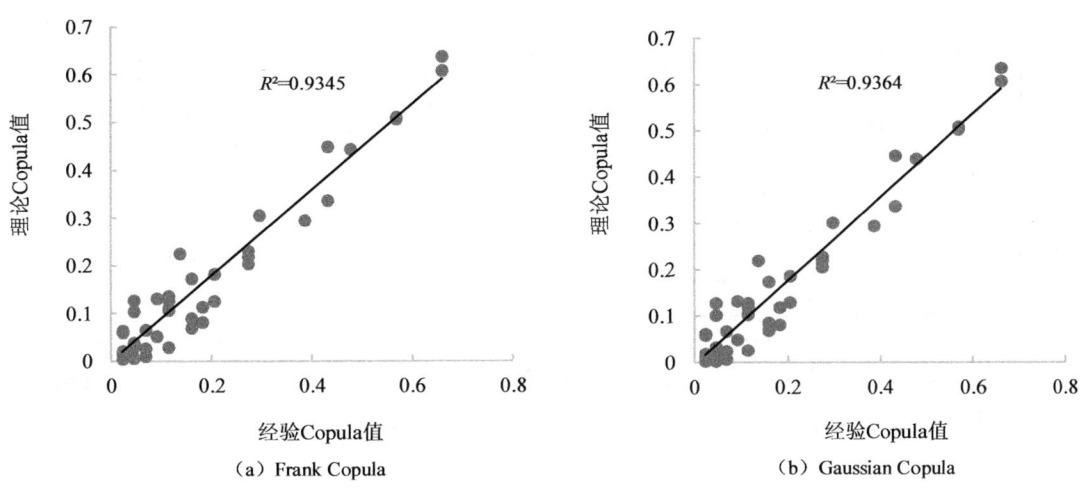

(a) Frank Copula (b) Gaussian Copula

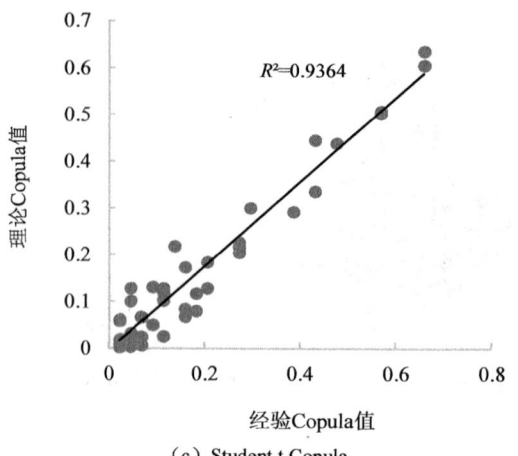

(c) Student t Copula

图 9.4　降雨量与灌溉用水量的经验频率与理论频率拟合情况

由图 9.4 可知，陆浑灌区年降雨量和年灌溉用水量的理论 Copula 值和经验 Copula 值的相关性很高，K-S 检验统计量 D 的结果在临界值内，由 Frank Copula 函数建立的联合分布模型对年降雨量和年灌溉用水量的联合分布情况拟合较好，联合概率模型比较合理。

9.2　降雨量、参考作物腾发量和灌溉用水量的三维联合概率分布模型

分别运用对称性 Archimedean Copula 函数（Frank、Clayton、Gumbel Copula）和椭圆 Copula 函数（Gaussian、Student t Copula）建立陆浑灌区 1970—2013 年的年降雨量、年 ET_0 和年灌溉用水量的联合分布模型。参数估计、K-S 检验的统计量 D 以及拟合优度评价的结果见表 9.2。

表 9.2　Copula 函数计算、检验和评价结果

参数与指标	Copula 函数类型				
	Frank	Gumbel	Clayton	Gaussian	Student t
θ	−0.9957	0.9875	0.0082	$\rho_{12}=-0.1758$　$\rho_{13}=-0.5364$　$\rho_{23}=0.1392$	$\rho_{12}=-0.3339$　$\rho_{13}=-0.4905$　$\rho_{23}=0.3562$　$\upsilon=6.9057$
D	0.1324	0.1513	0.1557	0.1485	0.1285
OLS	0.0456	0.0484	0.0497	0.0448	0.0407
AIC	−269.7800	−264.4500	−262.1500	−267.2900	−275.7900

图 9.5~图 9.9 分别表示运用 Clayton、Frank、Gumbel、Gaussian、Student t Copula 函数构建的陆浑灌区的年降雨量、年 ET_0 和年灌溉用水量的联合概率分布模型。

9.2 降雨量、参考作物腾发量和灌溉用水量的三维联合概率分布模型

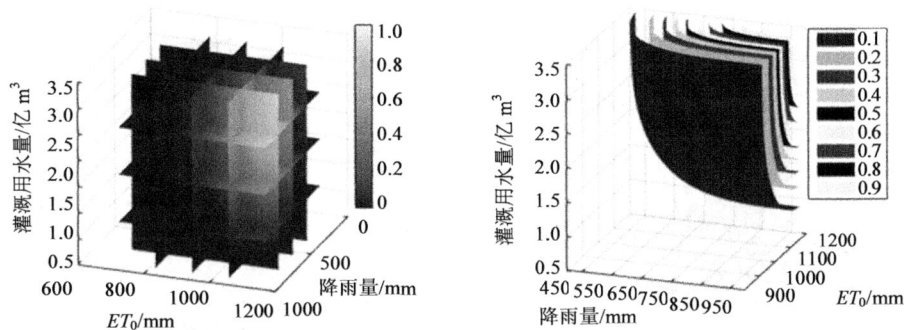

图 9.5　基于 Clayton Copula 的降雨量、ET_0 和灌溉用水量的联合分布及其等值线图

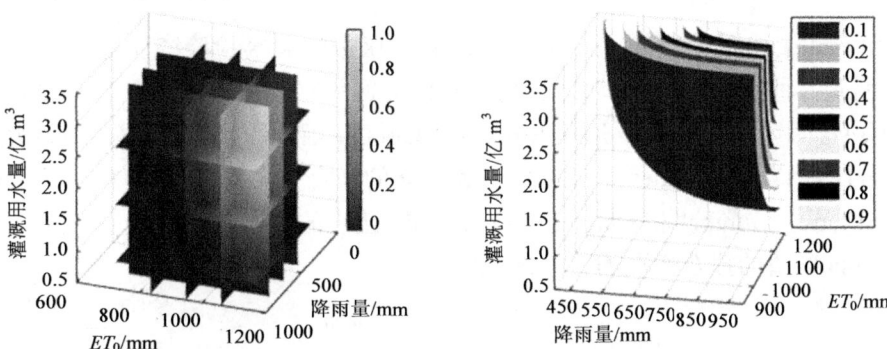

图 9.6　基于 Frank Copula 的降雨量、ET_0 和灌溉用水量的联合分布及其等值线图

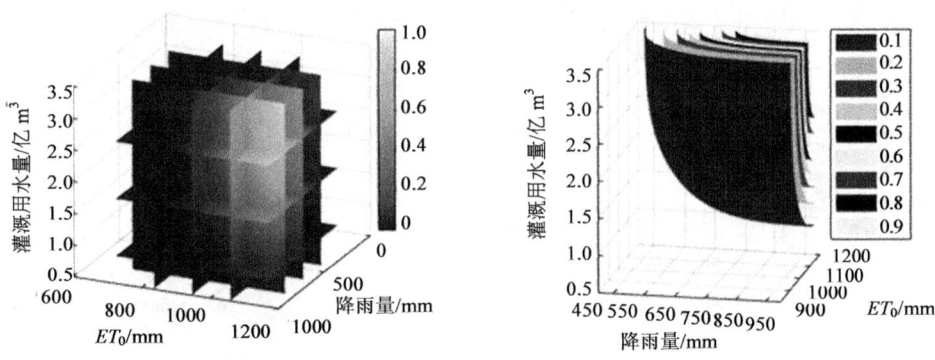

图 9.7　基于 Gumbel Copula 的降雨量、ET_0 和灌溉用水量的联合分布及其等值线图

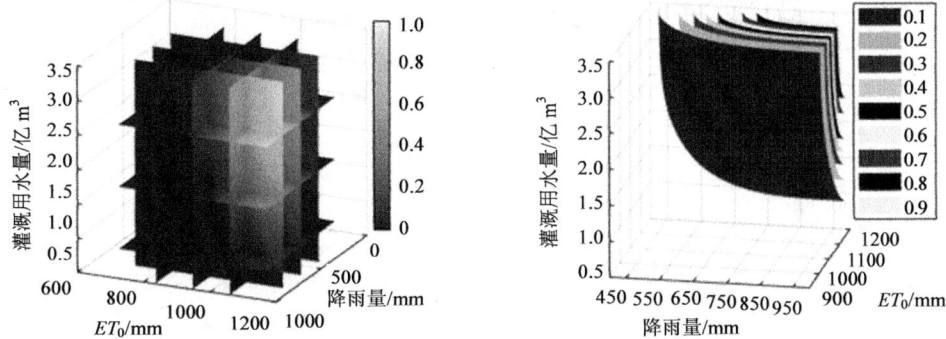

图 9.8　基于 Gaussian Copula 的降雨量、ET_0 和灌溉用水量的联合分布及其等值线图

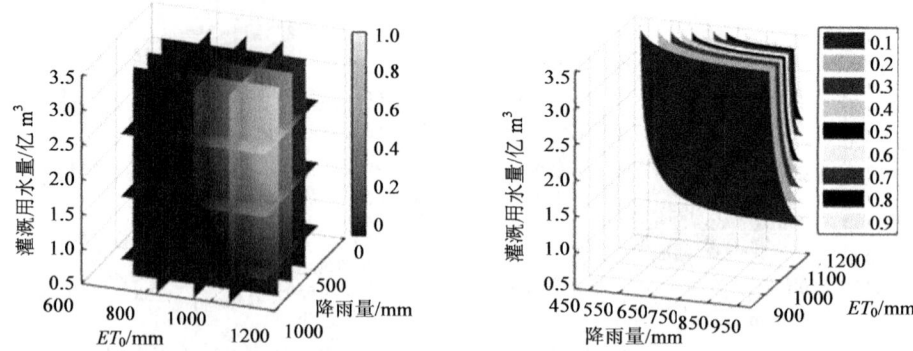

图 9.9 基于 Student t Copula 的降雨量、ET_0 和灌溉用水量的联合分布及其等值线图

由检验统计量 D 的值可知,五种 Copula 联结函数的 K-S 检验统计量 D 均小于临界值 0.20056,因此五种 Copula 函数均能够构建陆浑灌区年降雨量、年 ET_0 和年灌溉用水量的联合分布模型。由表 9.2 可知,运用 Student t Copula 函数构建的联合分布模型的 OLS 和 AIC 指标最小,所以选取 Student t Copula 函数建立的联合分布模型。图 9.10 为由 Gaussian、Student t、Frank、Gumbel 和 Clayton Copula 函数建立的联合分布模型所得的经验 Copula 值与理论 Copula 值的拟合情况的直观散点图。

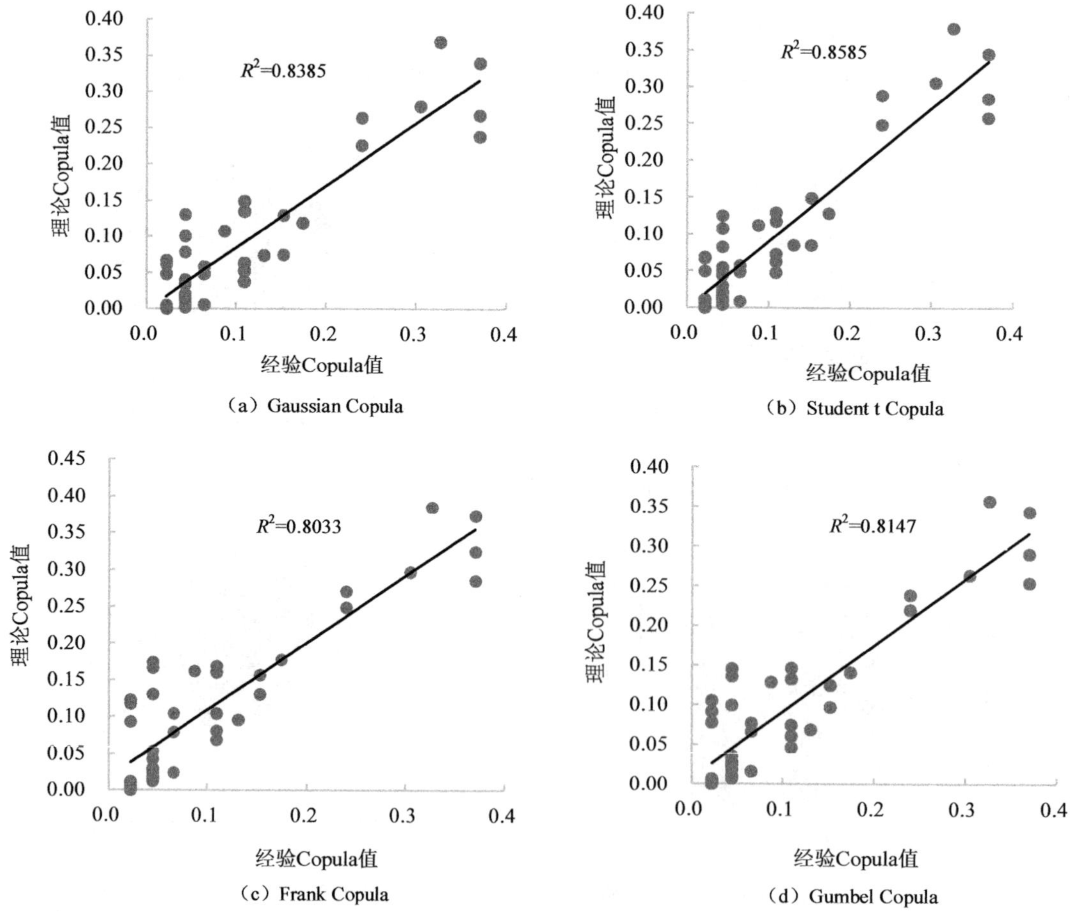

(a) Gaussian Copula $R^2=0.8385$

(b) Student t Copula $R^2=0.8585$

(c) Frank Copula $R^2=0.8033$

(d) Gumbel Copula $R^2=0.8147$

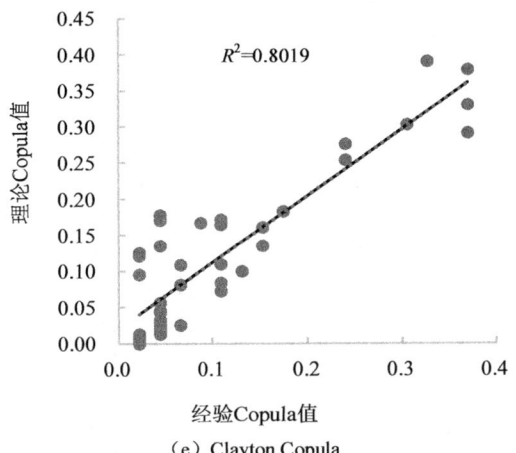

(e) Clayton Copula

图 9.10 降雨量、ET_0 和灌溉用水量的经验 Copula 值与理论 Copula 值拟合情况

由图 9.10 可知，陆浑灌区年降雨量、年 ET_0 和年灌溉用水量的理论 Copula 值和经验 Copula 值的相关性很高，K-S 检验统计量 D 结果在临界值内，由 Student t Copula 建立的联合分布模型对年降雨量、年 ET_0 和年灌溉用水量的联合分布情况拟合较好，联合分布模型比较合理。

9.3 自然降雨和灌溉用水量组合来水条件下的陆浑灌区水资源短缺风险分析

9.3.1 水资源短缺风险的联合概率分析

基于上述的灌区水资源供需的联合分布模型，在描述灌区水资源短缺风险时，主要考虑灌区不同水资源供需条件下的联合分布概率：①ET_0 超过某一特定值，且降雨量不超过某一特定值时的联合概率，表示天然来水条件下的灌区水资源短缺的风险，记为 $G'_{X,Y}(x,y)$；②ET_0 超过某一特定值，且灌溉用水量不超过某一特定值时的联合概率，表示人工供水条件下的灌区水资源短缺的风险，记为 $G'_{Y,Z}(y,z)$；③ET_0 超过某一特定值，且降雨量不超过某一特定值，且灌溉用水量不超过某一特定值时的三维联合概率，记为 $G'_{X,Y,Z}(x,y,z)$，表示自然-人工联合供水条件下的灌区水资源短缺的风险。联合概率公式分别如下：

$$G'_{X,Y}(x,y) = P(X \leqslant x, Y \geqslant y) = F_X(x) - C[F_X(x), F_Y(y)] \quad (9.1)$$

$$G'_{Y,Z}(y,z) = P(Y \geqslant y, Z \leqslant z) = F_Z(z) - C[F_Y(y), F_Z(z)] \quad (9.2)$$

$$G'_{X,Y,Z}(x,y,z) = P(X \leqslant x, Y \geqslant y, Z \leqslant z) = C[F_X(x), F_Z(z)] - C[F_X(x), F_Y(y), F_Z(z)] \quad (9.3)$$

式中：$F_X(x)$、$F_Y(y)$、$F_Z(z)$ 分别为降雨量、ET_0、灌溉用水量的边缘分布。

图 9.11、图 9.12、图 9.13 分别表示联合分布概率 $G'_{X,Y}(x,y)$、$G'_{Y,Z}(y,z)$ 的等值线图和多变量的联合分布概率 $G'_{X,Y,Z}(x,y,z)$ 的等值面图，由等值面的弧度可以看出三变量之间存在较强相依关系，还可以查出灌区来水和需水发生多种组合的联合分布，可以定量得出灌区在

天然条件下、人工供水情况下以及天然-人工联合供水条件下的水资源供需特征变量发生各种组合的概率。

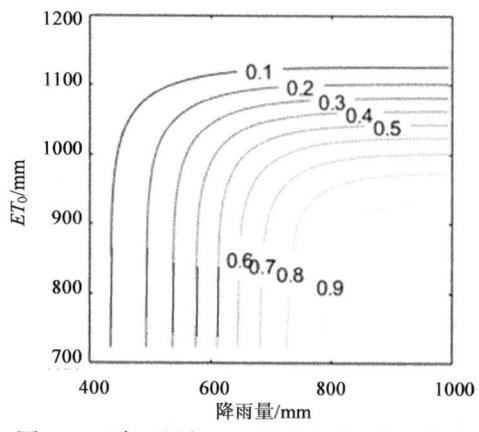

图9.11 降雨量与ET_0的联合分布等值线

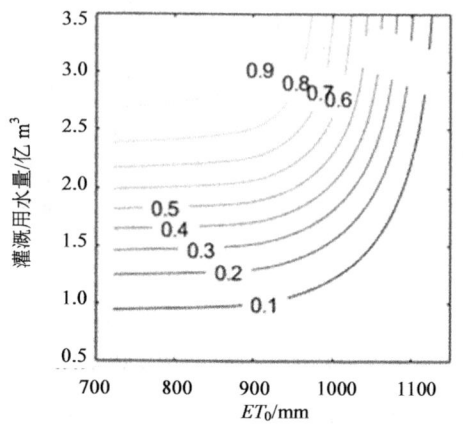

图9.12 灌溉用水量与ET_0的联合分布等值线

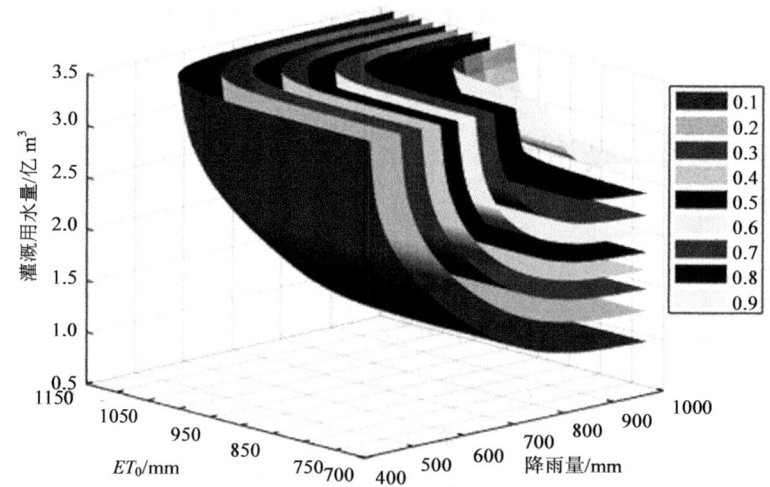

图9.13 降雨量、ET_0与灌溉用水量的联合分布等值面

图9.11给出了天然来水情况下，降雨量与ET_0在发生多种遭遇组合情况下的联合概率$G'_{X,Y}(x,y)$，也给出了联合概率相同情况下的降雨量和ET_0的多种遭遇组合。由图9.11可以看出，联合概率值随降雨量的增大和ET_0的减小而呈增大趋势。图9.12给出了人工供水情况下，灌溉用水量与ET_0在发生多种遭遇组合情况下的联合概率$G'_{Y,Z}(y,z)$，也给出了联合概率相同情况下的灌溉用水量和ET_0的多种遭遇组合。由图9.12可以看出，联合概率值随灌溉用水量的增加和ET_0的减小而呈增大趋势。图9.13给出了天然-人工联合供水情况下，降雨量、灌溉用水量与ET_0在发生多种遭遇组合情况下的联合概率$G'_{X,Y,Z}(x,y,z)$，也给出了联合概率相同情况下的降雨量、灌溉用水量与ET_0的多种遭遇组合。由图9.13可以看出，联合概率值随灌溉用水量的增大，降雨量的增大，ET_0的减小而呈增大趋势。这反映出增加灌区天然-人工供水，减小灌区需水，能够减小灌区水资源短缺风险。这可为灌区制定灌

9.3 自然降雨和灌溉用水量组合来水条件下的陆浑灌区水资源短缺风险分析

溉规划、调整作物种植结构提供一定的参考依据。

表 9.3、表 9.4、表 9.5 分别给出了一些典型的降雨量、ET_0、灌溉用水量的联合概率值，即 $P(X\leqslant x,Y\geqslant y)$、$P(Y\geqslant y,Z\leqslant z)$ 和 $P(X\leqslant x,Y\geqslant y,Z\leqslant z)$ 的值，表示灌区缺水情况下各种遭遇组合的发生概率。陆浑灌区多年平均降雨量为 611.02mm，多年平均灌溉用水量为 1.815 亿 m^3，多年平均 ET_0 为 1034.89mm。由表 9.3、表 9.4、表 9.5 可以查得接近多年平均情况下的联合概率值，用来描述灌区水资源短缺风险。例如，可以查出 $ET_0 \geqslant 1000$mm 且 $P \leqslant 600$mm 的概率为 0.3751，表示仅天然供水情况下的灌区水资源短缺风险；$ET_0 \geqslant 1000$mm 且 $IR \leqslant 2$亿m^3 的概率为 0.3780，表示仅人工供水情况下的灌区水资源短缺风险；$ET_0 \geqslant 1000$mm 且 $P \leqslant 600$mm 且 $IR \leqslant 2$亿m^3 的概率为 0.1350，表示在天然-人工联合供水情况下的灌区水资源短缺风险。对比表 9.3、表 9.4、表 9.5 可知，降雨量、ET_0、灌溉用水量的三维联合概率值明显小于相应的二维联合概率值。这说明仅仅考虑两变量的联合概率分布，难以正确描述灌区供水和需水的统计特性；综合考虑降雨量、ET_0、灌溉用水量的灌区水资源供需的多变量联合分布模型，可以更全面的描述灌区供水和需水的变化规律，可以定量给出灌区在天然来水条件下、人工供水情况下以及天然-人工联合供水条件下的水资源供需特征变量发生各种组合的概率，从而更合理的描述灌区水资源短缺风险。因此，此联合概率值可在一定程度上为灌区制定灌溉规划、分析水资源短缺风险、进行灌区抗旱活动提供技术指导。

表 9.3 不同降雨量 P 与 ET_0 的联合分布

ET_0/mm	P/mm				
	300	400	500	600	700
900	0.0111	0.0599	0.2034	0.4556	0.7193
950	0.0106	0.0572	0.1939	0.4311	0.6720
1000	0.0099	0.0524	0.1737	0.3751	0.5661
1050	0.0088	0.0441	0.1364	0.2732	0.3887
1100	0.0070	0.0303	0.0787	0.1358	0.1777
1150	0.0033	0.0091	0.0158	0.0213	0.0251

表 9.4 不同灌溉用水量 IR 与 ET_0 的联合分布

ET_0/mm	IR/亿 m^3				
	0.5	1.0	1.5	2.0	2.5
900	0.0155	0.0904	0.2863	0.5666	0.7988
950	0.0110	0.0683	0.2384	0.4994	0.7211
1000	0.0077	0.0451	0.1666	0.3780	0.5726
1050	0.0052	0.0260	0.0907	0.2172	0.3563
1100	0.0031	0.0120	0.0337	0.0756	0.1347
1150	0.0010	0.0024	0.0045	0.0074	0.0119

表 9.5　不同降雨量 P、灌溉用水量 IR 与 ET_0 的联合分布

ET_0/mm	IR/亿 m³	P/mm				
		300	400	500	600	700
900	0.5	—	0.0002	0.0009	0.0035	0.0104
	1.0	0.0001	0.0009	0.0046	0.0178	0.0499
	1.5	0.0006	0.0040	0.0188	0.0677	0.1671
	2.0	0.0023	0.0142	0.0611	0.1875	0.3785
	2.5	0.0057	0.0330	0.1281	0.3314	0.5766
950	0.5	0.0000	0.0001	0.0007	0.0033	0.0101
	1.0	0.0000	0.0006	0.0039	0.0166	0.0481
	1.5	0.0004	0.0031	0.0162	0.0626	0.1598
	2.0	0.0018	0.0116	0.0530	0.1717	0.3564
	2.5	0.0048	0.0275	0.1102	0.2976	0.5307
1000	0.5	—	—	0.0005	0.0029	0.0095
	1.0	—	0.0002	0.0027	0.0140	0.0440
	1.5	0.0001	0.0016	0.0108	0.0505	0.1405
	2.0	0.0013	0.0077	0.0373	0.1350	0.3001
	2.5	0.0038	0.0198	0.0793	0.2280	0.4282
1050	0.5	—	—	0.0002	0.0023	0.0084
	1.0	—	—	0.0006	0.0089	0.0351
	1.5	—	—	0.0023	0.0275	0.0997
	2.0	0.0008	0.0031	0.0150	0.0737	0.1955
	2.5	0.0029	0.0118	0.0418	0.1293	0.2667
1100	0.5	—	—	—	0.0011	0.0062
	1.0	—	—	—	0.0006	0.0186
	1.5	—	—	—	—	0.0369
	2.0	0.0002	—	—	0.0070	0.0676
	2.5	0.0021	0.0053	0.0102	0.0373	0.0974

注："—"表示几乎不可能的遭遇事件。

9.3.2　丰枯遭遇的联合概率分析

以 $p_f = 37.5\%$、$p_k = 62.5\%$ 分别为对陆浑灌区的年降雨量、年 ET_0 和年灌溉用水量进行丰枯划分的频率,运用已构建的三维 Copula 联合分布模型,对三者在年际间的丰枯遭遇情况进行分析。由频率分布曲线得到的年降雨量、年 ET_0 和年灌溉用水量的丰枯划分数值见表 7.2、表 8.2。

采用频率法进行年降雨量、年 ET_0 和年灌溉用水量的丰枯划分,则三者间的丰枯遭遇情形可分为 27 种,这 27 种丰枯遭遇情形可分为丰枯同步和丰枯异步两种类型,X、Y、Z

9.3 自然降雨和灌溉用水量组合来水条件下的陆浑灌区水资源短缺风险分析

分别表示降雨量、ET_0 和灌溉用水量序列，形式见表 9.6。表 9.7 给出了丰枯遭遇的联合概率的计算结果。

表 9.6 丰枯遭遇情形

遭遇情形	P-ET_0-IR	丰枯遭遇频率
同步频率	丰-丰-丰	$P(X \geq x_{pf}, Y \geq y_{pf}, Z \geq z_{pf})$
	平-平-平	$P(x_{pk} < X < x_{pf}, y_{pk} < Y < y_{pf}, z_{pk} < Z < z_{pf})$
	枯-枯-枯	$P(X < x_{pk}, Y < y_{pk}, Z < z_{pk})$
异步频率	丰-丰-平	$P(X \geq x_{pf}, Y \geq y_{pf}, z_{pk} < Z < z_{pf})$
	丰-丰-枯	$P(X \geq x_{pf}, Y \geq y_{pf}, Z < z_{pk})$
	丰-平-丰	$P(X \geq x_{pf}, y_{pk} < Y < y_{pf}, Z \geq z_{pf})$
	丰-平-平	$P(X \geq x_{pf}, y_{pk} < Y < y_{pf}, z_{pk} < Z < z_{pf})$
	丰-平-枯	$P(X \geq x_{pf}, y_{pk} < Y < y_{pf}, Z < z_{pk})$
	丰-枯-丰	$P(X \geq x_{pf}, Y < y_{pk}, Z \geq z_{pf})$
	丰-枯-平	$P(X \geq x_{pf}, Y < y_{pk}, z_{pk} < Z < z_{pf})$
	丰-枯-枯	$P(X \geq x_{pf}, Y < y_{pk}, Z < z_{pk})$
	平-丰-丰	$P(x_{pk} < X < x_{pf}, Y \geq y_{pf}, Z \geq z_{pf})$
	平-丰-平	$P(x_{pk} < X < x_{pf}, Y \geq y_{pf}, z_{pk} \leq Z \leq z_{pf})$
	平-丰-枯	$P(x_{pk} < X < x_{pf}, Y \geq y_{pf}, Z < z_{pk})$
	平-平-丰	$P(x_{pk} < X < x_{pf}, y_{pk} < Y < y_{pf}, Z \geq z_{pf})$
	平-平-枯	$P(x_{pk} < X < x_{pf}, y_{pk} < Y < y_{pf}, Z < z_{pk})$
	平-枯-丰	$P(x_{pk} < X < x_{pf}, Y < y_{pk}, Z \geq z_{pf})$
	平-枯-平	$P(x_{pk} < X < x_{pf}, Y < y_{pk}, z_{pk} < Z < z_{pf})$
	平-枯-枯	$P(x_{pk} < X < x_{pf}, Y < y_{pk}, Z < z_{pk})$
	枯-丰-丰	$P(X < x_{pk}, Y \geq y_{pf}, Z \geq z_{pf})$
	枯-丰-平	$P(X < x_{pk}, Y \geq y_{pf}, z_{pk} < Z < z_{pf})$
	枯-丰-枯	$P(X < x_{pk}, Y \geq y_{pf}, Z < z_{pk})$
	枯-平-丰	$P(X < x_{pk}, y_{pk} < Y < y_{pf}, Z \geq z_{pf})$
	枯-平-平	$P(X < x_{pk}, y_{pk} < Y < y_{pf}, z_{pk} < Z < z_{pf})$
	枯-平-枯	$P(X < x_{pk}, y_{pk} < Y < y_{pf}, Z < z_{pk})$
	枯-枯-丰	$P(X < x_{pk}, Y < y_{pk}, Z \geq z_{pf})$
	枯-枯-平	$P(X < x_{pk}, Y < y_{pk}, z_{pk} < Z < z_{pf})$

表 9.7　降雨量 P、ET_0 和灌溉用水量的丰枯遭遇频率计算结果

降雨量 P	ET_0 丰			ET_0 平			ET_0 枯		
	IR 丰	IR 平	IR 枯	IR 丰	IR 平	IR 枯	IR 丰	IR 平	IR 枯
P 丰	2.99%	2.17%	4.29%	1.36%	3.1%	4.45%	1.79%	3.51%	13.85%
P 平	3.99%	2.51%	2.4%	2.51%	2.32%	2.37%	2.28%	2.62%	4.00%
P 枯	13.65%	3.91%	1.58%	4.73%	2.40%	1.78%	4.21%	2.47%	2.78%

由表 9.7 可知，ET_0 丰 P 枯 IR 枯这种极端组合是最不利于灌溉调水的情况，其遭遇频率仅为 1.58%。降雨量、ET_0 和灌溉用水量的丰枯同步频率中，同丰的频率为 2.99%，同平的频率为 2.32%，同枯的频率为 2.78%，这三种同步频率均比较小，但相差不大。这说明降雨量、ET_0 和灌溉用水量的异步频率较大，反映出陆浑灌区供水和需水处于不协调状况的概率较大。其中，P 丰 ET_0 枯 IR 枯、P 枯 ET_0 丰 IR 丰这两种极端组合的概率是最大的，分别达到 13.85% 和 13.65%。

9.3.3　丰枯遭遇的条件概率和条件重现期

基于陆浑灌区水资源供给与需求的不匹配性，从来水可能不能满足需水而引起水资源短缺的角度出发，分析灌区水资源供不应求的可能性，主要考虑六种二维条件概率和相应的条件重现期，然后据此进行灌区水资源短缺风险分析。

9.3.3.1　二维条件概率和条件重现期

（1）灌溉用水量处于枯态时，降雨量不超过某值而且 ET_0 超过某值的条件概率及相应条件重现期。

当已知灌溉用水量处于枯态时，即 $Z < z_{pk}$ 时，降雨量不超过某一特定值而且 ET_0 超过某一特定值的条件概率及相应的条件重现期分别如式（9.4）、式（9.5）所示。

$$F_{X_i,Y_i|z_k}(X_i,Y_i,Z) = P(X_i \leq x, Y_i \geq y | Z \leq z_{pk}) = \frac{F(x,z_{pk}) - F(x,y,z_{pk})}{F_Z(z_{pk})} \quad (9.4)$$

$$T_{X_i,Y_i|z_k}(X_i,Y_i,Z) = \frac{1}{F_{X_i,Y_i|z_k}(X_i,Y_i,Z)} \quad (9.5)$$

图 9.14 给出了灌溉用水量处于枯态时，降雨量不超过某一特定值而且 ET_0 超过某一特定值的条件概率和条件重现期。由图 9.14 可知，条件概率随着降雨量的增大和 ET_0 的减小呈增大趋势，与此同时，条件重现期随着降雨量的增大和 ET_0 的减小呈减小趋势。从图 9.14 中可以查出在灌溉用水量处于枯态时的不同量级的年降雨量与年 ET_0 的多种遭遇组合概率和重现期。例如，$P(P \leq 600\text{mm}, ET_0 \geq 1000\text{mm}|IR \leq IR_k)$ 约为 0.18；$T(P \leq 600\text{mm}, ET_0 \geq 1000\text{mm}|IR \leq IR_k)$ 约为 5.6 年。这种降雨量与 ET_0 的同现条件概率和条件重现期表示在灌溉用水量处于枯态时的不同量级的年降雨量与年 ET_0 的遭遇组合事件发生的可能性，可以用来表征在多种遭遇情况下的灌区天然-人工联合供水不能满足作物需水的风险。

9.3 自然降雨和灌溉用水量组合来水条件下的陆浑灌区水资源短缺风险分析

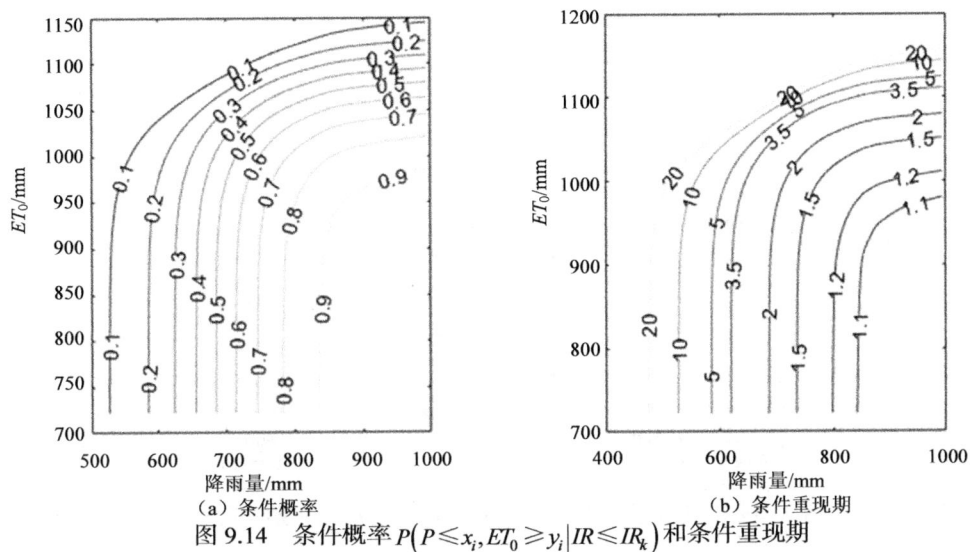

图 9.14 条件概率 $P(P \leq x_i, ET_0 \geq y_i | IR \leq IR_k)$ 和条件重现期

从图 9.14（a）中可以看出，当条件概率 $P(P \leq x_i, ET_0 \geq y_i | IR \leq IR_k)$ 都是 0.1~0.3 和 0.7~0.9 时，等值线比较稀疏，条件概率对于降雨量和 ET_0 的变化不是很敏感。当条件概率 $P(P \leq x_i, ET_0 \geq y_i | IR \leq IR_k)$ 是 0.3~0.7 时，等值线比较密集，条件概率对于降雨量和 ET_0 的变化比较敏感。

（2）灌溉用水量处于枯态时，降雨量不超过某值或者 ET_0 超过某值的条件概率及相应条件重现期。

当已知灌溉用水量处于枯态时，即 $Z < z_{pk}$ 时，降雨量不超过某一特定值或者 ET_0 超过某一特定值的条件概率及相应的条件重现期分别为

$$F_{X_i or Y_i | z_k}(X_i or Y_i, Z) = P(X_i \leq x \text{ or } Y_i \geq y | Z \leq z_{pk})$$
$$= \frac{F_Z(z_{pk}) - F(y, z_{pk}) + F(x, y, z_{pk})}{F_Z(z_{pk})} \quad (9.6)$$

$$T_{X_i or Y_i | z_k}(X_i or Y_i, Z) = \frac{1}{F_{X_i or Y_i | z_k}(X_i or Y_i, Z)} \quad (9.7)$$

图 9.15 给出了灌溉用水量处于枯态时，降雨量不超过某一特定值或者 ET_0 超过某一特定值时的条件概率和条件重现期。由图 9.15 可知，条件概率随着降雨量的增大和 ET_0 的增大呈增大趋势，与此同时，条件重现期随着降雨量的减小和 ET_0 的减小呈增大的趋势。从图 9.15 中可以查出在灌溉用水量处于枯态时的不同量级的年降雨量与年 ET_0 的多种遭遇组合概率和重现期。例如，$P(P \leq 600\text{mm} \text{ 或} ET_0 \geq 1000\text{mm} | IR \leq IR_k)$ 约为 0.41；$T(P \leq 600\text{mm} \text{ 或} ET_0 \geq 1000\text{mm} | IR \leq IR_k)$ 约为 2.4 年。这种降雨量与 ET_0 的联合条件概率和条件重现期表示在灌溉用水量处于枯态时的不同量级的年降雨量与年 ET_0 的遭遇组合事件发生的可能性，可以用来表征在多种遭遇情况下的灌区天然-人工联合供水不能满足作物需水的风险。

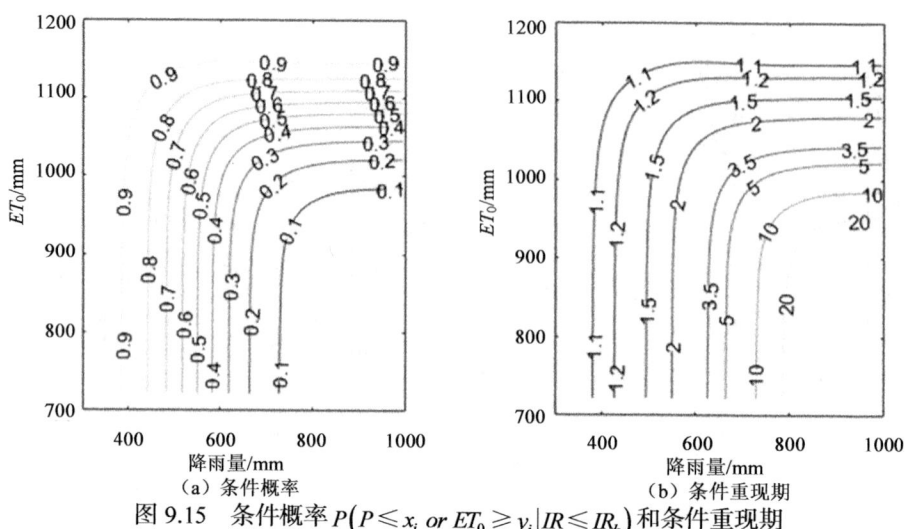

图 9.15 条件概率 $P(P \leq x_i \text{ or } ET_0 \geq y_i | IR \leq IR_k)$ 和条件重现期

从图 9.15（a）中可以看出，当条件概率 $P(P \leq x_i \text{ or } ET_0 \geq y_i | IR \leq IR_k)$ 都是 0.1~0.3 和 0.8~0.9 时，等值线比较稀疏，条件概率对于降雨量和 ET_0 的变化不是很敏感。当条件概率 $P(P \leq x_i \text{ or } ET_0 \geq y_i | IR \leq IR_k)$ 是 0.3~0.8 时，等值线比较密集，条件概率对于降雨量和 ET_0 的变化比较敏感。

（3）降雨量处于枯态时，ET_0 超过某值而且灌溉用水量不超过某值的条件概率及相应条件重现期。

当已知降雨量处于枯态时，即 $X < x_{pk}$ 时，ET_0 超过某一特定值而且灌溉用水量不超过某一特定值的条件概率及相应的条件重现期分别如式（9.8）、式（9.9）所示。

$$F_{Y_i, Z_i | x_k}(Y_i, Z_i, X) = P(Y_i \geq y, Z_i \leq z | X \leq x_{pk}) = \frac{F(x_{pk}, z) - F(x_{pk}, y, z)}{F_X(x_{pk})} \quad (9.8)$$

$$T_{Y_i, Z_i | x_k}(Y_i, Z_i, X) = \frac{1}{F_{Y_i, Z_i | x_k}(Y_i, Z_i, X)} \quad (9.9)$$

图 9.16 给出了 ET_0 处于丰态条件时，降雨量不超过某一特定值而且灌溉用水量不超过某一特定值的条件概率和条件重现期。由图 9.16 可知，条件概率随着降雨量的增大和灌溉用水量的增大呈增大趋势，与此同时，条件重现期随着降雨量的增大和灌溉用水量的增大呈减小的趋势。从图 9.16 中可以查出在 ET_0 处于丰态时的不同量级的年降雨量与年灌溉用水量的多种遭遇组合概率和重现期。例如，$P(P \leq 600\text{mm}, IR \leq 1.8 \times 10^8 \text{m}^3 | ET_0 \geq ET_{0f})$ 约为 0.13；$T(P \leq 600\text{mm}, IR \leq 1.8 \times 10^8 \text{m}^3 | ET_0 \geq ET_{0f})$ 约为 7.69 年。这种降雨量与灌溉用水量的同现条件概率和条件重现期表示在 ET_0 处于丰态时的不同量级的年降雨量与年灌溉用水量的遭遇组合事件发生的可能性，可以用来表征在多种遭遇情况下的灌区天然—人工联合供水不能满足作物需水的风险。

从图 9.16（a）中可以看出，当条件概率 $P(P \leq x_i, IR \leq z_i | ET_0 \geq ET_{0f})$ 都是 0.1~0.2 和 0.7~0.9 时，等值线比较稀疏，条件概率对于降雨量和灌溉用水量的变化不是很敏感。当条

件概率 $P(P \leqslant x_i, IR \leqslant z_i | ET_0 \geqslant ET_{0f})$ 是 0.2~0.7 时，等值线比较密集，条件概率对于降雨量和灌溉用水量的变化比较敏感。

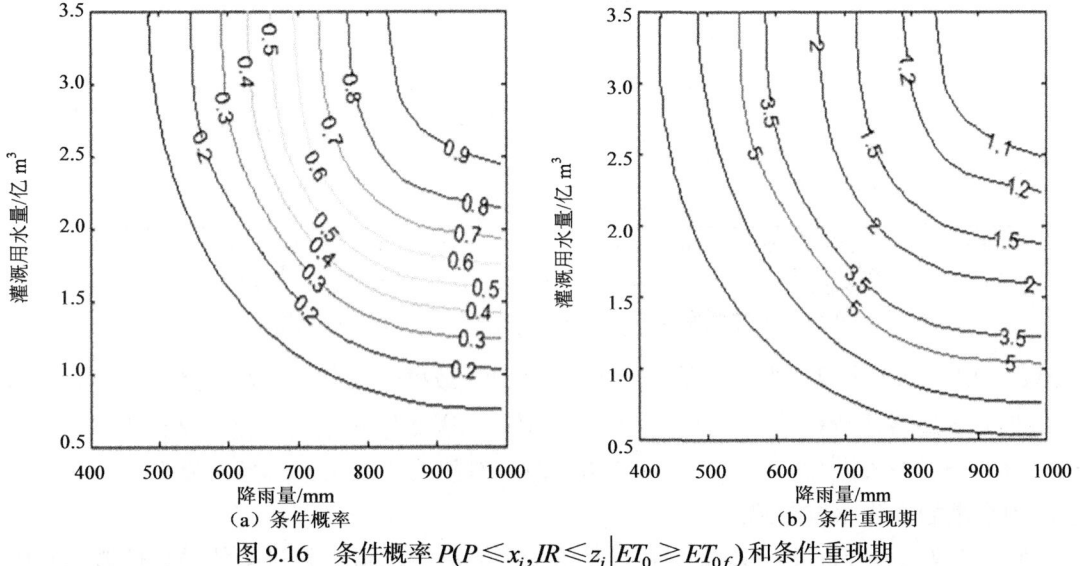

图 9.16　条件概率 $P(P \leqslant x_i, IR \leqslant z_i | ET_0 \geqslant ET_{0f})$ 和条件重现期

（4）降雨量处于枯态时，ET_0 超过某值或者灌溉用水量不超过某值的条件概率及相应条件重现期。

当已知降雨量处于枯态时，即 $X < x_{pk}$ 时，ET_0 超过某一特定值或者灌溉用水量不超过某一特定值的条件概率及相应的条件重现期分别为

$$F_{Y_i or Z_i | x_k}(Y_i or Z_i, X) = P(Y_i \geqslant y \ or \ Z_i \leqslant z | X \leqslant x_{pk})$$
$$= \frac{F_X(x_{pk}) - F(x_{pk}, y) + F(x_{pk}, y, z)}{F_X(x_{pk})} \quad (9.10)$$

$$T_{Y_i or Z_i | x_k}(Y_i or Z_i, X) = \frac{1}{F_{Y_i or Z_i | x_k}(Y_i or Z_i, X)} \quad (9.11)$$

图 9.17 给出了 ET_0 处于丰态时，降雨量不超过某值或者灌溉用水量不超过某值的条件概率和条件重现期。由图 9.17 可知，条件概率随着降雨量的增大和灌溉用水量的增大呈增大趋势，与此同时，条件重现期随着降雨量的增大和灌溉用水量的增大呈减小趋势。从图 9.17 中可以查出在 ET_0 处于丰态时的不同量级的年降雨量与年灌溉用水量的多种遭遇组合概率和重现期。例如，$P(P \leqslant 600\text{mm} \text{或} IR \leqslant 1.8 \times 10^8 \text{m}^3 | ET_0 \geqslant ET_{0f})$ 约为 0.81；$T(P \leqslant 600\text{mm} \text{或} IR \leqslant 1.8 \times 10^8 \text{m}^3 | ET_0 \geqslant ET_{0f})$ 约为 1.23 年。这种降雨量与灌溉用水量的联合条件概率和条件重现期表示在 ET_0 处于丰态时的不同量级的年降雨量与年灌溉用水量的遭遇组合事件发生的可能性，可以用来表征在多种遭遇情况下的灌区天然-人工联合供水不能满足作物需水的风险。

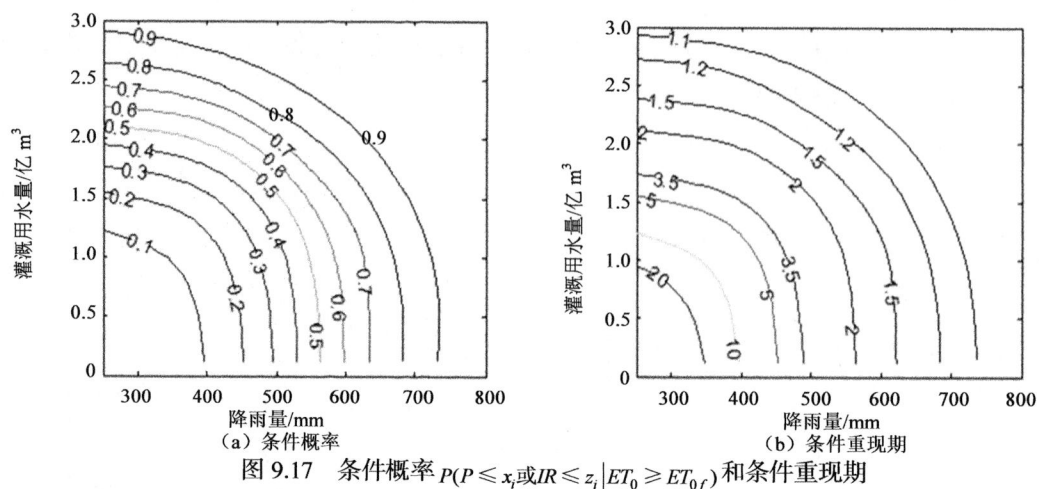

图 9.17　条件概率 $P(P \leqslant x_i 或 IR \leqslant z_i | ET_0 \geqslant ET_{0f})$ 和条件重现期

从图 9.17（a）中可以看出，当条件概率 $P(P \leqslant x_i 或 IR \leqslant z_i | ET_0 \geqslant ET_{0f})$ 都是 0.1~0.3 和 0.7~0.9 时，等值线比较稀疏，条件概率对于降雨量和灌溉用水量的变化不是很敏感。当条件概率 $P(P \leqslant x_i 或 IR \leqslant z_i | ET_0 \geqslant ET_{0f})$ 是 0.3~0.7 时，等值线比较密集，条件概率对于降雨量和灌溉用水量的变化比较敏感。

（5）ET_0 处于丰态时，降雨量不超过某值而且灌溉用水量不超过某值的条件概率及相应条件重现期。

当已知 ET_0 处于丰态时，即 $Y \geqslant y_{pf}$ 时，降雨量不超过某一特定值而且灌溉用水量不超过某一特定值的条件概率及相应的条件重现期分别为

$$F_{X_i,Z_i|y_f}(X_i,Z_i,Y) = P(X_i \leqslant x, Z_i \leqslant z | Y \geqslant y_{pf}) = \frac{F_{X,Z}(x,z) - F(x,y_{pf},z)}{1 - F_Y(y_{pf})} \quad (9.12)$$

$$T_{X_i,Z_i|y_f}(X_i,Z_i,Y) = \frac{1}{F_{X_i,Z_i|y_f}(X_i,Z_i,Y)} \quad (9.13)$$

图 9.18 给出了降雨量处于枯态条件时，ET_0 超过某一特定值而且灌溉用水量不超过某一特定值的条件概率和条件重现期。

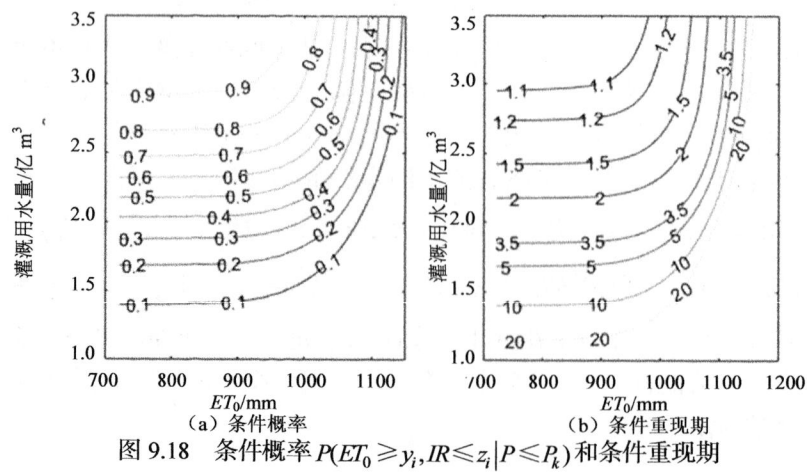

图 9.18　条件概率 $P(ET_0 \geqslant y_i, IR \leqslant z_i | P \leqslant P_k)$ 和条件重现期

由图9.18可知,条件概率随着ET_0的减小和灌溉用水量的增大呈增大趋势,与此同时,条件重现期随着ET_0的增大和灌溉用水量的减小呈增大趋势。从图9.18中可以查出在降雨量处于枯态时的不同量级的年ET_0与年灌溉用水量的多种遭遇组合概率和重现期。例如,$P(ET_0 \geqslant 1000\text{mm}, IR \leqslant 1.8 \times 10^8 \text{m}^3 | P \leqslant P_k)$约为0.23;$T(ET_0 \geqslant 1000\text{mm}, IR \leqslant 1.8 \times 10^8 \text{m}^3 | P \leqslant P_k)$约为4.3年。这种$ET_0$与灌溉用水量的同现条件概率和条件重现期表示在降雨量处于枯态时的不同量级的年ET_0与年灌溉用水量的遭遇组合事件发生的可能性,可以用来表征在多种遭遇情况下的灌区天然-人工联合供水不能满足作物需水的风险。

从图9.18(a)中可以看出,当条件概率$P(ET_0 \geqslant y_i, IR \leqslant z_i | P \leqslant P_k)$都是0.1~0.2和0.7~0.9时,等值线比较稀疏,条件概率对于ET_0和灌溉用水量的变化不是很敏感。当条件概率$P(ET_0 \geqslant y_i, IR \leqslant z_i | P \leqslant P_k)$是0.2~0.7时,等值线比较密集,条件概率对于$ET_0$和灌溉用水量的变化比较敏感。

(6)ET_0处于丰态时,降雨量不超过某值或者灌溉用水量不超过某值的条件概率及相应条件重现期。

当已知ET_0处于丰态时,即$Y \geqslant y_{pf}$时,降雨量不超过某一特定值或者灌溉用水量不超过某一特定值的条件概率及相应的条件重现期分别为

$$F_{X_i or Z_i | y_f}(X_i \text{ or } Z_i, Y) = P(X_i \leqslant x \text{ or } Z_i \leqslant z | Y \geqslant y_{pf})$$
$$= \frac{F_X(x) + F_Z(z) - F_{X,Z}(x,z) - F(x, y_{pf}) - F(y_{pf}, z) + F(x, y_{pf}, z)}{1 - F_Y(y_{pf})} \quad (9.14)$$

$$T_{X_i or Z_i | y_f}(X_i \text{ or } Z_i, Y) = \frac{1}{F_{X_i or Z_i | y_f}(X_i \text{ or } Z_i, Y)} \quad (9.15)$$

图9.19给出了降雨量处于枯态条件时,ET_0超过某一特定值或者灌溉用水量不超过某一特定值时的条件概率和条件重现期。

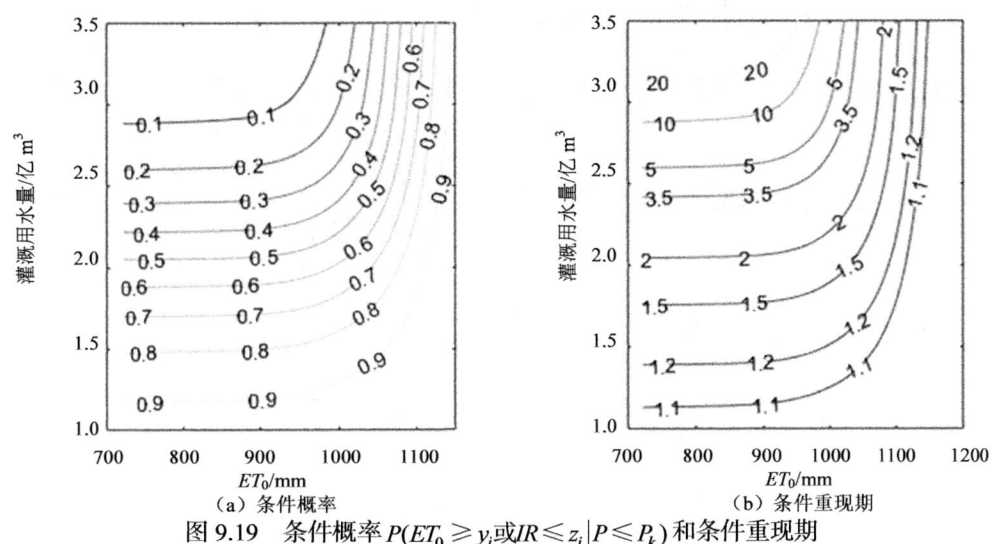

(a)条件概率 (b)条件重现期

图9.19 条件概率$P(ET_0 \geqslant y_i \text{或} IR \leqslant z_i | P \leqslant P_k)$和条件重现期

由图 9.19 可知,条件概率随着 ET_0 的增大和灌溉用水量的减小呈增大趋势,与此同时,条件重现期随着 ET_0 的增大和灌溉用水量的减小呈减小趋势。从图 9.19 中可以查出在降雨量处于枯态时的不同量级的年 ET_0 与年灌溉用水量的多种遭遇组合概率和重现期。例如,$P(ET_0 \geqslant 1000\text{mm} \ or \ IR \leqslant 1.8 \text{亿m}^3 | P \leqslant P_k)$ 约为 0.66;$T(ET_0 \geqslant 1000\text{mm} \ or \ IR \leqslant 1.8 \text{亿m}^3 | P \leqslant P_k)$ 约为 1.5 年。这种 ET_0 与灌溉用水量的联合条件概率和条件重现期表示在降雨量处于枯态时的不同量级的年 ET_0 与年灌溉用水量的遭遇组合事件发生的可能性,可以用来表征在多种遭遇情况下的灌区天然-人工联合供水不能满足作物需水的风险。

从图 9.19(a)中可以看出,当条件概率 $P(ET_0 \geqslant y_i \text{或} IR \leqslant z_i | P \leqslant P_k)$ 都是 0.1~0.3 和 0.7~0.9 时,等值线比较稀疏,条件概率对于 ET_0 和灌溉用水量的变化不是很敏感。当条件概率 $P(ET_0 \geqslant y_i \text{或} IR \leqslant z_i | P \leqslant P_k)$ 是 0.3~0.7 时,等值线比较密集,条件概率对于 ET_0 和灌溉用水量的变化比较敏感。

9.3.3.2 一维条件概率和条件重现期

基于陆浑灌区水资源供给与需求的不匹配性,从来水可能不能满足需水的角度出发,分析灌区水资源供不应求的可能性,主要考虑不同条件下的降雨量、ET_0 和灌溉用水量的一维条件概率和相应的条件重现期。

(1)降雨量不超过某值时的条件概率和条件重现期。

在以下三种条件下,降雨量不超过某一特定值时的条件概率和条件重现期:① ET_0 处于丰态而且灌溉用水量处于平态;② ET_0 处于丰态而且灌溉用水量处于枯态;③ ET_0 处于平态而且灌溉用水量处于平态。这三种条件下的降雨量的条件概率和条件重现期分别为

$$\left.\begin{aligned}
F_{X_i|y_f,z_p}(X_i,Y,Z) &= P(X_i \leqslant x | Y \geqslant y_{pf}, Z_{pk} \leqslant Z \leqslant Z_{pf}) \\
&= \frac{F(x,z_{pf}) - F(x,y_{pf},z_{pf}) - F(x,z_{pk}) + F(x,y_{pf},z_{pk})}{F_Z(z_{pf}) - F_{Y,Z}(y_{pf},z_{pf}) - F_Z(z_{pk}) + F_{Y,Z}(y_{pf},z_{pk})} \\
F_{X_i|y_f,z_k}(X_i,Y,Z) &= P(X_i \leqslant x | Y \geqslant y_{pf}, Z \leqslant z_{pk}) = \frac{F(x,z_{pk}) - F(x,y_{pf},z_{pk})}{F_Z(z_{pk}) - F_{Y,Z}(y_{pf},z_{pk})} \\
F_{X_i|y_p,z_k}(X_i,Y,Z) &= P(X_i \leqslant x | y_{pk} \leqslant Y \leqslant y_{pf}, Z \leqslant z_{pk}) = \frac{F(x,y_{pf},z_{pk}) - F(x,y_{pk},z_{pk})}{F_{Y,Z}(y_{pf},z_{pk}) - F_{Y,Z}(y_{pk},z_{pk})}
\end{aligned}\right\} \quad (9.16)$$

$$\left.\begin{aligned}
T_{X_i|y_f,z_p}(X_i,Y,Z) &= \frac{1}{F_{X_i|y_f,z_p}(X_i,Y,Z)} \\
T_{X_i|y_f,z_k}(X_i,Y,Z) &= \frac{1}{F_{X_i|y_f,z_k}(X_i,Y,Z)} \\
T_{X_i|y_p,z_k}(X_i,Y,Z) &= \frac{1}{F_{X_i|y_p,z_k}(X_i,Y,Z)}
\end{aligned}\right\} \quad (9.17)$$

图 9.20 给出了在上述三种条件下的降雨量不超过某一特定值的条件概率,图 9.21 左图给出了相应的条件重现期,图 9.21 右图给出了位于 500~900mm 的降雨量的条件重现期。降雨量的条件概率随着降雨量的增大呈增大趋势;条件重现期随着降雨量的增大呈减小趋势,年降雨量超过 700mm 时,三种条件下的降雨量的条件重现期相差不大。当 ET_0 处于丰态条件而且灌溉用水量处于平态条件时,降雨量的条件概率序列最大;当 ET_0 处于丰态条件而且灌溉用水量处于枯态条件时降雨量的条件概率与 ET_0 处于平态条件而且灌溉用水量处于枯态条件时的降雨量的条件概率相差不是很大。

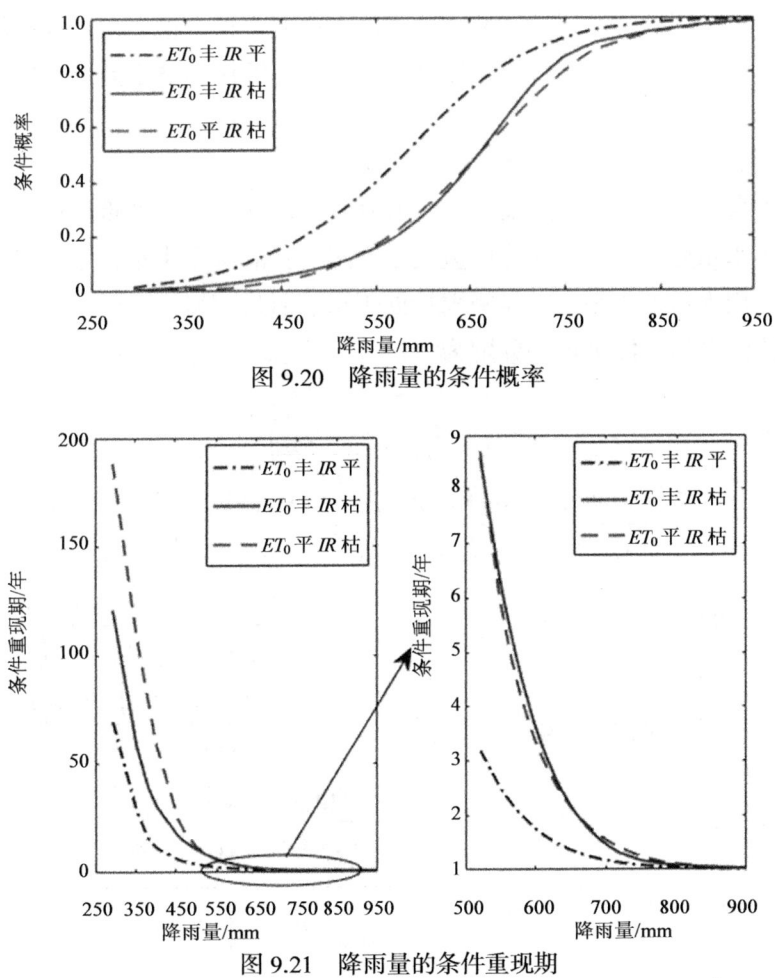

图 9.20 降雨量的条件概率

图 9.21 降雨量的条件重现期

年降雨量不超过 700mm 时,ET_0 处于平态而且灌溉用水量处于枯态时的降雨量的条件重现期最长,ET_0 处于丰态而且灌溉用水量处于平态时的降雨量的条件概率和条件重现期最短。例如,当 ET_0 处于丰态而且灌溉用水量处于平态时,降雨量不超过 300mm 的条件概率约为 0.015,相应的条件重现期约为 66 年;降雨量不超过 600mm 的条件概率约为 0.58,相应的条件重现期约为 1.72 年;降雨量不超过 900mm 的条件概率约为 0.96,相应的条件重现期约为 1.04 年。当 ET_0 处于丰态而且灌溉用水量处于枯态时,降雨量不超过 300mm

的条件概率约为 0.009，相应的条件重现期约为 111 年；降雨量不超过 600mm 的条件概率约为 0.26，相应的条件重现期约为 3.8 年；降雨量不超过 900mm 的条件概率约为 0.91，相应的条件重现期约为 1.10 年。当 ET_0 处于平态而且灌溉用水量处于枯态时，降雨量不超过 300mm 的条件概率约为 0.006，相应的条件重现期约为 166.67 年；降雨量不超过 600mm 的条件概率约为 0.29，相应的条件重现期约为 3.45 年；降雨量不超过 900mm 的条件概率约为 0.92，相应的条件重现期约为 1.09 年。

通过分析三种条件下的降雨量不超过某值时的条件概率和相应的条件重现期，在灌区缺水的三种条件下，降雨量小于 300mm 的条件重现期很长，说明出现极端缺水的情况的重现期很长；由此可知，在该条件下，灌区供水基本能够保障需水要求，出现极端缺水的情况的可能性很小。

（2）ET_0 超过某值时的条件概率和条件重现期。

在以下四种条件下，ET_0 超过某一特定值时的条件概率和条件重现期：①降雨量处于平态而且灌溉用水量处于平态；②降雨量处于平态而且灌溉用水量处于枯态；③降雨量处于枯态而且灌溉用水量处于平态；④降雨量处于枯态而且灌溉用水量处于枯态。这四种条件下 ET_0 的条件概率和条件重现期分别为

$$\left.\begin{aligned}
F_{Y_i|x_p,z_p}(X,Y_i,Z) &= P\left(Y_i \geqslant y \middle| x_{pk} \leqslant X \leqslant x_{pf}, z_{pk} \leqslant Z \leqslant z_{pf}\right) \\
&= 1 - \frac{F(x_{pf},y,z_{pf}) - F(x_{pf},y,z_{pk}) - F(x_{pk},y,z_{pf}) + F(x_{pk},y,z_{pk})}{F_{X,Z}(x_{pf},z_{pf}) - F_{X,Z}(x_{pk},z_{pk}) - F_{X,Z}(x_{pf},z_{pk}) + F_{X,Z}(x_{pk},z_{pk})} \\
F_{Y_i|x_p,z_k}(X,Y_i,Z) &= P\left(Y_i \geqslant y \middle| x_{pk} \leqslant X \leqslant x_{pf}, Z \leqslant z_{pk}\right) = 1 - \frac{F(x_{pf},y,z_{pk}) - F(x_{pk},y,z_{pk})}{F_{X,Z}(x_{pf},z_{pk}) - F_{X,Z}(x_{pk},z_{pk})} \\
F_{Y_i|x_k,z_p}(X,Y_i,Z) &= P\left(Y_i \geqslant y \middle| X \leqslant x_{pk}, z_{pk} \leqslant Z \leqslant z_{pf}\right) = 1 - \frac{F(x_{pk},y,z_{pf}) - F(x_{pk},y,z_{pk})}{F_{X,Z}(x_{pk},z_{pf}) - F_{X,Z}(x_{pk},z_{pk})} \\
F_{Y_i|x_k,z_k}(X,Y_i,Z) &= P\left(Y_i \geqslant y \middle| X \leqslant x_{pk}, Z \leqslant z_{pk}\right) = 1 - \frac{F(x_{pk},y,z_{pk})}{F_{X,Z}(x_{pk},z_{pk})}
\end{aligned}\right\} \quad (9.18)$$

$$\left.\begin{aligned}
T_{Y_i|x_p,z_p}(X,Y_i,Z) &= \frac{1}{F_{Y_i|x_p,z_p}(X,Y_i,Z)} \\
T_{Y_i|x_p,z_k}(X,Y_i,Z) &= \frac{1}{F_{Y_i|x_p,z_k}(X,Y_i,Z)} \\
T_{Y_i|x_k,z_p}(X,Y_i,Z) &= \frac{1}{F_{Y_i|x_k,z_p}(X,Y_i,Z)} \\
T_{Y_i|x_k,z_k}(X,Y_i,Z) &= \frac{1}{F_{Y_i|x_k,z_k}(X,Y_i,Z)}
\end{aligned}\right\} \quad (9.19)$$

图 9.22 给出了在上述四种条件下的 ET_0 超过某一特定值的条件概率，图 9.23 左图给出了相应的条件重现期，图 9.23 右图给出了位于 900~1100mm 的条件重现期。ET_0 的条件

概率随着 ET_0 的增大呈减小趋势,条件重现期随着 ET_0 的增大呈增大趋势,年 ET_0 不超过 1000mm 时,三种条件下的条件重现期相差不大。当降雨量处于枯态条件而且灌溉用水量处于平态条件时,ET_0 的条件概率序列最大;当年 ET_0 不超过 1055mm 时,降雨量处于枯态条件而且灌溉用水量处于枯态条件时的 ET_0 的条件概率和降雨量处于平态条件而且灌溉用水量处于枯态条件时的 ET_0 的条件概率相差很小;当年 ET_0 超过 1100mm 时,降雨量处于平态条件而且灌溉用水量处于平态条件时的 ET_0 的条件概率和降雨量处于平态条件而且灌溉用水量处于枯态条件时的 ET_0 的条件概率相差很小。

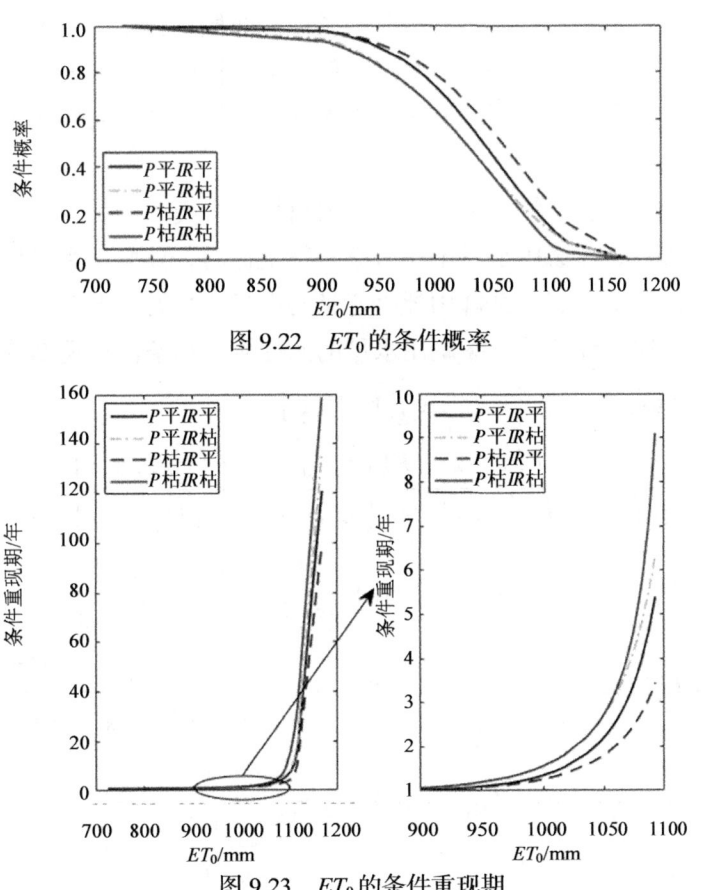

图 9.22 ET_0 的条件概率

图 9.23 ET_0 的条件重现期

年 ET_0 超过 1000mm 时,降雨量处于枯态条件而且灌溉用水量处于枯态条件时的 ET_0 的条件重现期最长,降雨量处于枯态条件而且灌溉用水量处于平态条件时的 ET_0 的条件重现期最短。例如,当降雨量处于平态而且灌溉用水量处于平态时,ET_0 超过 750mm 的条件概率约为 0.98,相应的条件重现期约为 1.02 年;ET_0 超过 950mm 的条件概率约为 0.92,相应的条件重现期约为 1.09 年;ET_0 超过 1150mm 的条件概率约为 0.012,相应的条件重现期约为 83.3 年。当降雨量处于平态而且灌溉用水量处于枯态时,ET_0 超过 750mm 的条件概率约为 0.97,相应的条件重现期约为 1.03 年;ET_0 超过 950mm 的条件概率约为 0.88,相应的条件重现期约为 1.36 年;ET_0 超过 1150mm 的条件概率约为 0.011,相应的条件重现期约为 90.9 年。当降雨量处于枯态而且灌溉用水量处于平态时，ET_0 超过 750mm 的条件概率约为 0.99，相应的条件重现期约为 1.01 年；ET_0 超过 950mm 的条件概率约为 0.93，相应的条件重现期约为 1.08 年；ET_0 超过 1150mm 的条件概率约为 0.013，相应的条件重现期约为 76.92 年。当降雨量处于枯态而且灌溉用水量处于枯态时，ET_0 超过 750mm 的条件概率约为 0.97，相应的条件重现期约为 1.03 年；ET_0 超过 950mm 的条件概率约为 0.88，相应的条件重现期约为 1.36 年；ET_0 超过 1150mm 的条件概率约为 0.009，相应的条件重现期约为 111.11 年。

通过分析四种条件下的 ET_0 超过某值时的条件分布概率和相应的条件重现期，在灌区缺水的四种条件下，ET_0 超过 1150mm 的条件重现期很长，说明出现极端缺水的情况的重现期很长；由此可知，在该条件下，灌区供水能够保障需水的可能性较大，出现极端缺水的情况的可能性很小。

（3）灌溉用水量不超过某值的条件概率和条件重现期。

在以下三种条件下，灌溉用水量不超过某一特定值的条件概率和条件重现期：①降雨量处于平态而且 ET_0 处于丰态；②降雨量处于枯态而且 ET_0 处于丰态；③降雨量处于枯态而且 ET_0 处于平态。这三种条件下灌溉用水量的条件概率和条件重现期分别为

$$\left.\begin{aligned}
F_{Z_i|x_p,y_f}(X,Y,Z_i) &= P\left(Z_i \leq z | x_{pk} \leq X \leq x_{pf}, Y \geq y_{pf}\right) \\
&= \frac{F(x_{pf},z) - F(x_{pk},z) - F(x_{pf},y_{pf},z) + F(x_{pk},y_{pf},z)}{F_X(x_{pf}) - F_X(x_{pk}) - F_{X,Y}(x_{pf},y_{pf}) + F_{X,Y}(x_{pk},y_{pf})} \\
F_{Z_i|x_k,y_f}(X,Y,Z_i) &= P\left(Z_i \leq z | X \leq x_{pk}, Y \geq y_{pf}\right) = \frac{F(x_{pk},z) - F(x_{pk},y_{pf},z)}{F_X(x_{pk}) - F_{X,Y}(x_{pk},y_{pf})} \\
F_{Z_i|x_k,y_p}(X,Y,Z_i) &= P\left(Z_i \leq z | X \leq x_{pk}, y_{pk} \leq Y \leq y_{pf}\right) = \frac{F(x_{pk},y_{pf},z) - F(x_{pk},y_{pk},z)}{F_{X,Y}(x_{pk},y_{pf}) - F_{X,Y}(x_{pk},y_{pk})}
\end{aligned}\right\} \quad (9.20)$$

$$\left.\begin{aligned}
T_{Z_i|x_p,y_f}(X,Y,Z_i) &= \frac{1}{F_{Z_i|x_p,y_f}(X,Y,Z_i)} \\
T_{Z_i|x_k,y_f}(X,Y,Z_i) &= \frac{1}{F_{Z_i|x_k,y_f}(X,Y,Z_i)} \\
T_{Z_i|x_k,y_p}(X,Y,Z_i) &= \frac{1}{F_{Z_i|x_k,y_p}(X,Y,Z_i)}
\end{aligned}\right\} \quad (9.21)$$

图 9.24 给出了在上述三种条件下的灌溉用水量的条件概率，图 9.25 左图给出了相应的条件重现期，图 9.25 右图给出了位于 1.4 亿~3.4 亿 m³ 之间的灌溉用水量的条件重现期。灌溉用水量的条件概率随着灌溉用水量的增大呈增大趋势；条件重现期随着灌溉用水量的增大呈减小趋势，年灌溉用水量超过 2.2 亿 m³ 时，三种条件下灌溉用水量的条件重现期相差很小。当降雨量处于平态条件而且 ET_0 处于丰态条件时，灌溉用水量的条件概率序列最

大，条件重现期序列最小；当降雨量处于枯态条件而且 ET_0 处于丰态条件时，灌溉用水量的条件概率序列最小，条件重现期序列最大。

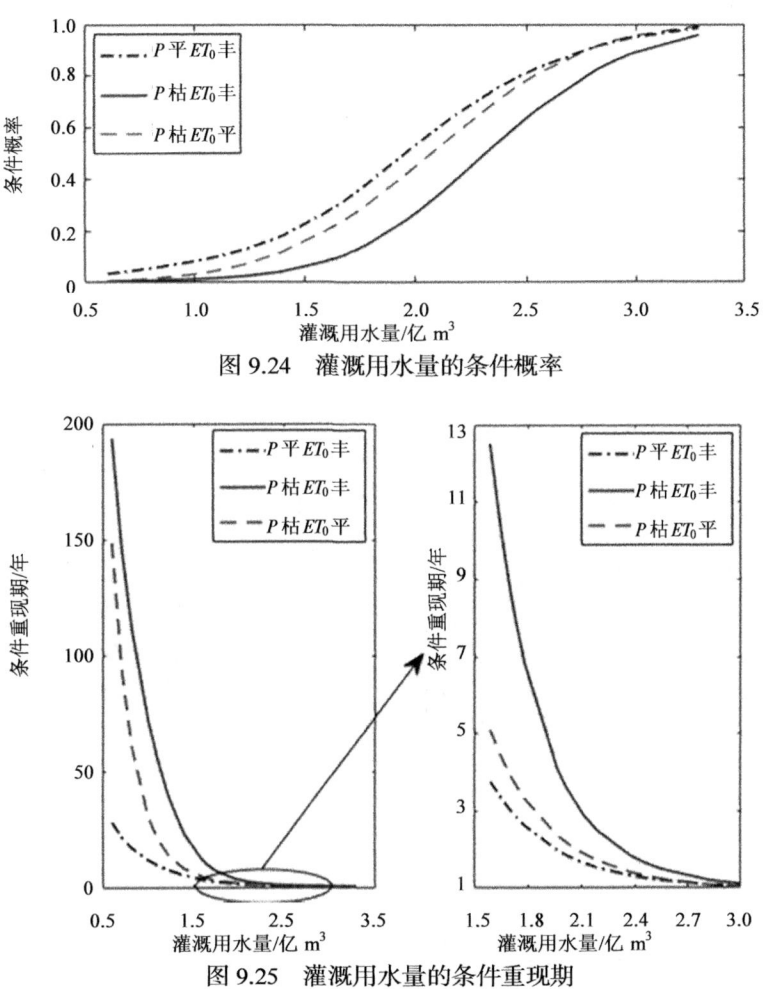

图 9.24 灌溉用水量的条件概率

图 9.25 灌溉用水量的条件重现期

当降雨量处于平态而且 ET_0 处于丰态时，灌溉用水量不超过 1.0 亿 m³ 的条件概率约为 0.07，相应的条件重现期约为 14.3 年；灌溉用水量不超过 2.0 亿 m³ 的条件概率约为 0.52，相应的条件重现期约为 1.92 年；灌溉用水量不超过 3.0 亿 m³ 的条件概率约为 0.94，相应的条件重现期约为 1.06 年。当降雨量处于枯态而且 ET_0 处于丰态时，灌溉用水量不超过 1.0 亿 m³ 的条件概率约为 0.014，相应的条件重现期约为 71.43 年；灌溉用水量不超过 2.0 亿 m³ 的条件概率约为 0.22，相应的条件重现期约为 4.55 年；灌溉用水量不超过 3.0 亿 m³ 的条件概率约为 0.87，相应的条件重现期约为 1.15 年。当降雨量处于枯态而且 ET_0 处于平态时，灌溉用水量不超过 1.0 亿 m³ 的条件概率约为 0.03，相应的条件重现期约为 33.33 年；灌溉用水量不超过 2.0 亿 m³ 的条件概率约为 0.41，相应的条件重现期约为 2.44 年；灌溉用水量不超过 3.0 亿 m³ 的条件概率约为 0.95，相应的条件重现期约为 1.05 年。

通过分析三种条件下的灌溉用水量不超过某值时的条件概率和相应的条件重现期，在灌区缺水的三种条件下，灌溉用水量不超过 1.0 亿 m^3 的条件重现期很长，说明出现极端缺水的情况的重现期很长；由此可知，在该条件下，灌区供水能够保障需水的可能性较大，出现极端缺水的情况的可能性很小。

第10章　种植结构调整下的灌区水资源短缺风险模型构建

10.1　方案设置

陆浑灌区总土地面积为274.4万亩，其中耕地面积为134.24万亩。灌区主要种植作物为冬小麦、夏玉米和棉花。根据灌区发展规划，陆浑灌区灌溉管理局设定了灌区主要种植作物发展面积规划，如表10.1规划方案一所示。为充分反映作物种植结构调整对灌区水资源短缺风险的影响，依据种植结构调整原则，即在确保粮食安全的前提下，减少耗水量大经济效益低、提高耗水量小且经济附加值高的作物种类种植面积，并结合灌区发展规划，设定两个种植结构规划方案，即表10.1中的方案二和方案三。其中，方案三的种植结构调整力度较方案二要大些。陆浑灌区现状与规划作物种植结构及各种作物的作物系数见表10.1。

现状方案、规划方案一、规划方案二、规划方案三的年降雨量（亿 m³）、年 ET_c（亿 m³）、年灌溉用水量（亿 m³）数据系列分别如图10.1所示。

表10.1　陆浑灌区作物种植结构及作物系数

作物	种植结构				作物系数
	现状方案	规划方案一	规划方案二	规划方案三	
冬小麦	70%(a_1)	85%(a_1)	60%(a_1)	55%(a_1)	0.75(k_1)
夏玉米	62.51%(a_2)	85%(a_2)	50%(a_2)	45%(a_2)	0.9(k_2)
棉花	24.24%(a_3)	15%(a_3)	30%(a_3)	30%(a_3)	0.89(k_3)

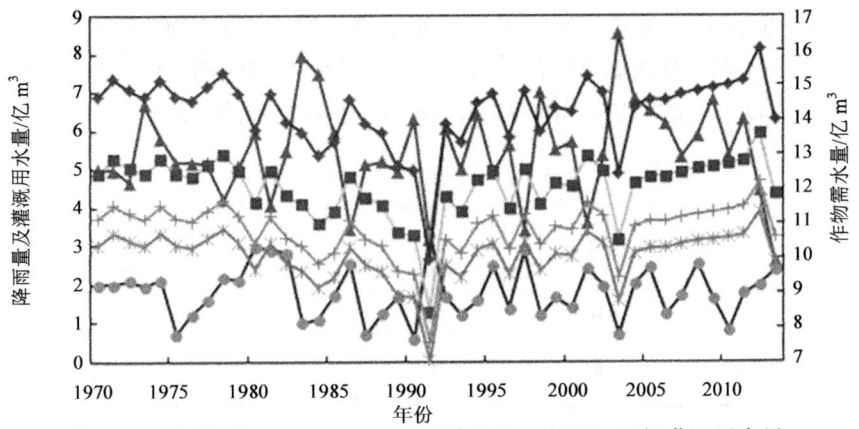

图10.1　陆浑灌区1970—2013的年降雨量、年 ET_c 和年灌溉用水量
（现状方案、规划方案一、规划方案二、规划方案三）数据系列

10.2 各方案下变量的边缘分布与变量间的统计相关性

10.2.1 边缘分布的参数估计

假定陆浑灌区年降雨量和年灌溉用水量服从正态分布，年 ET_c 服从广义极值分布。陆浑灌区年降雨量、年 ET_c、年灌溉用水量的基本统计特征见表 10.2。运用极大似然法来分别估计四个方案的年降雨量、年 ET_c 和年灌溉用水量的边缘分布曲线的统计参数，其结果见表 10.3。

表 10.2 灌区水文变量基本统计特征

变量		均值	最大值	最小值
降雨量/亿 m³		5.4682	8.6368	2.6347
灌溉用水量/亿 m³		1.8147	0.6030	3.2901
ET_c/亿 m³	现状方案	12.0709	8.4516	13.6264
	规划方案一	14.2258	16.059	9.9604
	规划方案二	10.8083	12.2011	7.5676
	规划方案三	1.8147	0.6030	3.2901

表 10.3 边缘分布函数的参数值

参数	降雨量/亿 m³	灌溉用水量/亿 m³	ET_c/亿 m³			
			现状方案	规划方案一	规划方案二	规划方案三
μ	5.4682	1.8147	11.8624	13.9801	10.6216	9.8707
σ	1.2282	0.6764	-0.5067	-0.5067	-0.5067	-0.5067
α			0.9363	1.1035	0.8384	0.7791

10.2.2 边缘分布的假设检验

采用 K-S 检验方法对陆浑灌区水文单变量进行假设检验。取 K-S 检验的显著性水平 $\alpha=0.05$、$n=44$ 时，查柯尔莫格洛夫检验分位数表得，对应的分位点为 0.20056，当边缘分布的检验统计量 D 小于 0.20056 时则通过 K-S 检验，表明拟合情况较好，其计算结果见表 10.4。

表 10.4 水文单变量的 K-S 检验

参数	降雨量/亿 m³	灌溉用水量/亿 m³	ET_c/亿 m³			
			现状方案	规划方案一	规划方案二	规划方案三
统计量 D	0.12008	0.07497	0.12333	0.123347	0.123346	0.123323
是否通过 K-S 检验	通过	通过	通过	通过	通过	通过

除用 K-S 检验统计量来检验拟合效果之外，也可以将陆浑灌区三个水文单变量的理论频率和经验频率绘制成散点图来判断拟合的效果，如图 10.2 至图 10.7 所示。

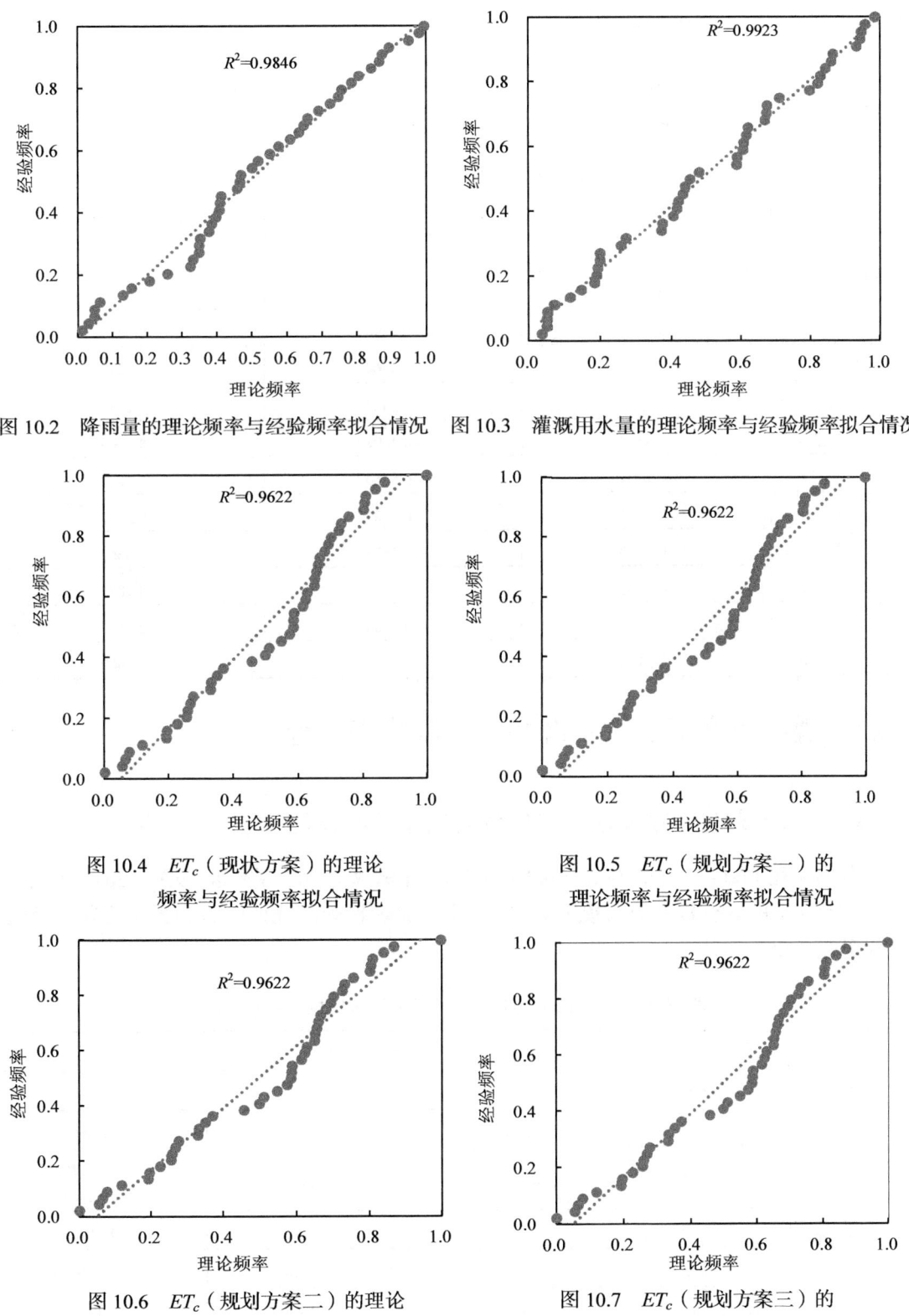

图 10.2 降雨量的理论频率与经验频率拟合情况　　图 10.3 灌溉用水量的理论频率与经验频率拟合情况

图 10.4 ET_c（现状方案）的理论频率与经验频率拟合情况

图 10.5 ET_c（规划方案一）的理论频率与经验频率拟合情况

图 10.6 ET_c（规划方案二）的理论频率与经验频率拟合情况

图 10.7 ET_c（规划方案三）的理论频率与经验频率拟合情况

10.2.3 变量间的统计相关性

采用前述的相关性指标 r、τ、ρ 来分别度量四个方案的年降雨量、年 ET_c 和年灌溉用水量这三个水文变量间的相依性，得到的相关关系值见表10.5。

表10.5 各个方案的水文单变量间相关关系计算结果

方案		降雨量与 ET_c	降雨量与灌溉用水量	ET_c 与灌溉用水量
现状方案	r	−0.1301	−0.5364	0.1077
	τ	−0.2304	−0.3383	0.2537
	ρ	−0.3180	−0.4698	0.3669
方案一	r	−0.1301	−0.5364	0.1077
	τ	−0.2304	−0.3383	0.2537
	ρ	−0.3180	−0.4698	0.3669
方案二	r	−0.1301	−0.5364	0.1077
	τ	−0.2304	−0.3383	0.2537
	ρ	−0.3180	−0.4698	0.3669
方案三	r	−0.1301	−0.5364	0.1077
	τ	−0.2304	−0.3383	0.2537
	ρ	−0.3180	−0.4698	0.3669

10.3 现状方案下的水资源短缺风险模型构建

10.3.1 降雨量与作物需水量二维联合概率分布模型

分别采用 Frank、Gaussian、Student t Copula 函数构建陆浑灌区1970—2013年的年降雨量和年 ET_c 的联合概率分布模型。参数估计、K-S检验的统计量 D 以及拟合优度评价的结果见表10.6。

表10.6 Copula 函数计算、检验和评价结果（现状方案）

Kendall 秩相关系数	参数与指标	Copula 函数 类型		
		Frank	Gaussian	Student t
−0.2304	θ	−2.1680	−0.1783	$\rho = -0.3294$ $\nu = 5.4603$
	D	0.1249	0.1188	0.1190
	OLS	0.0492	0.0504	0.0486
	AIC	−263.0394	−260.9304	−264.1382

图 10.8~图 10.10 分别表示运用 Frank、Gaussian、Student t Copula 函数构建的陆浑灌区的年降雨量和年 ET_c 的联合概率分布模型。

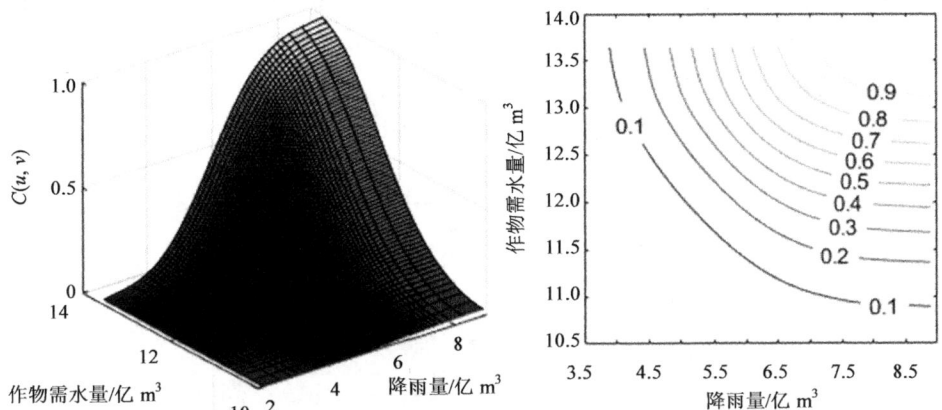

图 10.8　基于 Frank Copula 的降雨量和 ET_c 的联合分布及其等值线图（现状方案）

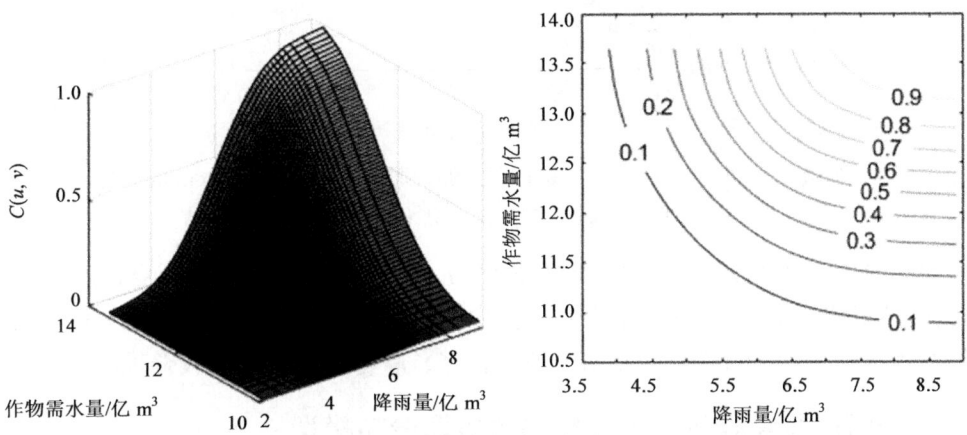

图 10.9　基于 Gaussian Copula 的降雨量和 ET_c 的联合分布及其等值线图（现状方案）

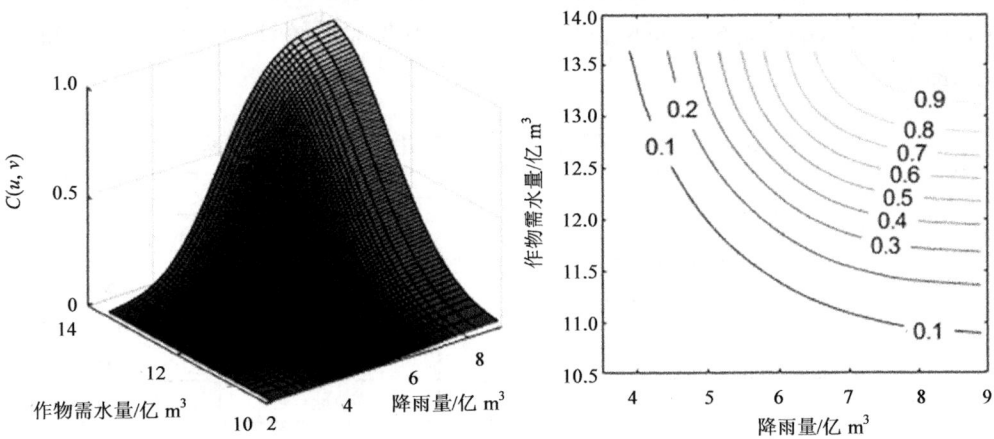

图 10.10　基于 Student t Copula 的降雨量和 ET_c 的联合分布及其等值线图（现状方案）

由表 10.6 中的检验统计量 D 值可知,三种 Copula 联结函数的 K-S 检验统计量 D 均小于临界值 0.20056,因此三种 Copula 函数均能够构建陆浑灌区年降雨量与年 ET_c 的联合分布模型。由柯尔莫格洛夫检验分位数表和拟合优度的评价指标可知,运用 Student t Copula 函数构建的联合分布模型的 OLS 和 AIC 指标最小,所以选取 Student t Copula 函数模型为拟合最优的函数模型。图 10.11 为由 Student t Copula 函数建立的联合概率分布模型所得的经验 Copula 值域理论 Copula 值的拟合情况的直观散点图。

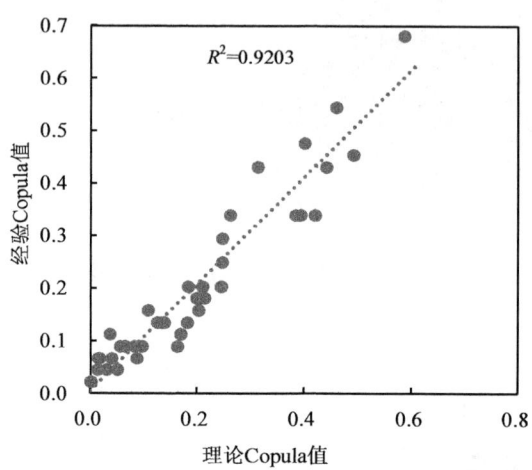

图 10.11　基于 Student t Copula 函数的降雨量与 ET_c 的经验 Copula 值与理论 Copula 值拟合情况(现状方案)

由图 10.11 可知,陆浑灌区年降雨量和年 ET_c 的理论 Copula 值和经验 Copula 值的相关性很高,K-S 检验统计量 D 的结果在临界值内,由 Student t Copula 函数建立的联合分布模型对年降雨量和年 ET_c 的联合分布情况拟合较好,联合概率模型比较合理。

10.3.2　降雨量与灌溉用水量二维联合概率分布模型

分别用 Frank、Gaussian 和 Student t Copula 函数建立陆浑灌区 1970—2013 年的年降雨量与年灌溉用水量的联合分布模型。参数估计、K-S 检验的统计量 D 以及拟合优度评价的结果见表 10.7。

表 10.7　Copula 函数计算、检验和评价结果(现状方案)

Kendall 秩相关系数	参数与指标	Copula 函数 类型		
		Frank	Gaussian	Student t
-0.3383	θ	-3.3656	-0.5364	$\rho = -0.5433$ $v = 4670662.3100$
	D	0.1109	0.1061	0.1051
	OLS	0.0511	0.0514	0.0517
	AIC	-259.7109	-259.1222	-258.6441

图 10.12~图 10.14 分别表示运用 Frank、Gaussian、Student t Copula 函数构建的陆浑灌区的年降雨量和年灌溉用水量的联合概率分布模型。

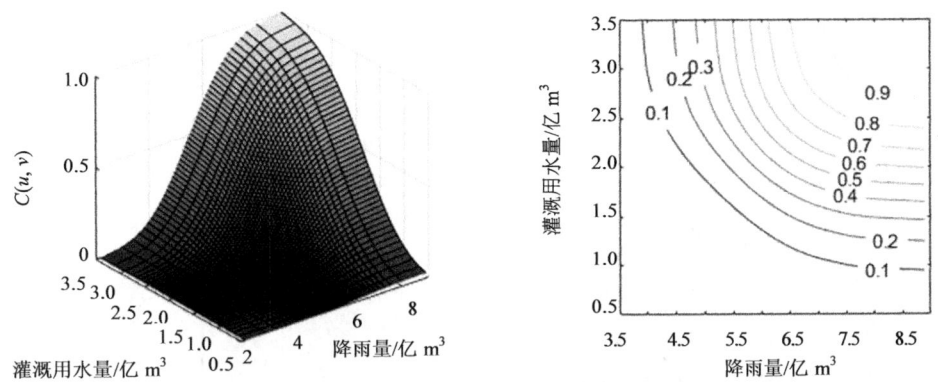

图 10.12　基于 Frank Copula 的降雨量和灌溉用水量的联合分布及其等值线图（现状方案）

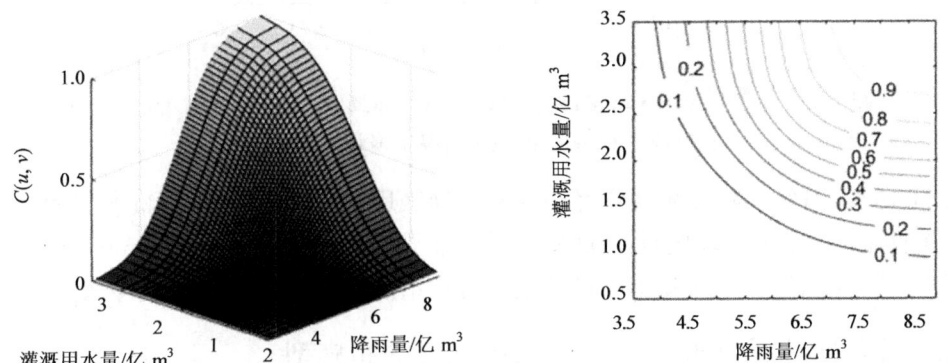

图 10.13　基于 Gaussian Copula 的降雨量和灌溉用水量的联合分布及其等值线图（现状方案）

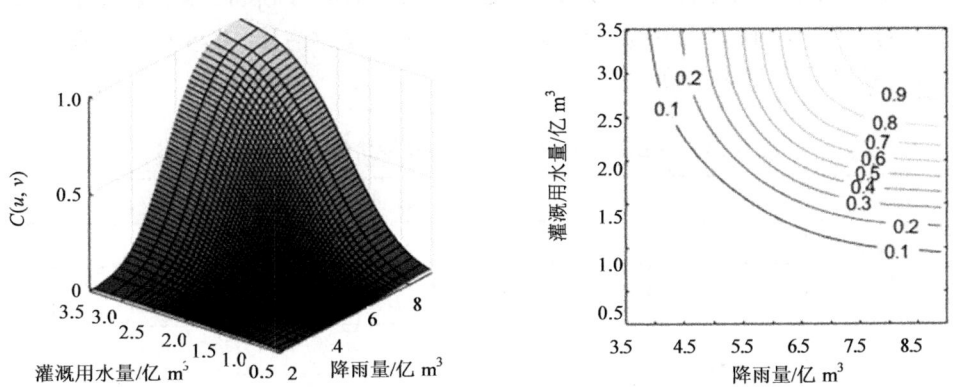

图 10.14　基于 Student t Copula 的降雨量和灌溉用水量的联合分布及其等值线图（现状方案）

由表 10.7 中的检验统计量 D 的值可知，三种 Copula 联结函数的 K-S 检验统计量 D 均小于临界值 0.20056，因此三种 Copula 函数均能够构建陆浑灌区年降雨量与年灌溉用水量的联合分布模型。由柯尔莫格洛夫检验分位数表和拟合优度的评价指标可知，运用 Frank Copula 函数构建的联合分布模型的 OLS 和 AIC 指标最小，所以选取 Frank Copula 函数模型为拟合最优的函数模型。图 10.15 为由 Frank Copula 函数建立的联合分布模型所得的经验 Copula 值与理论 Copula 值的拟合情况的直观散点图。

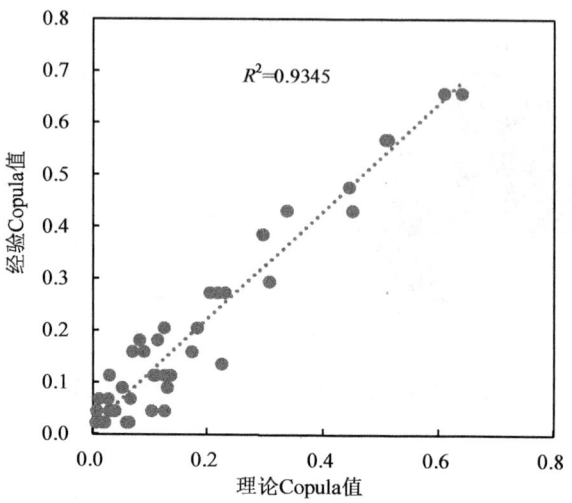

图 10.15　基于 Frank Copula 函数的降雨量与灌溉用水量的经验 Copula 值与理论 Copula 值拟合情况（现状方案）

由图 10.15 可知，陆浑灌区年降雨量和年灌溉用水量的理论 Copula 值和经验 Copula 值的相关性很高，K-S 检验统计量 D 的结果在临界值内，由 Frank Copula 函数建立的联合分布模型对年降雨量和年灌溉用水量的联合分布情况拟合较好，联合概率模型比较合理。

10.3.3　作物需水量和灌溉用水量二维联合分布模型

分别用 Frank、Clayton、Gumbel、Gaussian、Student t Copula 函数建立陆浑灌区 1970—2013 年的 ET_c 与灌溉用水量的联合概率分布模型。参数估计、K-S 检验的统计量 D 以及拟合优度评价的结果见表 10.8。

表 10.8　Copula 函数计算、检验和评价结果（现状方案）

Kendal 秩相关系数	参数与指标	Copula 函数 类型				
		Clayton	Frank	Gumbel	Gaussian	Student t
0.2537	θ	0.6799	2.4110	1.3399	0.1401	ρ=0.4213 v=3.4297
	D	0.1121	0.1044	0.1119	0.1246	0.1083
	OLS	0.0428	0.0413	0.0413	0.0564	0.0394
	AIC	−275.3937	−278.4464	−278.4320	−251.0864	−282.5552

图 10.16～图 10.20 分别表示运用 Frank、Clayton、Gumbel、Gaussian、Student t Copula 函数构建的陆浑灌区的年 ET_c 和年灌溉用水量的联合概率分布模型。

10.3 现状方案下的水资源短缺风险模型构建

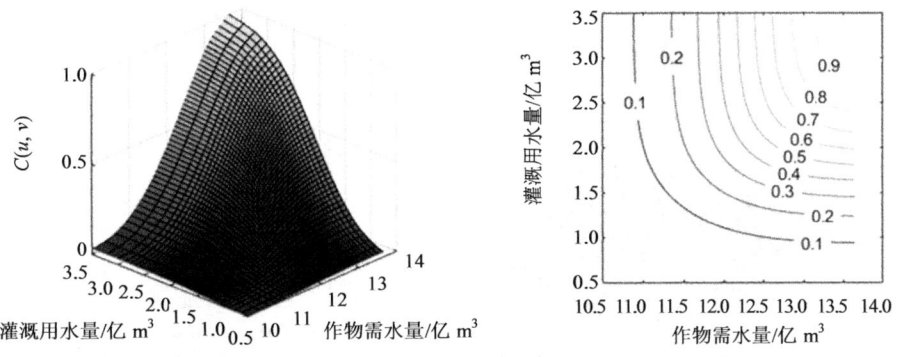

图 10.16　基于 Frank Copula 的 ET_c 和灌溉用水量的联合分布及其等值线图（现状方案）

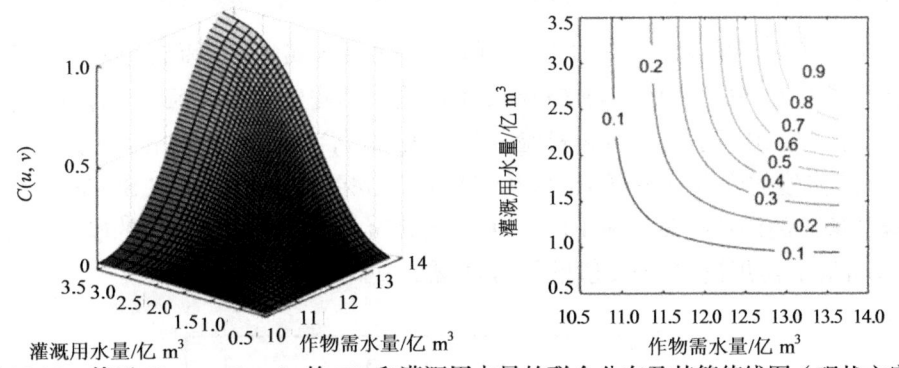

图 10.17　基于 Clayton Copula 的 ET_c 和灌溉用水量的联合分布及其等值线图（现状方案）

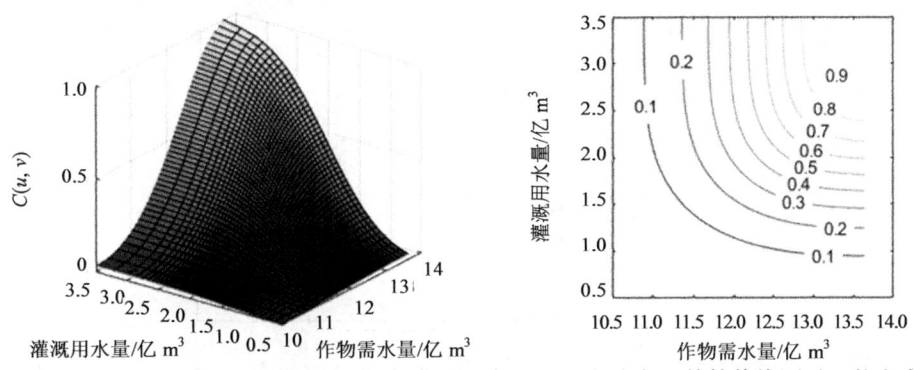

图 10.18　基于 Gumbel Copula 的 ET_c 和灌溉用水量的联合分布及其等值线图（现状方案）

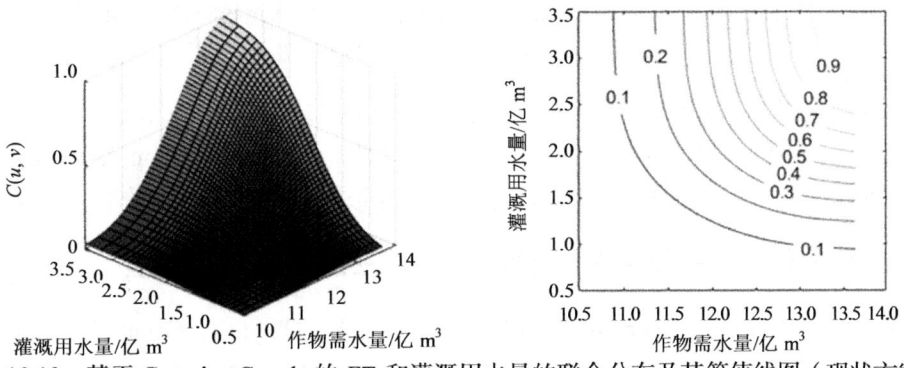

图 10.19　基于 Gaussian Copula 的 ET_c 和灌溉用水量的联合分布及其等值线图（现状方案）

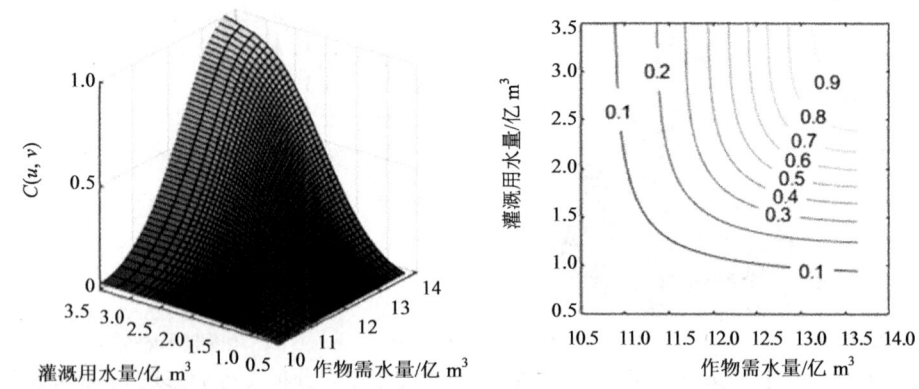

图 10.20　基于 Student t Copula 的 ET_c 和灌溉用水量的联合分布及其等值线图（现状方案）

由表 10.18 中的检验统计量 D 的值可知，五种 Copula 联结函数的 K-S 检验统计量 D 均小于临界值 0.20056，因此五种 Copula 函数均能够构建陆浑灌区年 ET_c 和年灌溉用水量的联合分布模型。由柯尔莫格洛夫检验分位数表和拟合优度的评价指标可知，运用 Student t Copula 函数构建的联合分布模型的 OLS 和 AIC 指标最小，所以选取 Student t Copula 函数模型为拟合最优的函数模型。图 10.21 为由 Student t Copula 函数建立的联合分布模型所得的经验 Copula 值与理论 Copula 值的拟合情况的直观散点图。

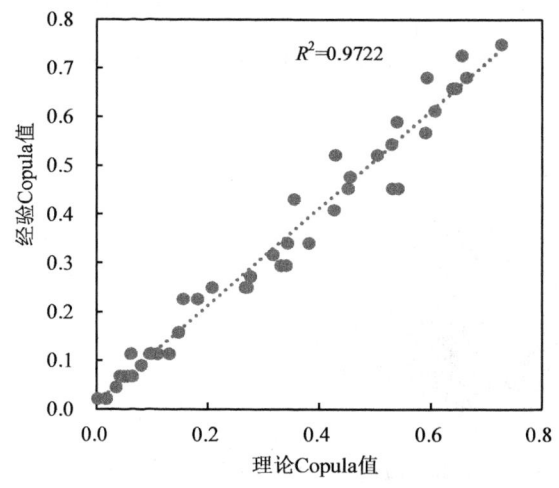

图 10.21　基于 Student t Copula 函数的 ET_c 与灌溉用水量的经验 Copula 值与理论 Copula 值拟合情况（现状方案）

由图 10.21 可知，陆浑灌区年 ET_c 和年灌溉用水量的理论 Copula 值和经验 Copula 值的相关性很高，K-S 检验统计量 D 结果在临界值之内，由 Student t Copula 函数建立的联合分布模型对年 ET_c 和年灌溉用水量的联合分布情况拟合较好，联合分布模型比较合理。

10.3.4　降雨量、作物需水量和灌溉用水量三维联合分布模型

分别运用对称性 Archimedean Copula 函数（Frank、Clayton、Gumbel Copula）和椭圆 Copula 函数（Gaussian、Student t Copula）建立陆浑灌区 1970—2013 年的年降雨量、年

ET_c 和年灌溉用水量的联合分布模型。参数估计、K-S 检验的统计量 D 以及拟合优度评价的结果见表 10.9。

表 10.9 Copula 函数计算、检验和评价结果

参数与指标	Copula 函数类型				
	Frank	Gumbel	Clayton	Gaussianπ	Student t
θ	−0.9932	0.9875	0.0076	$\rho_{12}=-0.1783$ $\rho_{13}=-0.5364$ $\rho_{23}=0.1401$	$\rho_{12}=-0.3286$ $\rho_{13}=-0.4921$ $\rho_{23}=0.3491$ $v=7.1946$
D	0.1315	0.1515	0.1558	0.1480	0.1287
OLS	0.0455	0.0485	0.0497	0.0447	0.0407
AIC	−269.8630	−264.3680	−262.1000	−267.4240	−275.6470

图 10.22~图 10.26 分别表示运用 Frank、Clayton、Gumbel、Gaussian、Student t Copula 函数构建的陆浑灌区的年降雨量、年 ET_c 和年灌溉用水量的联合概率分布模型。

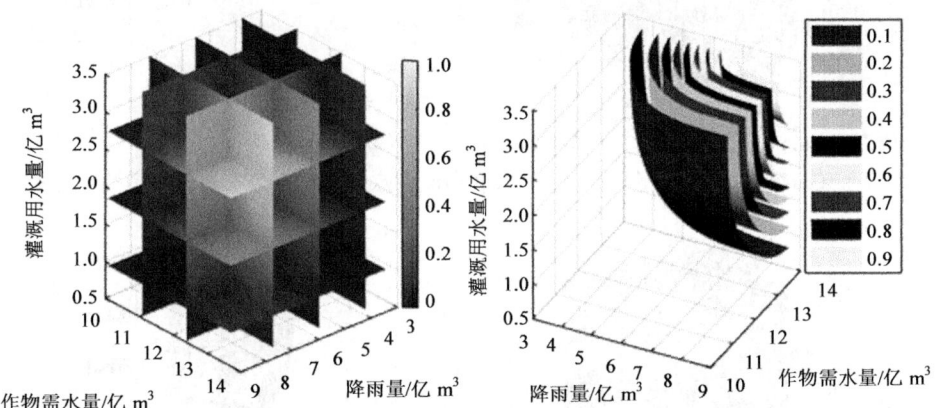

图 10.22 基于 Frank Copula 的降雨量、ET_c 和灌溉用水量的联合分布及其等值线图（现状方案）

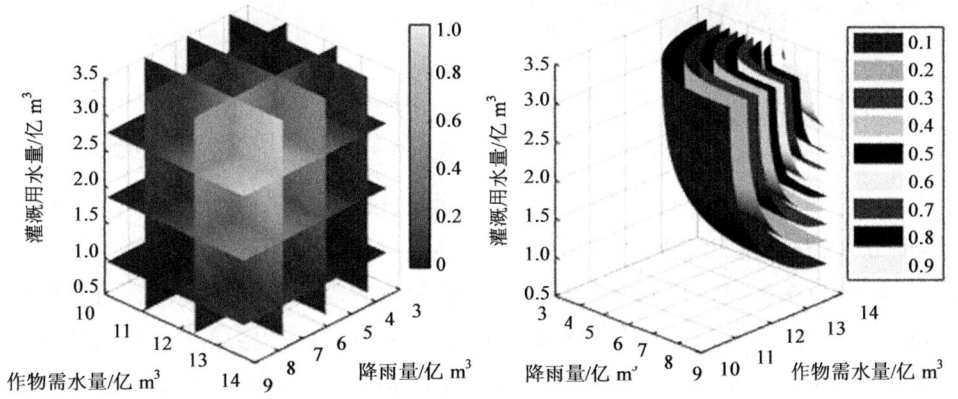

图 10.23 基于 Clayton Copula 的降雨量、ET_c 和灌溉用水量的联合分布及其等值线图（现状方案）

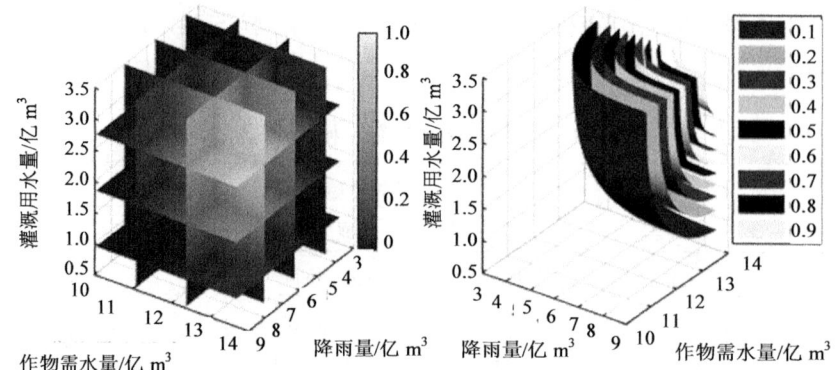

图 10.24　基于 Gumbel Copula 的降雨量、ET_c 和灌溉用水量的联合分布及其等值线图（现状方案）

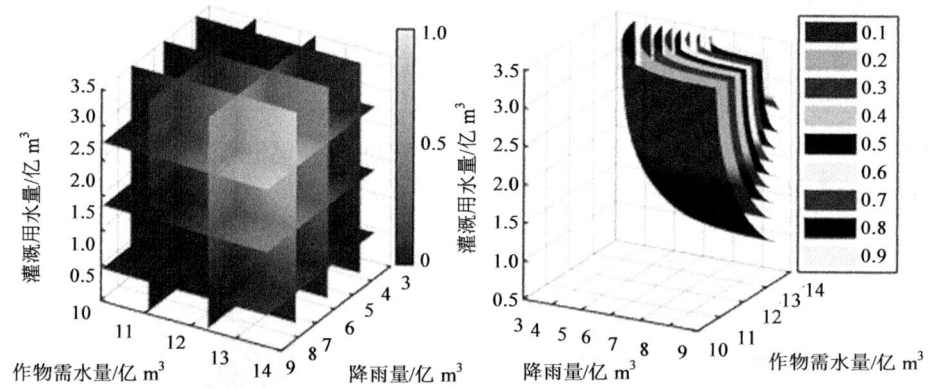

图 10.25　基于 Gaussian Copula 的降雨量、ET_c 和灌溉用水量的联合分布及其等值线图（现状方案）

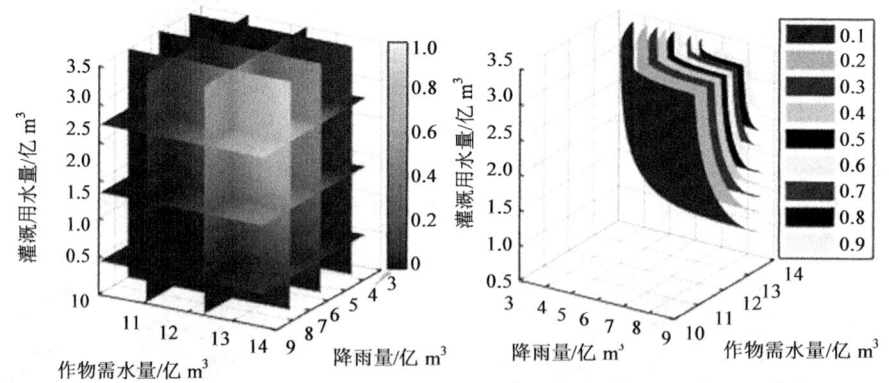

图 10.26　基于 Student t Copula 的降雨量、ET_c 和灌溉用水量的联合分布及其等值线图（现状方案）

由表 10.9 中的检验统计量 D 的值可知，五种 Copula 联结函数的 K-S 检验统计量 D 均小于临界值 0.20056，因此五种 Copula 函数均能够构建陆浑灌区年降雨量、年 ET_c 和年灌溉用水量的联合分布模型。由柯尔莫格洛夫检验分位数表和拟合优度的评价指标可知，运用 Student t Copula 函数构建的联合分布模型的 OLS 和 AIC 指标最小，所以选取 Student t Copula 函数模型为拟合最优的函数模型。图 10.27 为由 Student t Copula 函数建立的联合分布模型所得的经验 Copula 值与理论 Copula 值的拟合情况的直观散点图。

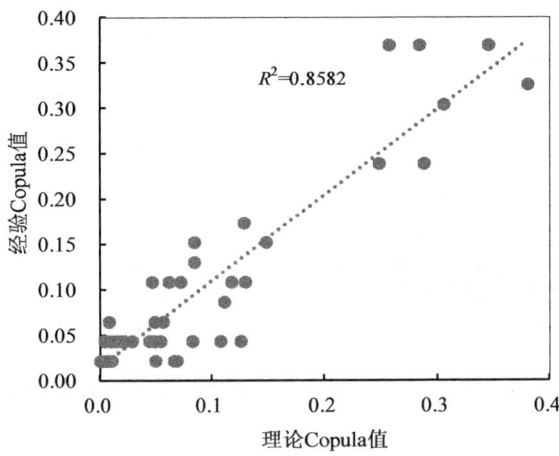

图 10.27 基于 Student t Copula 函数的降雨量、ET_c 和灌溉用水量的经验 Copula 值与理论 Copula 值拟合情况（现状方案）

由图 10.27 可知，陆浑灌区年降雨量、年 ET_c 和年灌溉用水量的理论 Copula 值和经验 Copula 值的相关性很高，K-S 检验统计量 D 结果在临界值之内，由 Student t Copula 函数建立的联合分布模型对年降雨量、年 ET_c 和年灌溉用水量的联合分布情况拟合较好，联合分布模型比较合理。

10.4 规划方案一下的水资源短缺风险模型构建

10.4.1 降雨量与作物需水量的二维联合概率分布模型

分别用 Frank、Gaussian、Student t Copula 函数建立陆浑灌区 1970—2013 年的年降雨量与年 ET_c 的联合概率分布模型。参数估计、K-S 检验的统计量 D 以及拟合优度评价的结果见表 10.10。

表 10.10 Copula 函数计算、检验和评价结果（规划方案一）

Kendall 秩相关系数	参数与指标	Copula 函数 类型		
		Frank	Gaussian	Student t
-0.2304	θ	-2.168	-0.1783	$\rho = -0.3294$ $\nu = 5.4595$
	D	0.1249	0.1188	0.1190
	OLS	0.0492	0.0504	0.0486
	AIC	-263.0356	-260.9278	-264.1348

图 10.28 ~ 图 10.30 分别表示运用 Frank、Gaussian、Student t Copula 函数构建的陆浑灌区的年降雨量和年 ET_c 的联合概率分布模型。

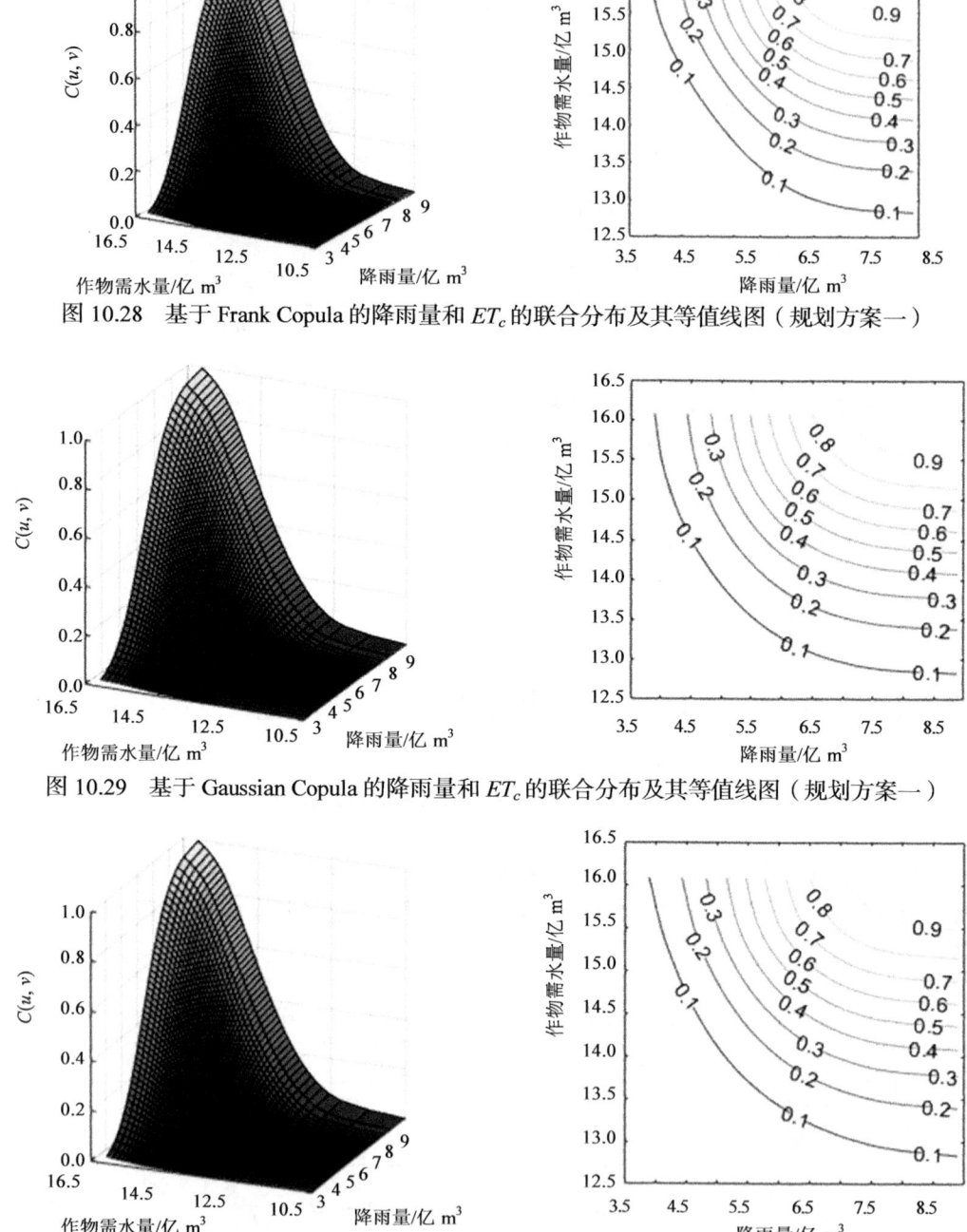

图 10.28　基于 Frank Copula 的降雨量和 ET_c 的联合分布及其等值线图（规划方案一）

图 10.29　基于 Gaussian Copula 的降雨量和 ET_c 的联合分布及其等值线图（规划方案一）

图 10.30　基于 Studenet t Copula 的降雨量和 ET_c 的联合分布及其等值线图（规划方案一）

由表 10.10 中的检验统计量 D 的值可知，三种 Copula 联结函数的 K-S 检验统计量 D 均小于临界值 0.20056，因此三种 Copula 函数均能够构建陆浑灌区年降雨量与年 ET_c 的联合分布模型。由柯尔莫格洛夫检验分位数表和拟合优度的评价指标可知，运用 Student t Copula 函数构建的联合概率分布模型的 OLS 和 AIC 指标最小，所以选取 Student t Copula

函数模型为最优的函数模型。图 10.31 为由 Student t Copula 函数建立的联合分布模型所得的经验 Copula 值与理论 Copula 值的拟合情况的直观散点图。

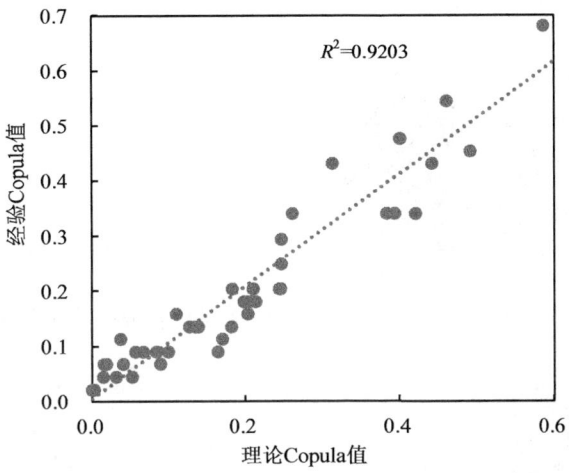

图 10.31 基于 Student t Copula 函数的降雨量和 ET_c 的经验 Copula 值与理论 Copula 值拟合情况（规划方案一）

由图 10.31 可知，陆浑灌区年降雨量和年 ET_c 的理论 Copula 值和经验 Copula 值的相关性很高，K-S 检验统计量 D 的结果在临界值之内，由 Student t Copula 函数建立的联合分布模型对年降雨量和年 ET_c 的联合分布情况拟合较好，联合概率模型比较合理。

10.4.2 降雨量与灌溉用水量二维联合概率分布模型

分别用 Frank、Gaussian 和 Student t Copula 函数建立陆浑灌区 1970—2013 年的年降雨量与年灌溉用水量的联合分布模型。参数估计、K-S 检验的统计量 D 以及拟合优度评价的结果见表 10.11。

表 10.11 Copula 函数计算、检验和评价结果（规划方案一）

Kendall 秩相关系数	参数与指标	Copula 函数类型		
		Frank	Gaussian	Student t
-0.3383	θ	-3.3656	-0.5364	$\rho=-0.5433$ $v=4670662.3100$
	D	0.1109	0.1061	0.1051
	OLS	0.0511	0.0514	0.0517
	AIC	-259.7109	-259.1222	-258.6441

图 10.32~图 10.34 分别表示运用 Frank、Gaussian、Student t Copula 函数构建的陆浑灌区的年降雨量和年灌溉用水量的联合概率分布模型。

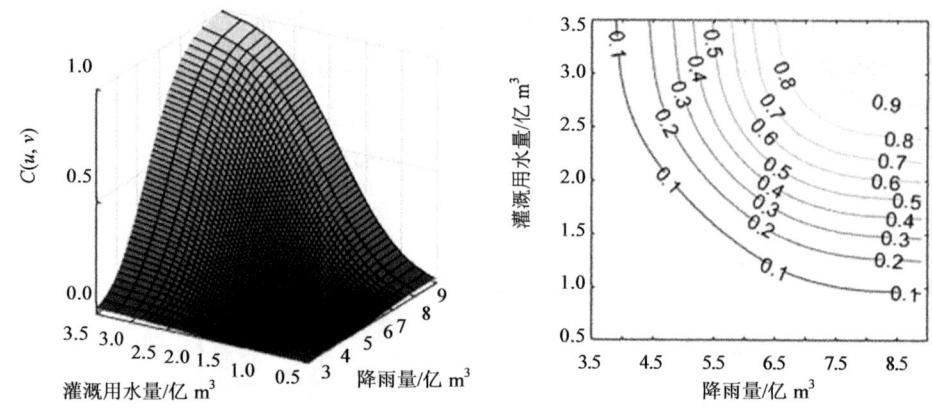

图 10.32　基于 Frank Copula 的降雨量和灌溉用水量的联合分布及其等值线图（规划方案一）

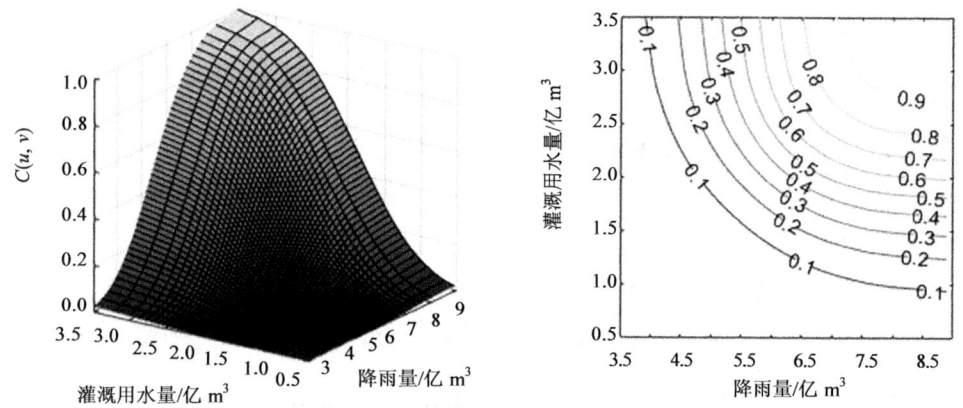

图 10.33　基于 Gaussian Copula 的降雨量和灌溉用水量的联合分布及其等值线图（规划方案一）

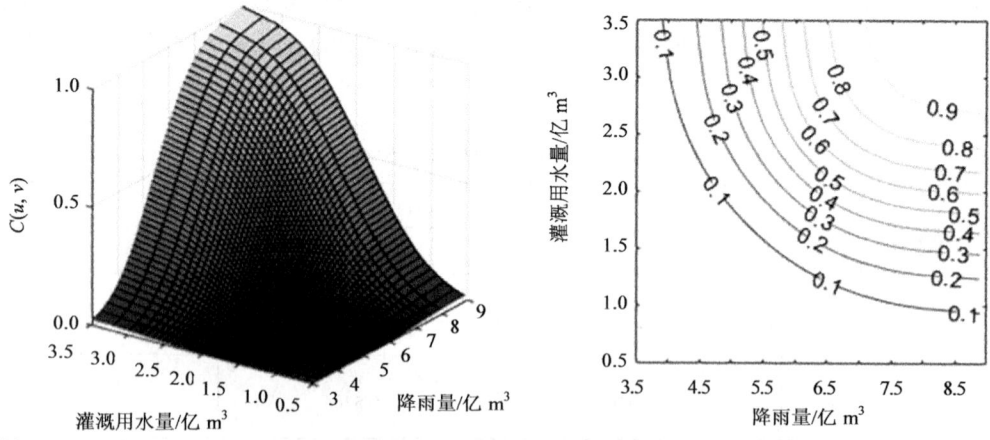

图 10.34　基于 Student t Copula 的降雨量和灌溉用水量的联合分布及其等值线图（规划方案一）

由表 10.11 中的检验统计量 D 的值可知，三种 Copula 联结函数的 K-S 检验统计量 D 均小于临界值 0.20056，因此三种 Copula 函数均能够构建陆浑灌区年降雨量与年灌溉用水量的联合分布模型。由柯尔莫格洛夫检验分位数表和拟合优度的评价指标可知，运用 Frank Copula 函数构建的联合概率分布模型的 OLS 和 AIC 指标最小，所以选取 Frank Copula 函数模型为最优的函数模型。图 10.35 为由 Frank Copula 函数建立的联合分布模型所得的经验 Copula 值与理论 Copula 值的拟合情况的直观散点图。

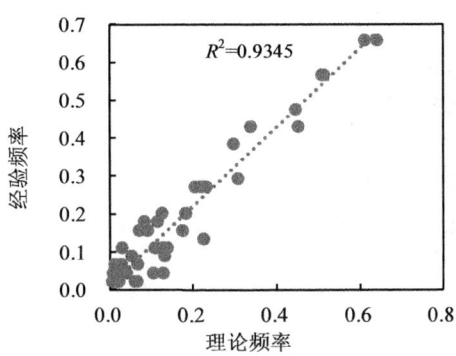

图 10.35　基于 Frank Copula 函数的降雨量和灌溉用水量的经验 Copula 值与理论 Copula 值拟合情况（规划方案一）

由图 10.35 可知，陆浑灌区年降雨量和年灌溉用水量的理论 Copula 值和经验 Copula 值的相关性很高，K-S 检验统计量 D 的结果在临界值内，由 Frank Copula 函数建立的联合分布模型对年降雨量和年灌溉用水量的联合分布情况拟合较好，联合概率模型比较合理。

10.4.3　作物需水量和灌溉用水量二维联合概率分布模型

分别用 Frank、Clayton、Gumbel、Gaussian、Student t Copula 函数建立陆浑灌区 1970—2013 年的 ET_c 与灌溉用水量的联合概率分布模型。参数估计、K-S 检验的统计量 D 以及拟合优度评价的结果见表 10.12。

表 10.12　Copula 函数计算、检验和评价结果（规划方案一）

Kendall 秩相关系数	参数与指标	Copula 函数 类型				
		Clayton	Frank	Gumbel	Gaussian	Student t
0.2537	θ	0.6799	2.4110	1.3399	0.1401	$\rho = 0.4213$ $v = 3.4293$
	D	0.1121	0.1044	0.1119	0.1246	0.1083
	OLS	0.0428	0.0413	0.0413	0.0564	0.0394
	AIC	−275.3887	−278.4431	−278.4296	−251.0828	−282.5530

图 10.36～图 10.40 分别表示运用 Frank、Clayton、Gumbel、Gaussian、Student t Copula 函数构建的陆浑灌区的年 ET_c 和年灌溉用水量的联合概率分布模型。

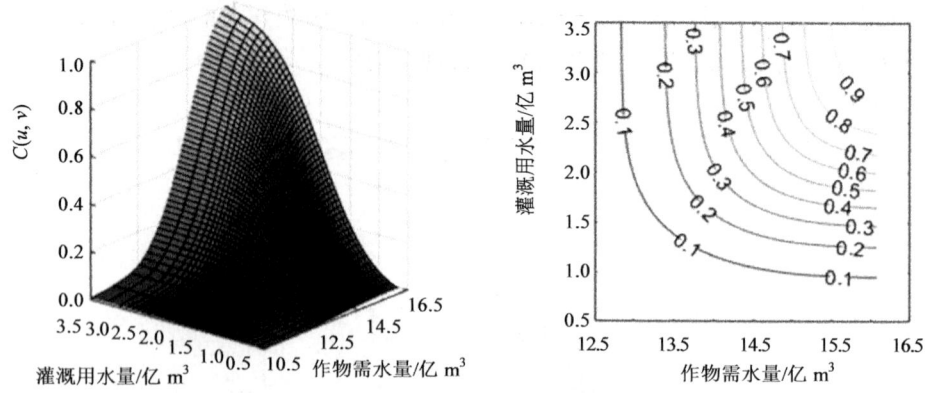

图 10.36 基于 Frank Copula 的 ET_c 和灌溉用水量的联合分布及其等值线图（规划方案一）

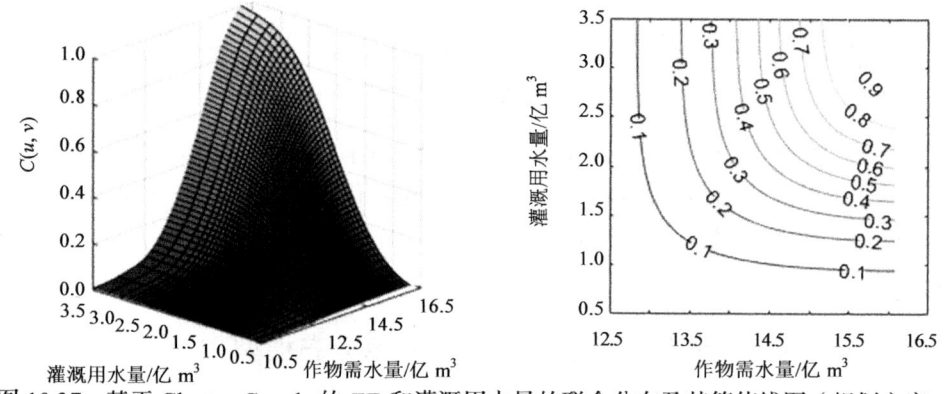

图 10.37 基于 Clayton Copula 的 ET_c 和灌溉用水量的联合分布及其等值线图（规划方案一）

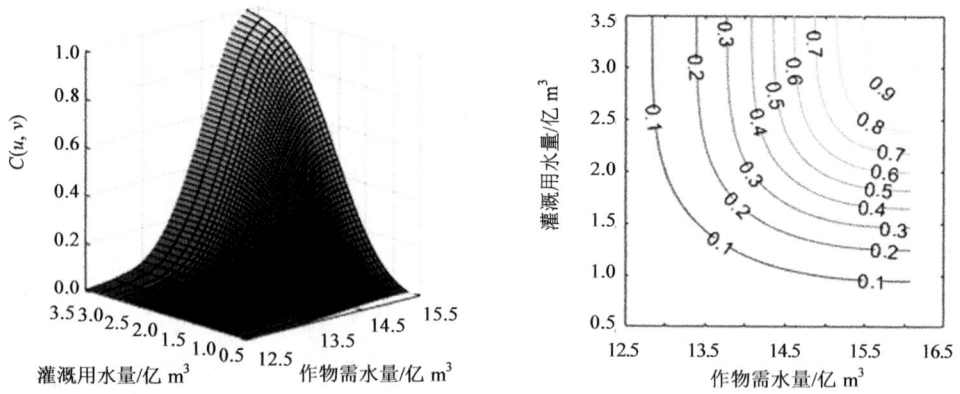

图 10.38 基于 Gumbel Copula 的 ET_c 和灌溉用水量的联合分布及其等值线图（规划方案一）

由表 10.12 中的检验统计量 D 的值可知，五种 Copula 联结函数的 K-S 检验统计量 D 均小于临界值 0.20056，因此五种 Copula 函数均能够构建陆浑灌区年 ET_c 和年灌溉用水量的联合分布模型。由柯尔莫格洛夫检验分位数表和拟合优度的评价指标可知，运用 Student t Copula 函数构建的联合概率分布模型的 OLS 和 AIC 指标最小，所以选取 Student t Copula 函数模型为最优的函数模型。图 10.41 为由 Student t Copula 函数建立的联合分布模型所得的经验 Copula 值与理论 Copula 值的拟合情况的直观散点图。

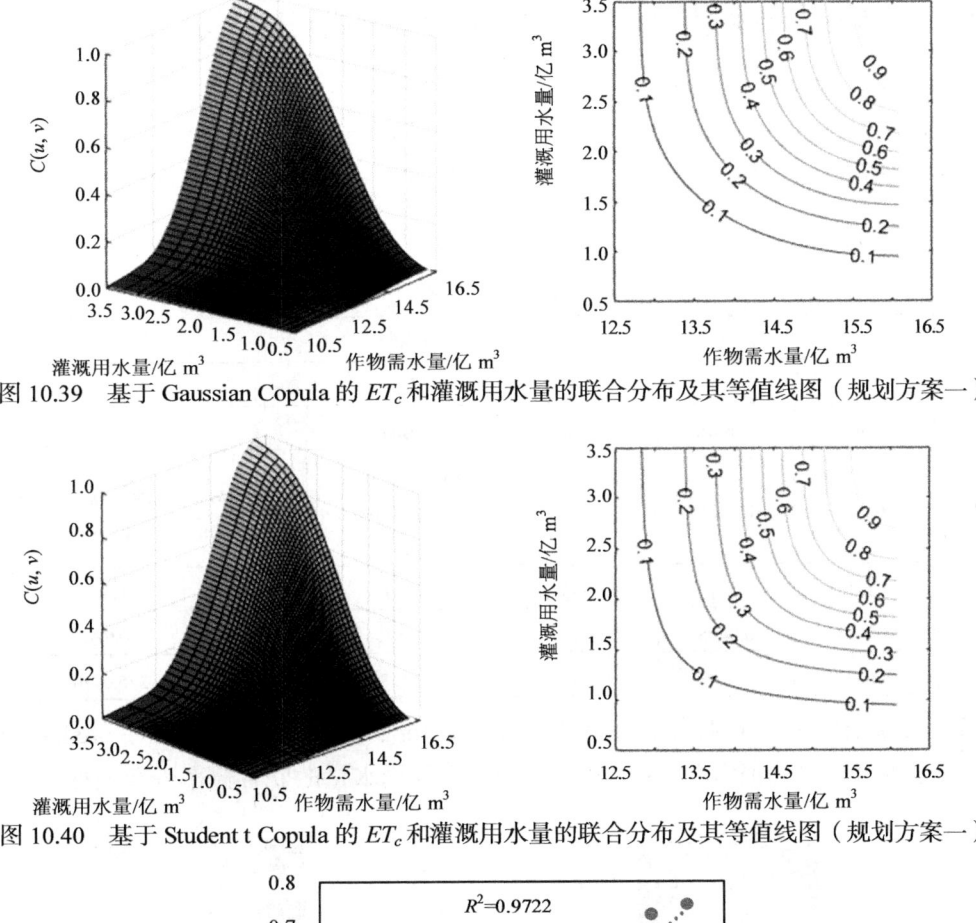

图 10.39　基于 Gaussian Copula 的 ET_c 和灌溉用水量的联合分布及其等值线图（规划方案一）

图 10.40　基于 Student t Copula 的 ET_c 和灌溉用水量的联合分布及其等值线图（规划方案一）

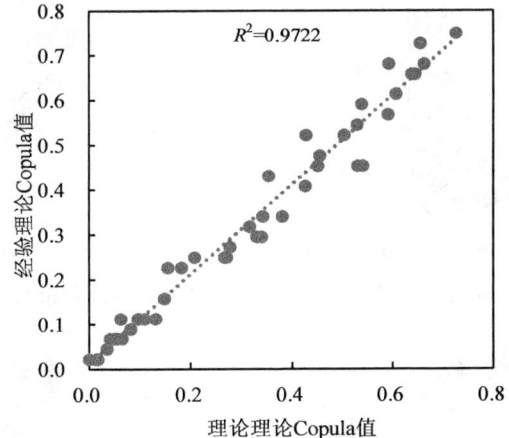

图 10.41　基于 Student t Copula 函数的 ET_c 与灌溉用水量的经验 Copula 值与
理论 Copula 值拟合情况（规划方案一）

由图 10.41 可知，陆浑灌区年 ET_c 和年灌溉用水量的理论 Copula 值和经验 Copula 值的相关性很高，K-S 检验统计量 D 结果在临界值之内，由 Student t Copula 函数建立的联合分布模型对年 ET_c 和年灌溉用水量的联合分布情况拟合较好，联合分布模型比较合理。

10.4.4 降雨量、作物需水量和灌溉用水量三维联合概率分布模型

分别运用对称型 Archimedean Copula 函数（Frank、Clayton、Gumbel Copula）和椭圆 Copula 函数（Gaussian、Student t Copula）建立陆浑灌区 1970—2013 年的年降雨量、年 ET_c 和年灌溉用水量的联合分布模型。参数估计、K-S 检验的统计量 D 以及拟合优度评价的结果见表 10.13。

表 10.13　Copula 函数计算、检验和评价结果（规划方案一）

参数与指标	Copula 函数类型				
	Frank	Gumbel	Clayton	Gaussian	Student t
θ	−0.9933	0.9875	0.0076	$\rho_{12}=-0.1783$ $\rho_{13}=-0.5364$ $\rho_{23}=0.1401$	$\rho_{12}=-0.3286$　$\rho_{13}=-0.4921$ $\rho_{23}=0.3491$　$v=7.1935$
D	0.1316	0.1515	0.1558	0.1480	0.1287
OLS	0.0455	0.0485	0.0497	0.0447	0.0407
AIC	−269.8620	−264.3690	−262.1000	−267.4230	−275.6470

图 10.42~图 10.46 分别表示运用 Frank、Clayton、Gumbel、Gaussian、Student t Copula 函数构建的陆浑灌区的年降雨量、年 ET_c 和年灌溉用水量的联合概率分布模型。

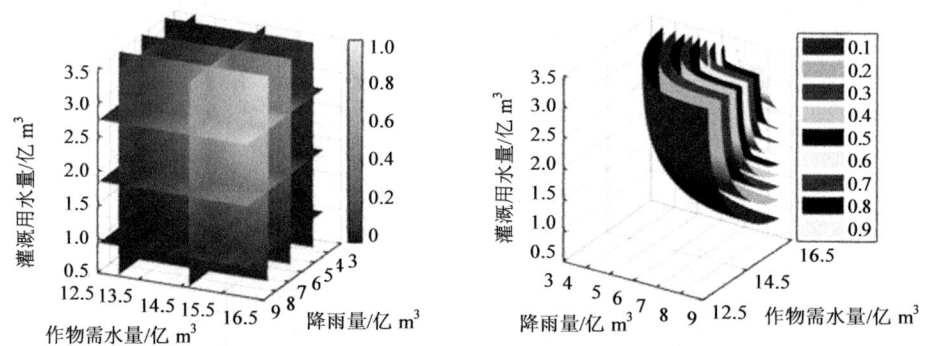

图 10.42　基于 Frank Copula 的降雨量、ET_c 和灌溉用水量的联合分布及其等值线图（规划方案一）

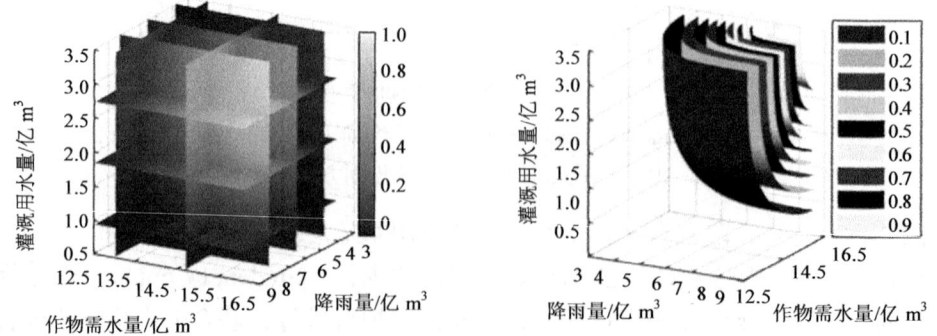

图 10.43　基于 Clayton Copula 的降雨量、ET_c 和灌溉用水量的联合分布及其等值线图（规划方案一）

10.4 规划方案一下的水资源短缺风险模型构建

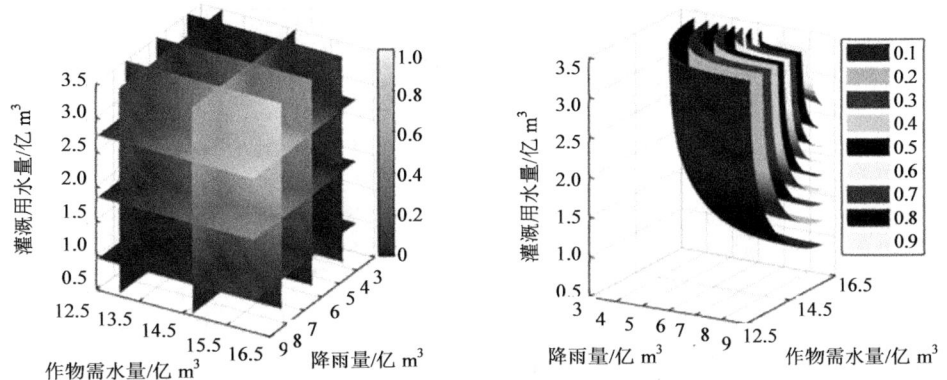

图 10.44　基于 Gumbel Copula 的降雨量、ET_c 和灌溉用水量的联合分布及其等值线图（规划方案一）

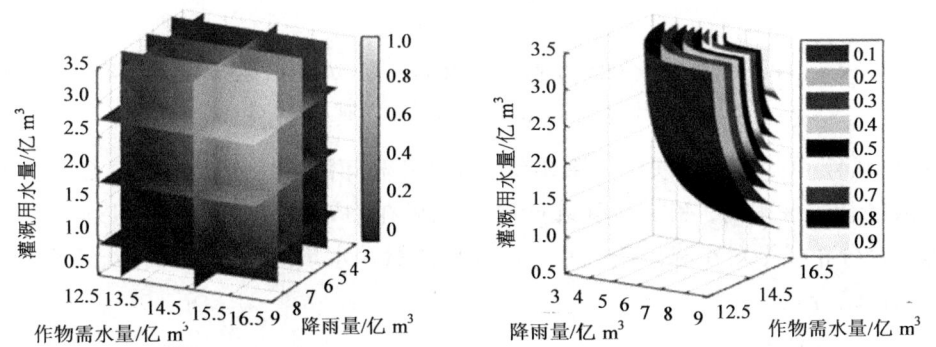

图 10.45　基于 Gaussian Copula 的降雨量、ET_c 和灌溉用水量的联合分布及其等值线图（规划方案一）

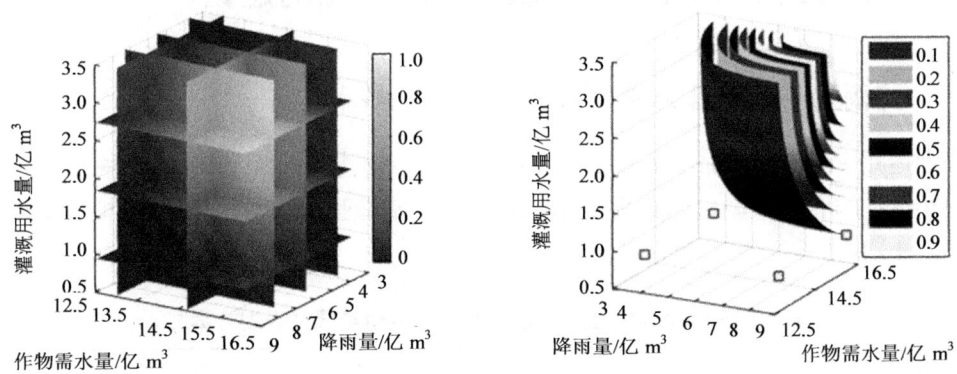

图 10.46　基于 Student t Copula 的降雨量、ET_c 和灌溉用水量的联合分布及其等值线图（规划方案一）

由表 10.13 中的检验统计量 D 的值可知，五种 Copula 联结函数的 K-S 检验统计量 D 均小于临界值 0.20056，因此五种 Copula 函数均能构建陆浑灌区年降雨量、年 ET_c 和年灌溉用水量的联合分布模型。由柯尔莫格洛夫检验分位数表和拟合优度的评价指标可知，运用 Student t Copula 函数构建的联合概率分布模型的 OLS 和 AIC 指标最小，所以选取 Student t Copula 函数模型为最优的函数模型。图 10.47 为由 Student t Copula 函数建立的联合分布模型所得的经验 Copula 值与理论 Copula 值的拟合情况的直观散点图。

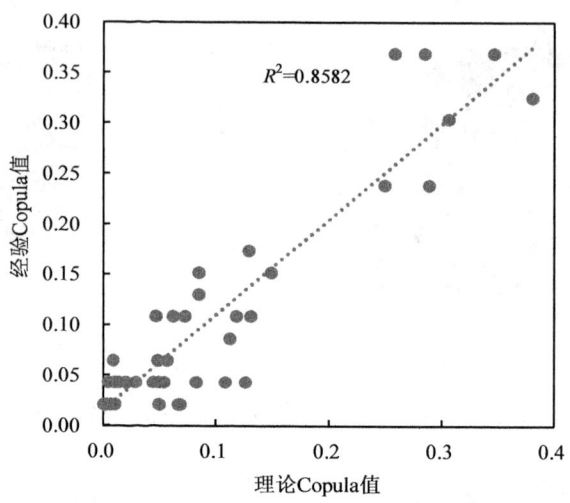

图 10.47 基于 Student t Copula 函数的灌区年降雨量、年 ET_c 和年灌溉用水量的经验 Copula 值与理论 Copula 值拟合情况（规划方案一）

由图 10.47 可知，陆浑灌区年降雨量、年 ET_c 和年灌溉用水量的理论 Copula 值和经验 Copula 值的相关性很高，K-S 检验统计量 D 结果在临界值之内，由 Student t Copula 函数建立的联合分布模型对年降雨量、年 ET_c 和年灌溉用水量的联合分布情况拟合较好，联合分布模型比较合理。

10.5 规划方案二下的水资源短缺风险模型构建

10.5.1 降雨量与作物需水量二维联合概率分布模型

分别运用 Frank、Gaussian、Student t Copula 函数建立陆浑灌区 1970—2013 年的年降雨量和年 ET_c 的联合概率分布模型。参数估计、K-S 检验的统计量 D 以及拟合优度评价的结果见表 10.14。

表 10.14　Copula 函数计算、检验和评价结果（规划方案二）

Kendall 秩相关系数	参数与指标	Copula 函数 类型		
		Frank	Gaussian	Student t
-0.2304	θ	-2.1680	-0.1783	$\rho = -0.3294$ $v = 5.4595$
	D	0.1249	0.1188	0.1189
	OLS	0.0492	0.0504	0.0486
	AIC	-263.0357	-260.9279	-264.1349

图 10.48~图 10.50 分别表示运用 Frank、Gaussian、Student t Copula 函数构建的陆浑灌区的年降雨量和年 ET_c 的联合概率分布模型。

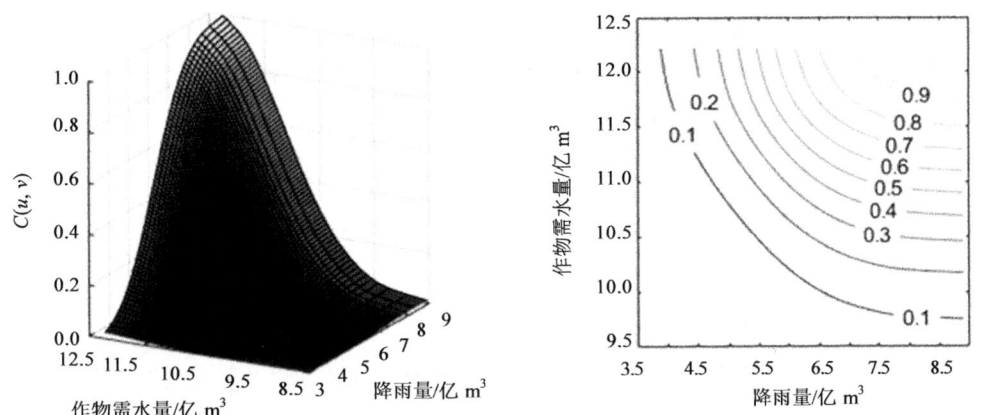

图 10.48　基于 Frank Copula 的降雨量和 ET_c 的联合分布及其等值线图（规划方案二）

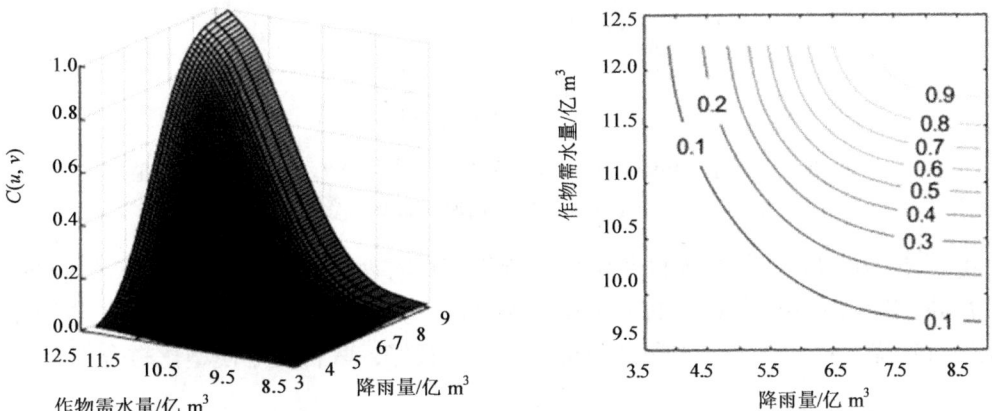

图 10.49　基于 Gaussian Copula 的降雨量和 ET_c 的联合分布及其等值线图（规划方案二）

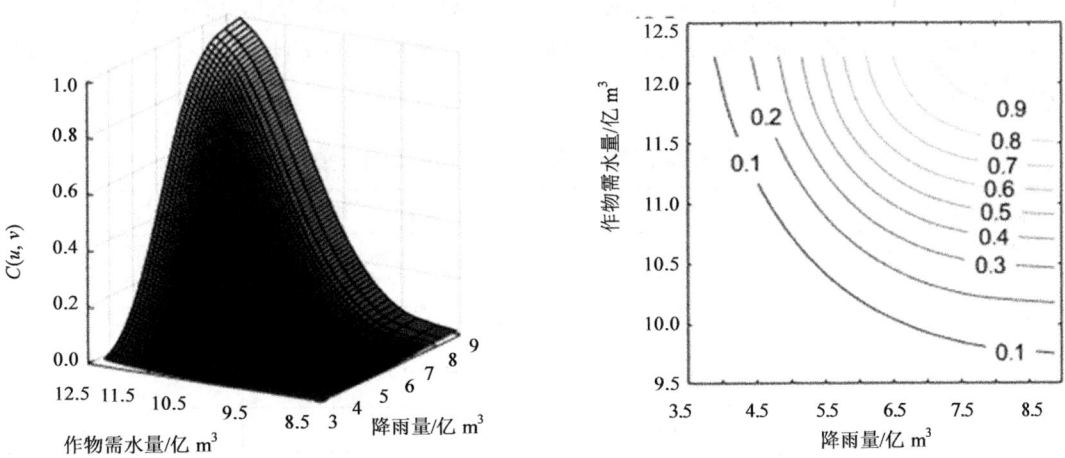

图 10.50　基于 Studenet t Copula 的降雨量和 ET_c 的联合分布及其等值线图（规划方案二）

由表 10.14 中的检验统计量 D 的值可知，三种 Copula 联结函数的 K-S 检验统计量 D 均小于临界值 0.20056，因此三种 Copula 函数均能够构建陆浑灌区年降雨量与年 ET_c 的联合分布模型。由柯尔莫格洛夫检验分位数表和拟合优度的评价指标可知，运用 Student t

Copula 函数构建的联合概率分布模型的 OLS 和 AIC 指标最小,所以选取 Student t Copula 函数模型为最优的函数模型。图 10.51 为由 Student t Copula 函数建立的联合分布模型所得的经验 Copula 值与理论 Copula 值的拟合情况的直观散点图。

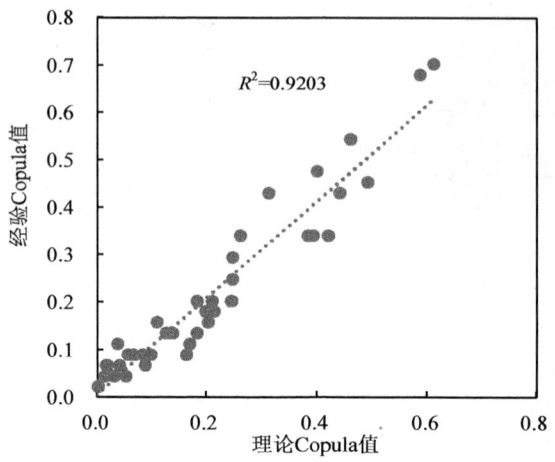

图 10.51　基于 Student t Copula 函数的降雨量和 ET_c 的经验 Copula 值与
理论 Copula 值拟合情况（规划方案二）

由图 10.51 可知,陆浑灌区年降雨量与年 ET_c 的理论 Copula 值和经验 Copula 值的相关性很高,K-S 检验统计量 D 的结果在临界值之内,由 Student t Copula 函数建立的联合分布模型对年降雨量和年 ET_c 的联合分布情况拟合较好,联合概率模型比较合理。

10.5.2　降雨量与灌溉用水量二维联合概率分布模型

分别运用 Frank、Gaussian 和 Student t Copula 函数建立陆浑灌区 1970—2013 年的年降雨量与年灌溉用水量的联合分布模型。参数估计、K-S 检验的统计量 D 以及拟合优度评价的结果见表 10.15。

表 10.15　Copula 函数计算、检验和评价结果（规划方案二）

Kendall 秩相关系数	参数与指标	Copula 函数类型		
		Frank	Gaussian	Student t
-0.3383	θ	-3.3656	-0.5364	$\rho=-0.5433$ $v=4670662.3100$
	D	0.1109	0.1061	0.1051
	OLS	0.0511	0.0514	0.0517
	AIC	-259.7109	-259.1222	-258.6441

图 10.52~图 10.54 分别表示运用 Frank、Gaussian、Student t Copula 函数构建的陆浑灌区的年降雨量和年灌溉用水量的联合概率分布模型。

10.5 规划方案二下的水资源短缺风险模型构建

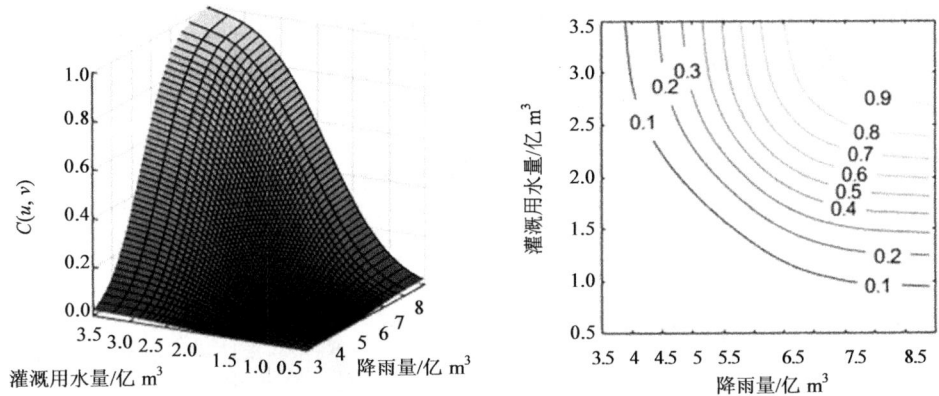

图 10.52　基于 Frank Copula 的降雨量和灌溉用水量的联合分布及其等值线图（规划方案二）

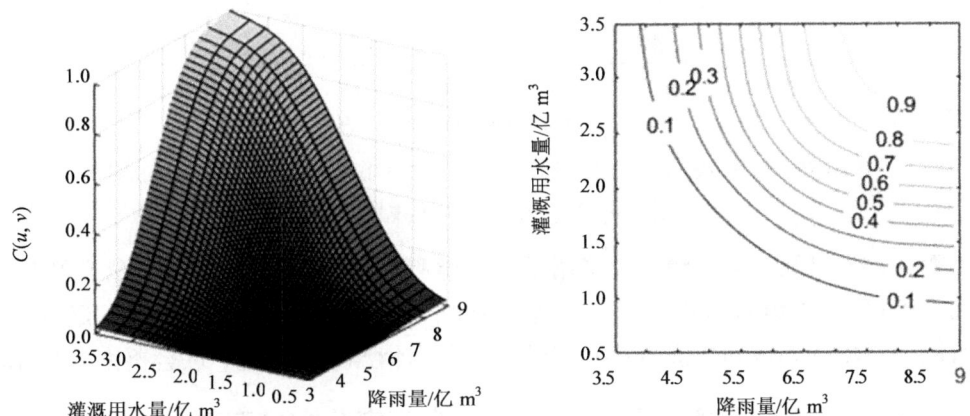

图 10.53　基于 Gaussian Copula 的降雨量和灌溉用水量的联合分布及其等值线图（规划方案二）

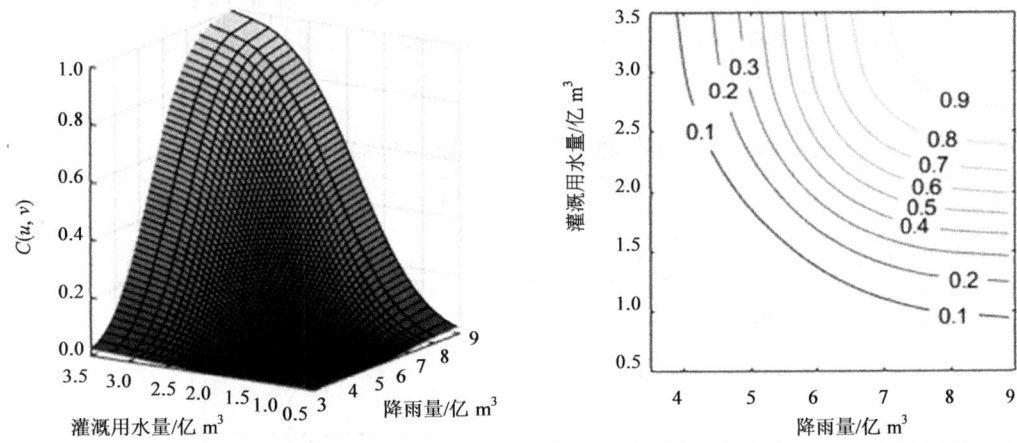

图 10.54　基于 Student t Copula 的降雨量和灌溉用水量的联合分布及其等值线图（规划方案二）

由表 10.15 中的检验统计量 D 的值可知，三种 Copula 联结函数的 K-S 检验统计量 D 均小于临界值 0.20056，因此三种 Copula 函数均能够构建陆浑灌区年降雨量与年灌溉用水量的联合分布模型。由柯尔莫格洛夫检验分位数表和拟合优度的评价指标可知，运用 Frank

Copula 函数构建的联合概率分布模型的 *OLS* 和 *AIC* 指标最小，所以选取 Frank Copula 函数模型为最优的函数模型。图 10.55 为由 Frank Copula 函数建立的联合分布模型所得的经验 Copula 值与理论 Copula 值的拟合情况的直观散点图。

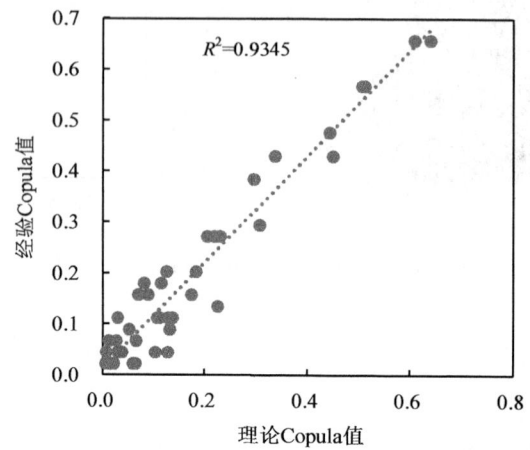

图 10.55　基于 Frank Copula 函数的降雨量与灌溉用水量的经验 Copula 值与理论 Copula 值拟合情况（规划方案二）

由图 10.55 可知，陆浑灌区年降雨量与年灌溉用水量的理论 Copula 值和经验 Copula 值的相关性很高，K-S 检验统计量 D 的结果在临界值之内，由 Frank Copula 函数建立的联合分布模型对年降雨量和年灌溉用水量的联合分布情况拟合较好，联合概率模型比较合理。

10.5.3　作物需水量与灌溉用水量二维联合概率分布模型

分别运用 Frank、Clayton、Gumbel、Gaussian、Student t Copula 函数建立陆浑灌区 1970—2013 年的 ET_c 与灌溉用水量的联合分布模型。参数估计、K-S 检验的统计量 D 以及拟合优度评价的结果见表 10.16。

表 10.16　Copula 函数计算、检验和评价结果（规划方案二）

Kendall 秩相关系数	参数与指标	Copula 函数				
		类型				
		Clayton	Frank	Gumbel	Gaussian	Student t
0.2537	θ	0.6799	2.4110	1.3399	0.1401	ρ =0.4213 v =3.4293
	D	0.1121	0.1044	0.1119	0.1246	0.1083
	OLS	0.0428	0.0413	0.0413	0.0564	0.0394
	AIC	−275.3888	−278.4433	−278.4296	−251.0829	−282.5531

图 10.56~图 10.60 分别表示运用 Frank、Clayton、Gumbel、Gaussian、Student t Copula 函数构建的陆浑灌区的年 ET_c 和年灌溉用水量的联合概率分布模型。

10.5 规划方案二下的水资源短缺风险模型构建

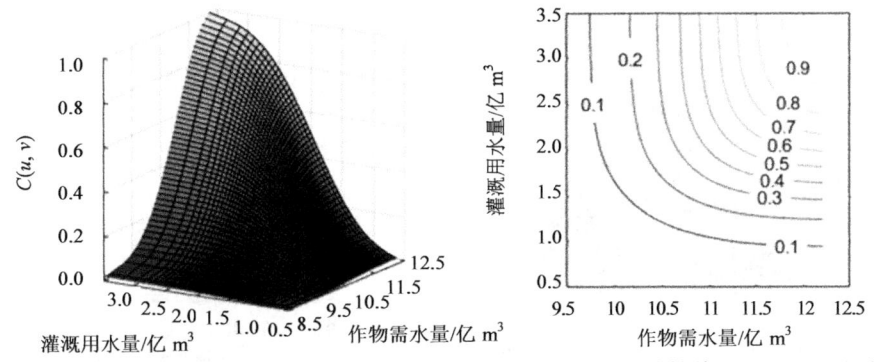

图 10.56　基于 Frank Copula 的 ET_c 和灌溉用水量的联合分布及其等值线图（规划方案二）

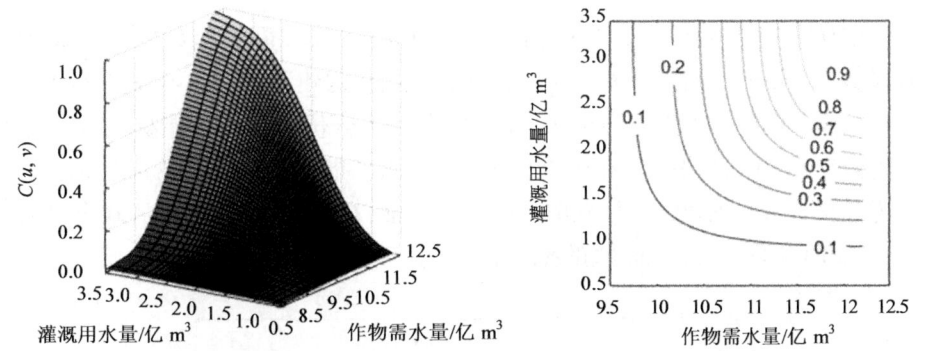

图 10.57　基于 Clayton Copula 的 ET_c 和灌溉用水量的联合分布及其等值线图（规划方案二）

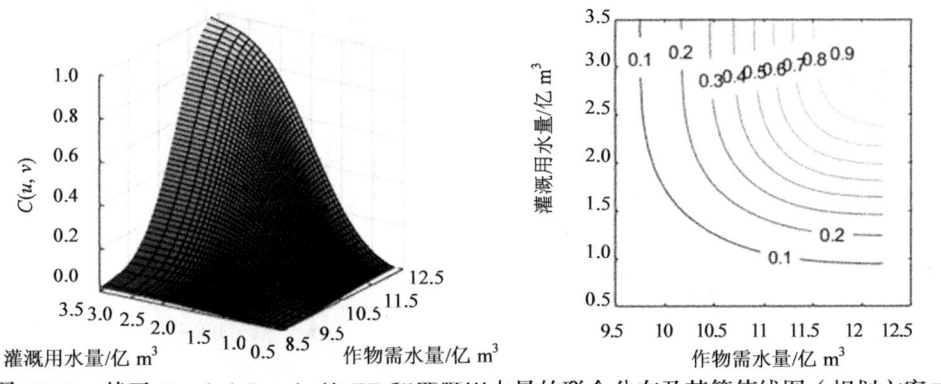

图 10.58　基于 Gumbel Copula 的 ET_c 和灌溉用水量的联合分布及其等值线图（规划方案二）

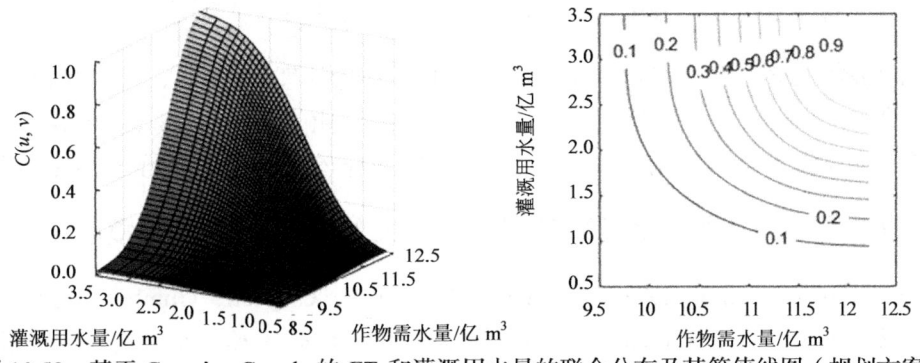

图 10.59　基于 Gaussian Copula 的 ET_c 和灌溉用水量的联合分布及其等值线图（规划方案二）

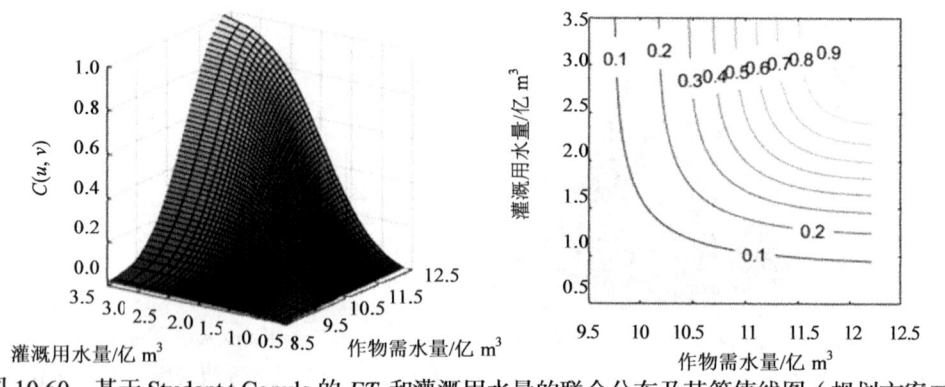

图 10.60　基于 Student t Copula 的 ET_c 和灌溉用水量的联合分布及其等值线图（规划方案二）

由表 10.16 中的检验统计量 D 的值可知，五种 Copula 联结函数的 K-S 检验统计量 D 均小于临界值 0.20056，因此五种 Copula 函数均能够构建陆浑灌区年 ET_c 和年灌溉用水量的联合分布模型。由柯尔莫格洛夫检验分位数表和拟合优度的评价指标可知，运用 Student t Copula 函数构建的联合概率分布模型的 OLS 和 AIC 指标最小，所以选取 Student t Copula 函数模型为最优的函数模型。图 10.61 为由 Student t Copula 函数建立的联合分布模型所得的经验 Copula 值与理论 Copula 值的拟合情况的直观散点图。

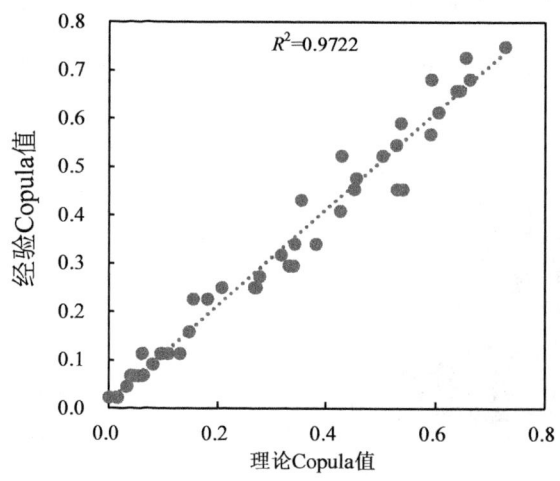

图 10.61　基于 Student t Copula 函数的 ET_c 与灌溉用水量的经验 Copula 值与理论 Copula 值拟合情况（规划方案二）

由图 10.61 可知，陆浑灌区年 ET_c 和年灌溉用水量的理论 Copula 值和经验 Copula 值的相关性很高，K-S 检验统计量 D 结果在临界值之内，由 Student t Copula 函数建立的联合分布模型对年 ET_c 和年灌溉用水量的联合分布情况拟合较好，联合分布模型比较合理。

10.5.4　降雨量、作物需水量和灌溉用水量三维联合概率分布模型

分别运用对称型 Archimedean Copula 函数（Frank、Clayton、Gumbel Copula）和椭圆 Copula 函数（Gaussian、Student t Copula）建立陆浑灌区 1970—2013 年的年降雨量、年

ET_c 和年灌溉用水量的联合分布模型。参数估计、K-S 检验的统计量 D 以及拟合优度评价的结果见表 10.17。

表 10.17 Copula 函数计算、检验和评价结果（规划方案二）

参数与指标	Copula 函数类型				
	Frank	Gumbel	Clayton	Gaussian	Student t
θ	−0.9933	0.9875	0.0076	ρ_{12}=−0.1783 ρ_{13}=−0.5364 ρ_{23}=0.1401	ρ_{12}=−0.3286 ρ_{13}=−0.4921 ρ_{23}=0.3491 υ=7.1935
D	0.1316	0.1515	0.1558	0.1480	0.1287
OLS	0.0455	0.0485	0.0497	0.0447	0.0407
AIC	−269.8620	−264.3690	−262.1000	−267.4230	−275.6470

图 10.62~图 10.66 分别表示运用 Frank、Clayton、Gumbel、Gaussian、Student t Copula 函数构建的陆浑灌区的年降雨量、年 ET_c 和年灌溉用水量的联合概率分布模型。

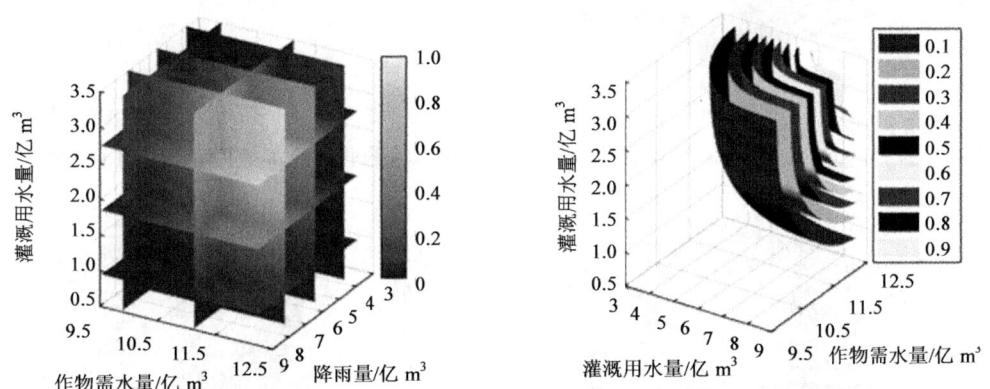

图 10.62 基于 Frank Copula 的降雨量、ET_c 和灌溉用水量的联合分布及其等值线图（规划方案二）

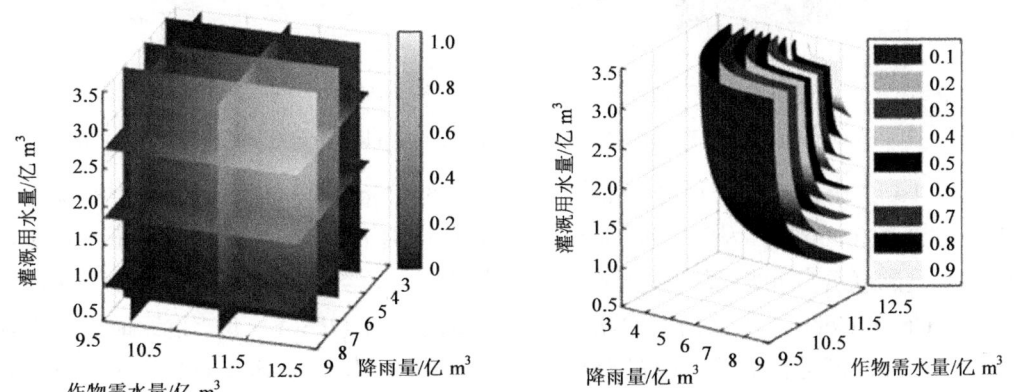

图 10.63 基于 Clayton Copula 的降雨量、ET_c 和灌溉用水量的联合分布及其等值线图（规划方案二）

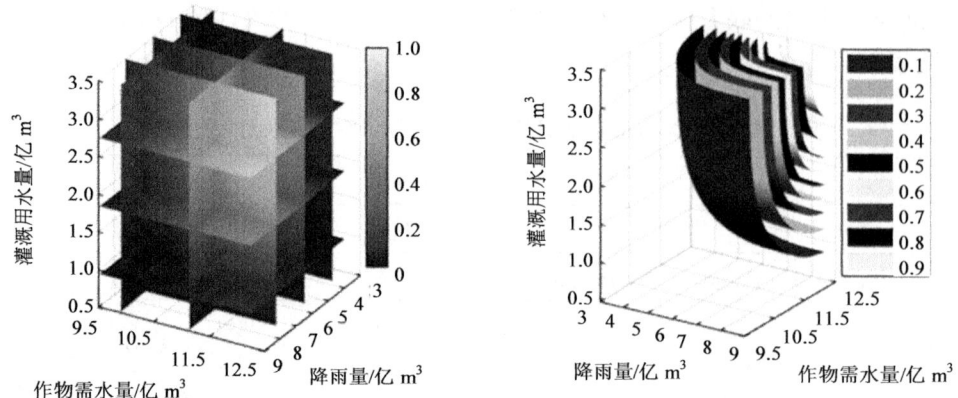

图 10.64　基于 Gumbel Copula 的降雨量、ET_c 和灌溉用水量的联合分布及其等值线图（规划方案二）

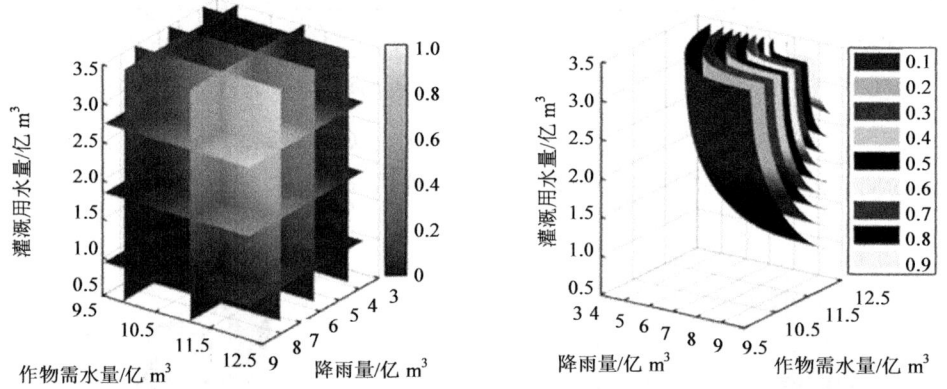

图 10.65　基于 Gaussian Copula 的降雨量、ET_c 和灌溉用水量的联合分布及其等值线图（规划方案二）

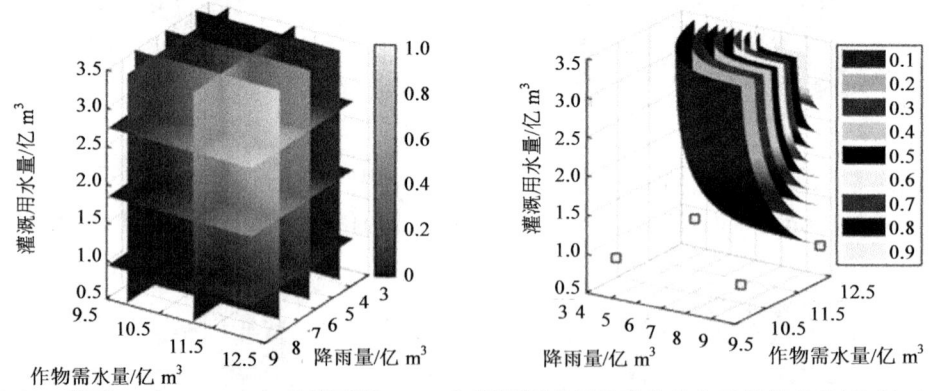

图 10.66　基于 Student t Copula 的降雨量、ET_c 和灌溉用水量的联合分布及其等值线图（规划方案二）

由表 10.17 中的检验统计量 D 的值可知，五种 Copula 联结函数的 K-S 检验统计量 D 均小于临界值 0.20056，因此五种 Copula 函数均能够构建陆浑灌区年降雨量、年 ET_c 和年灌溉用水量的联合分布模型。由柯尔莫格洛夫检验分位数表和拟合优度的评价指标可知，运用 Student t Copula 函数构建的联合概率分布模型的 OLS 和 AIC 指标最小，所以选取 Student t Copula 函数模型为最优的函数模型。图 10.67 为由 Student t Copula 函数建立的联合分布模型所得的经验 Copula 值与理论 Copula 值的拟合情况的直观散点图。

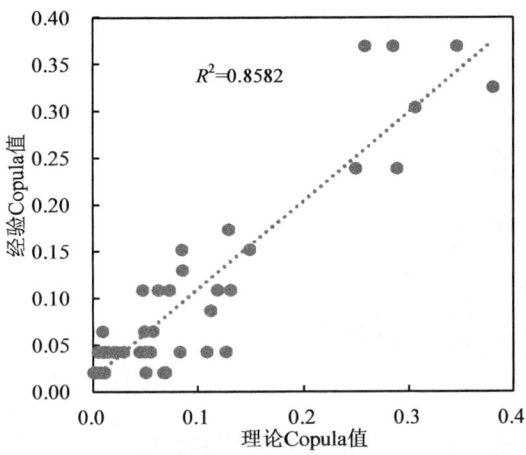

图 10.67 基于 Student t Copula 函数的降雨量、ET_c 和灌溉用水量的经验 Copula 值与
理论 Copula 值拟合情况（规划方案二）

由图 10.67 可知，陆浑灌区年降雨量、年 ET_c 和年灌溉用水量的理论 Copula 值与经验 Copula 值的相关性很高，K-S 检验统计量 D 结果在临界值之内，由 Student t Copula 函数建立的联合分布模型对年降雨量、年 ET_c 和年灌溉用水量的联合分布情况拟合较好，联合分布模型比较合理。

10.6 规划方案三下的水资源短缺风险模型构建

10.6.1 降雨量与作物需水量二维联合概率分布模型

分别运用 Frank、Gaussian 和 Student t Copula 函数建立陆浑灌区 1970—2013 年的年降雨量和年 ET_c 的联合分布模型。参数估计、K-S 检验统计量 D 以及拟合优度评价的结果见表 10.18。

表 10.18 Copula 函数计算、检验和评价结果（规划方案三）

Kendall 秩相关系数	参数与指标	Copula 函数 类型		
		Frank	Gaussian	Student t
-0.2304	θ	-2.1680	-0.1783	$\rho=-0.3294$ $v=5.4606$
	D	0.1249	0.1188	0.1190
	OLS	0.0492	0.0504	0.0486
	AIC	-263.0411	-260.9280	-264.1390

图 10.68~图 10.70 分别表示运用 Frank、Gaussian、Student t Copula 函数构建的陆浑灌区的年降雨量和年 ET_c 的联合概率分布模型。

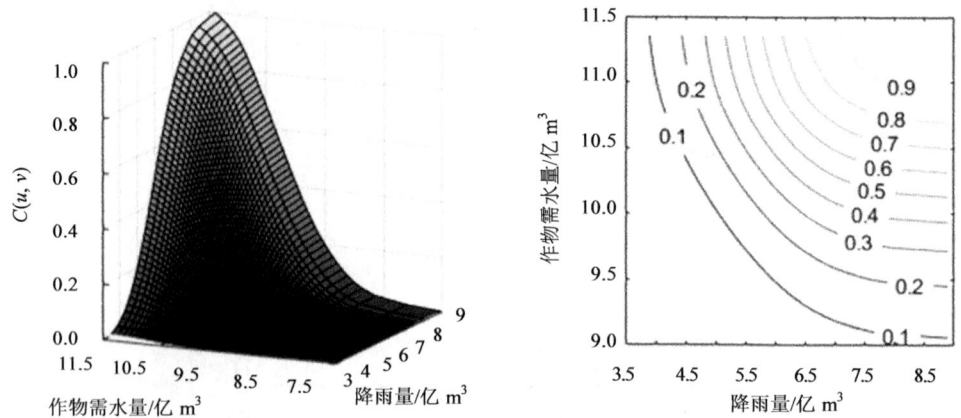

图 10.68　基于 Frank Copula 的降雨量和 ET_c 的联合分布及其等值线图（规划方案三）

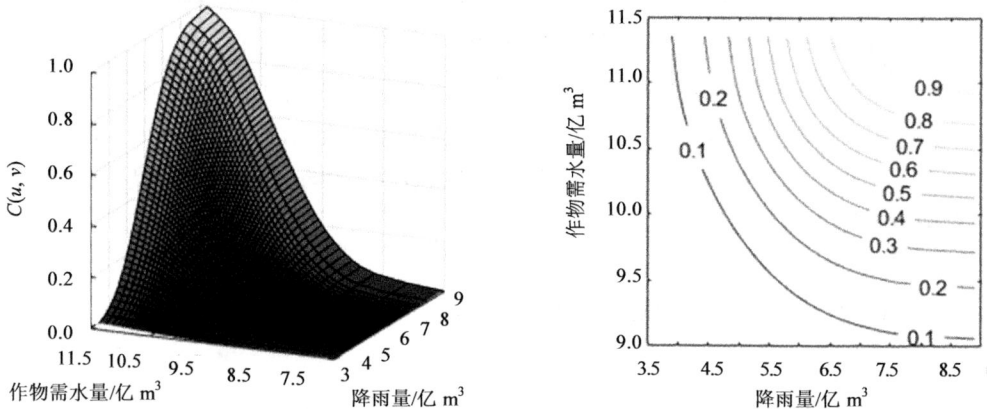

图 10.69　基于 Gaussian Copula 的降雨量和 ET_c 的联合分布及其等值线图（规划方案三）

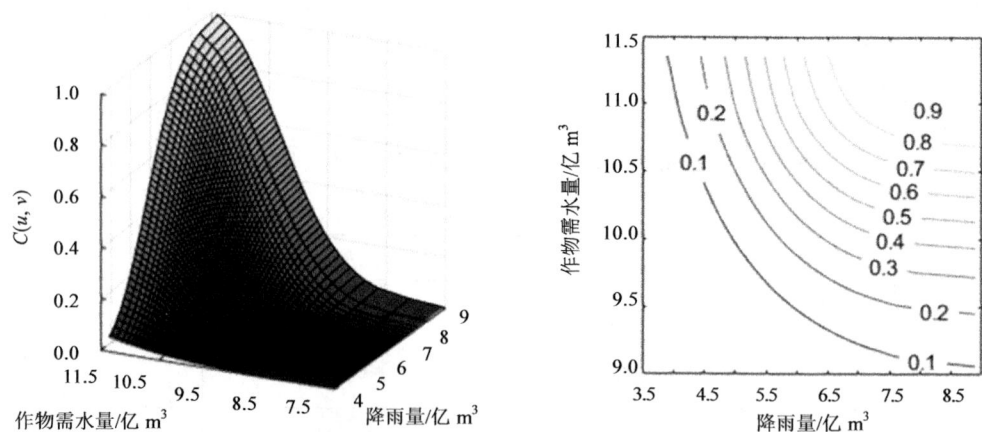

图 10.70　基于 Studenet t Copula 的降雨量和 ET_c 的联合分布及其等值线图（规划方案三）

由表 10.18 中的检验统计量 D 的值可知，三种 Copula 联结函数的 K-S 检验统计量 D 均小于临界值 0.20056，因此三种 Copula 函数均能够构建陆浑灌区年降雨量与年 ET_c 的联合分布模型。由柯尔莫格洛夫检验分位数表和拟合优度的评价指标可知，运用 Student t

Copula 函数构建的联合概率分布模型的 OLS 和 AIC 指标最小,所以选取 Student t Copula 函数模型为最优的函数模型。图 10.71 为由 Student t Copula 函数建立的联合分布模型所得的经验 Copula 值与理论 Copula 值的拟合情况的直观散点图。

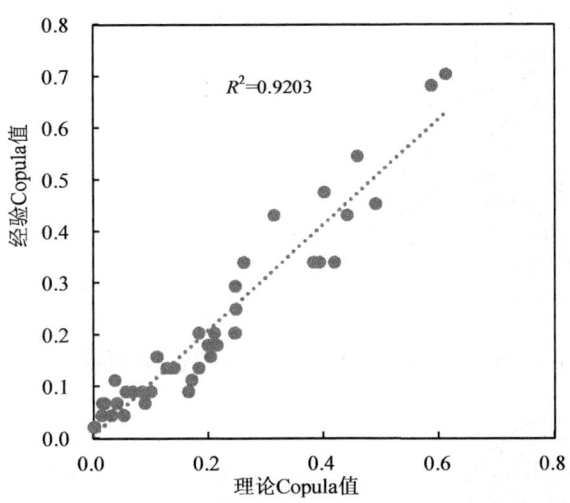

图 10.71 基于 Student t Copula 函数的降雨量和 ET_c 的经验 Copula 值与
理论 Copula 值拟合情况(规划方案三)

由图 10.71 可知,陆浑灌区年降雨量和年 ET_c 的理论 Copula 值和经验 Copula 值的相关性很高,K-S 检验统计量 D 的结果在临界值之内,由 Student t Copula 函数建立的联合分布模型对年降雨量和年 ET_c 的联合分布情况拟合较好,联合分布模型比较合理。

10.6.2 降雨量与灌溉用水量二维联合概率分布模型

分别运用 Frank、Gaussian 和 Student t Copula 函数建立陆浑灌区 1970—2013 年的年降雨量与年灌溉用水量的联合分布模型。参数估计、K-S 检验的统计量 D 以及拟合优度评价的结果见表 10.19。

表 10.19 Copula 函数计算、检验和评价结果(规划方案三)

Kendall 秩相关系数	参数与指标	Copula 函数 类型		
		Frank	Gaussian	Student t
-0.3383	θ	-3.3656	-0.5364	$\rho = -0.5433$ $v = 4670662.3100$
	D	0.1109	0.1061	0.1051
	OLS	0.0511	0.0514	0.0517
	AIC	-259.7109	-259.1222	-258.6441

图 10.72~图 10.74 分别表示运用 Frank、Gaussian、Student t Copula 函数构建的陆浑灌

区的年降雨量和年灌溉用水量的联合概率分布模型。

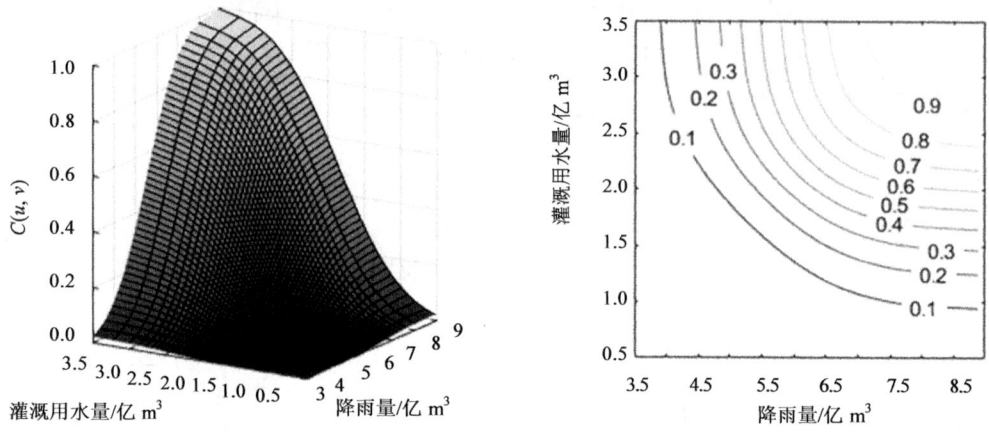

图 10.72　基于 Frank Copula 的降雨量和灌溉用水量的联合分布及其等值线图（规划方案三）

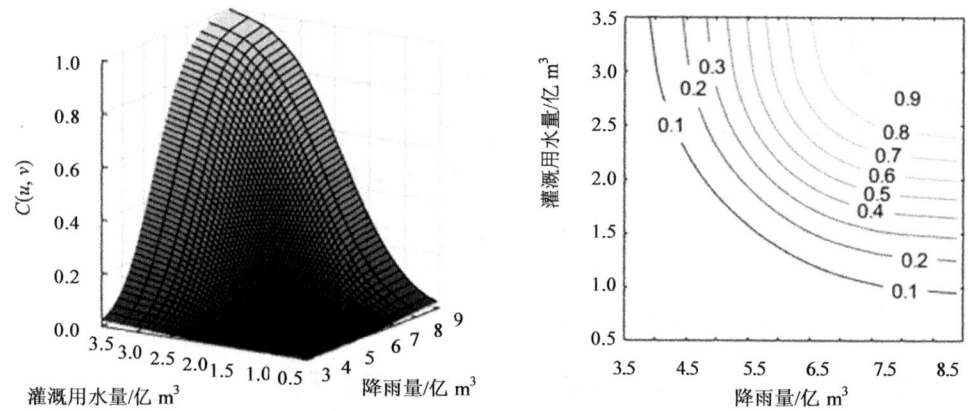

图 10.73　基于 Gaussian Copula 的降雨量和灌溉用水量的联合分布及其等值线图（规划方案三）

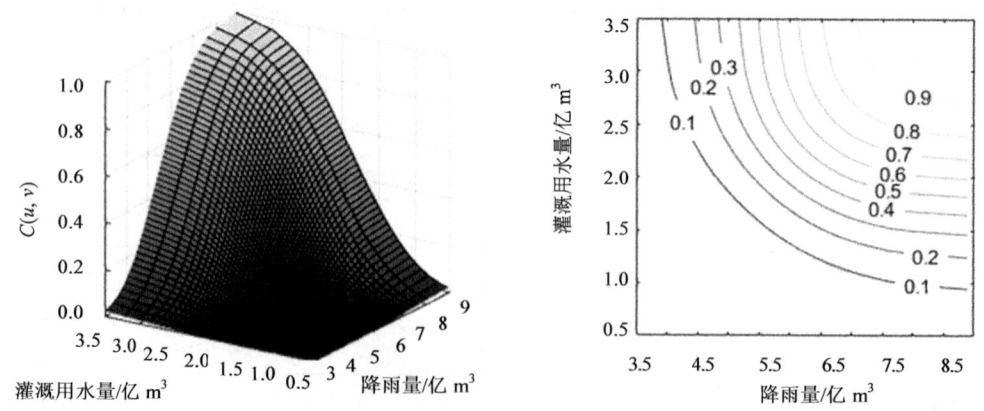

图 10.74　基于 Student t Copula 的降雨量和灌溉用水量的联合分布及其等值线图（规划方案三）

由表 10.19 中的检验统计量 D 的值可知，三种 Copula 联结函数的 K-S 检验统计量 D 均小于临界值 0.20056，因此三种 Copula 函数均能够构建陆浑灌区年降雨量与年灌溉用水量的联合分布模型。由柯尔莫格洛夫检验分位数表和拟合优度的评价指标可知，运用 Frank Copula 函数构建的联合概率分布模型的 OLS 和 AIC 指标最小，所以选取 Frank Copula 函数模型为最优的函数模型。图 10.75 为由 Frank Copula 函数建立的联合分布模型所得的经验 Copula 值与理论 Copula 值的拟合情况的直观散点图。

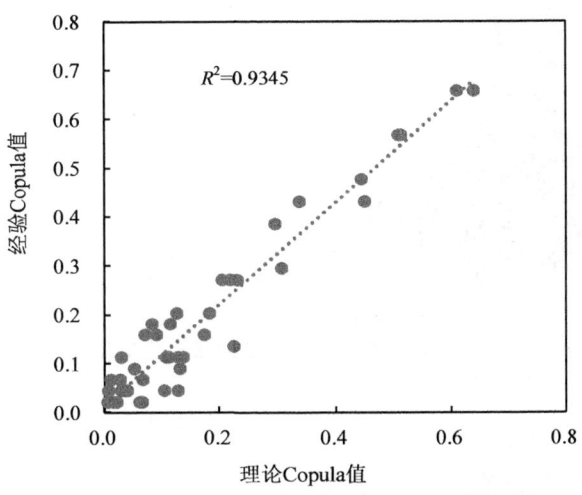

图 10.75　基于 Frank Copula 函数的降雨量与灌溉用水量的经验 Copula 值与
理论 Copula 值拟合情况（规划方案三）

由图 10.75 可知，陆浑灌区年降雨量和年灌溉用水量的理论 Copula 值和经验 Copula 值的相关性很高，K-S 检验统计量 D 的结果在临界值内，由 Frank Copula 函数建立的联合分布模型对年降雨量和年灌溉用水量的联合分布情况拟合较好，联合概率模型比较合理。

10.6.3　作物需水量和灌溉用水量二维联合概率分布模型

分别运用 Frank、Clayton、Gumbel、Gaussian、Student t Copula 函数建立陆浑灌区 1970—2013 年的 ET_c 与灌溉用水量的联合概率分布模型。参数估计、K-S 检验的统计量 D 以及拟合优度评价的结果见表 10.20。

表 10.20　Copula 函数计算、检验和评价结果（规划方案三）

Kendall 秩相关系数	参数与指标	Copula 函数				
		类型				
		Clayton	Frank	Gumbel	Gaussian	Student t
0.2537	θ	0.6799	2.4110	1.3399	0.1401	$\rho = 0.4213$ $v = 3.4299$
	D	0.1121	0.1044	0.1119	0.1246	0.1084
	OLS	0.0428	0.0413	0.0413	0.0564	0.0394
	AIC	−275.3963	−278.4473	−278.4320	−251.0911	−282.5545

图 10.76~图 10.80 分别表示运用 Frank、Clayton、Gumbel、Gaussian、Student t Copula 函数构建的陆浑灌区的年 ET_c 和年灌溉用水量的联合概率分布模型。

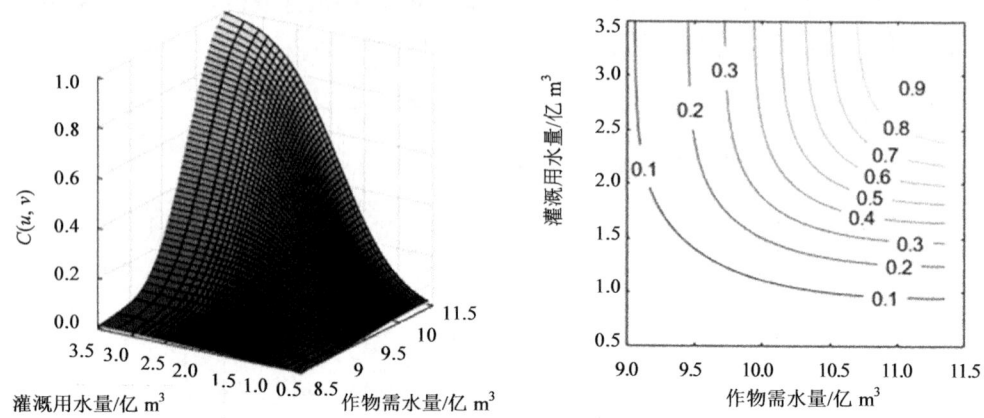

图 10.76 基于 Frank Copula 的 ET_c 和灌溉用水量的联合分布及其等值线图（规划方案三）

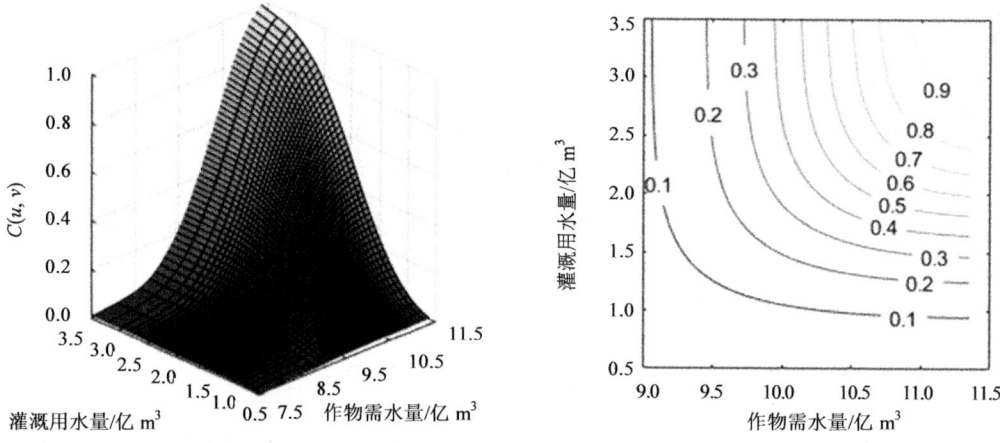

图 10.77 基于 Clayton Copula 的 ET_c 和灌溉用水量的联合分布及其等值线图（规划方案三）

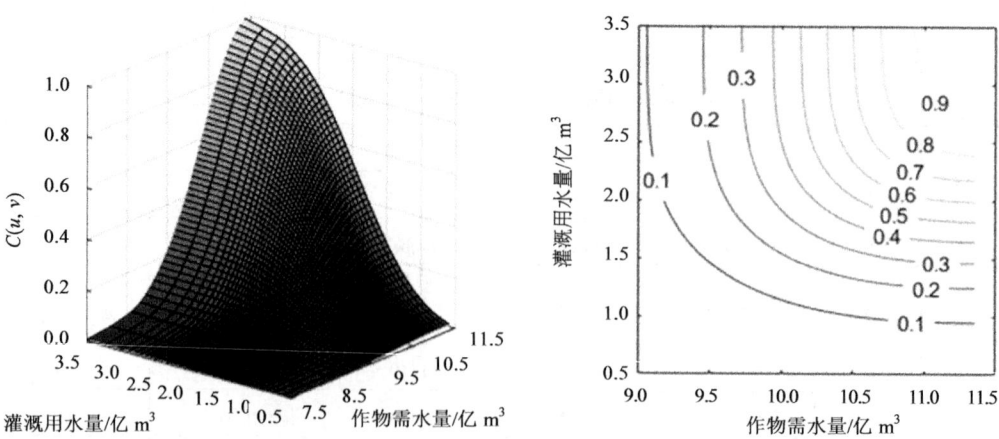

图 10.78 基于 Gumbel Copula 的 ET_c 和灌溉用水量的联合分布及其等值线图（规划方案三）

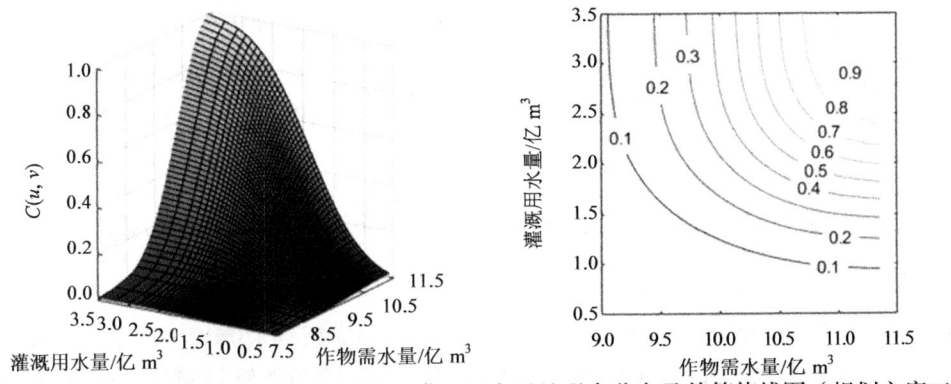

图 10.79 基于 Gaussian Copula 的 ET_c 和灌溉用水量的联合分布及其等值线图（规划方案三）

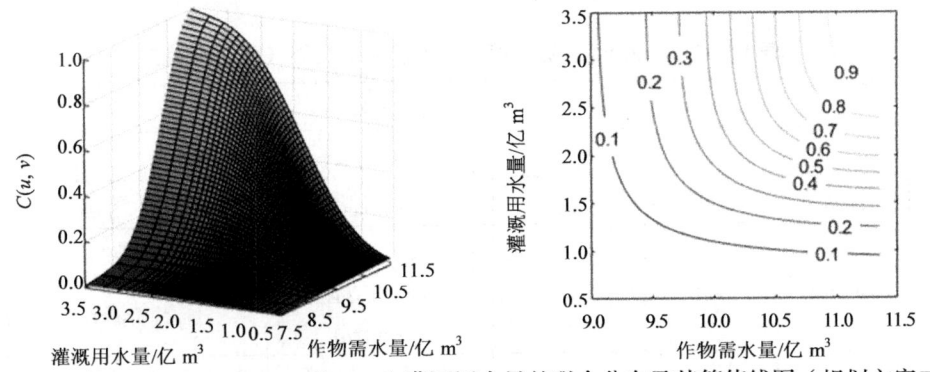

图 10.80 基于 Student t Copula 的 ET_c 和灌溉用水量的联合分布及其等值线图（规划方案三）

由表 10.20 中的检验统计量 D 的值可知，由检验统计量 D 的值可知，五种 Copula 联结函数的 K-S 检验统计量 D 均小于临界值 0.20056，因此五种 Copula 函数均能够构建陆浑灌区年 ET_c 和年灌溉用水量的联合分布模型。由柯尔莫格洛夫检验分位数表和拟合优度的评价指标可知，运用 Student t Copula 函数构建的联合概率分布模型的 OLS 和 AIC 指标最小，所以选取 Student t Copula 函数模型为最优的函数模型。图 10.81 为由 Student t Copula 函数建立的联合分布模型所得的经验 Copula 值与理论 Copula 值的拟合情况的直观散点图。

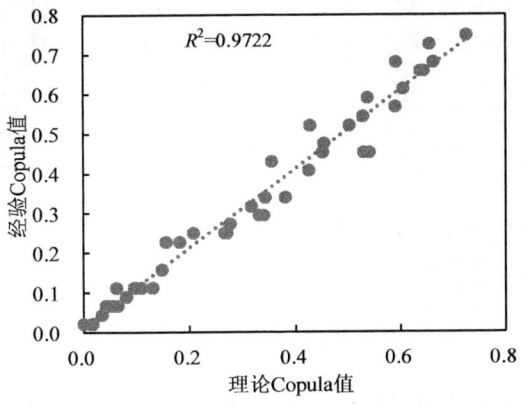

图 10.81 基于 Student t Copula 函数的 ET_c 与灌溉用水量的经验 Copula 值与
理论 Copula 值拟合情况（规划方案三）

由图 10.81 可知,陆浑灌区年 ET_c 和年灌溉用水量的理论 Copula 值和经验 Copula 值的相关性很高,K-S 检验统计量 D 结果在临界值之内,由 Student t Copula 函数建立的联合分布模型对年 ET_c 和年灌溉用水量的联合分布情况拟合较好,联合分布模型比较合理。

10.6.4 降雨量、作物需水量和灌溉用水量三维联合概率分布模型

分别运用对称性 Archimedean Copula 函数(Frank、Clayton、Gumbel Copula)和椭圆 Copula 函数(Gaussian、Student t Copula)建立陆浑灌区 1970—2013 年的年降雨量、年 ET_c 和年灌溉用水量的联合分布模型。参数估计、K-S 检验的统计量 D 以及拟合优度评价的结果见表 10.21。

表 10.21 Copula 函数计算、检验和评价结果(规划方案三)

参数与指标	Copula 函数类型				
	Frank	Gumbel	Clayton	Gaussian	Student t
θ	−0.9932	0.9875	0.0076	ρ_{12}=−0.1783 ρ_{13}=−0.5364 ρ_{23}=0.1401	ρ_{12}=−0.3286 ρ_{13}=−0.4921 ρ_{23}=0.3491 v=7.1952
D	0.1315	0.1515	0.1558	0.1480	0.1287
OLS	0.0455	0.0485	0.0497	0.0447	0.0407
AIC	−269.8640	−264.3670	−262.1000	−267.4240	−275.6460

图 10.82~图 10.86 分别表示运用 Frank、Clayton、Gumbel、Gaussian、Student t Copula 函数构建的陆浑灌区的年降雨量、年 ET_c 和年灌溉用水量的联合概率分布模型。

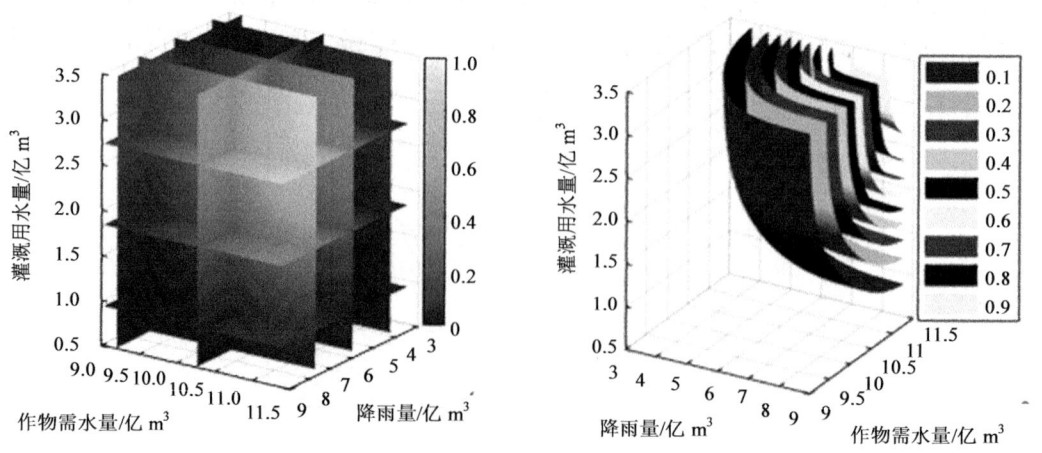

图 10.82 基于 Frank Copula 的降雨量、ET_c 和灌溉用水量的联合分布及其等值线图(规划方案三)

10.6 规划方案三下的水资源短缺风险模型构建

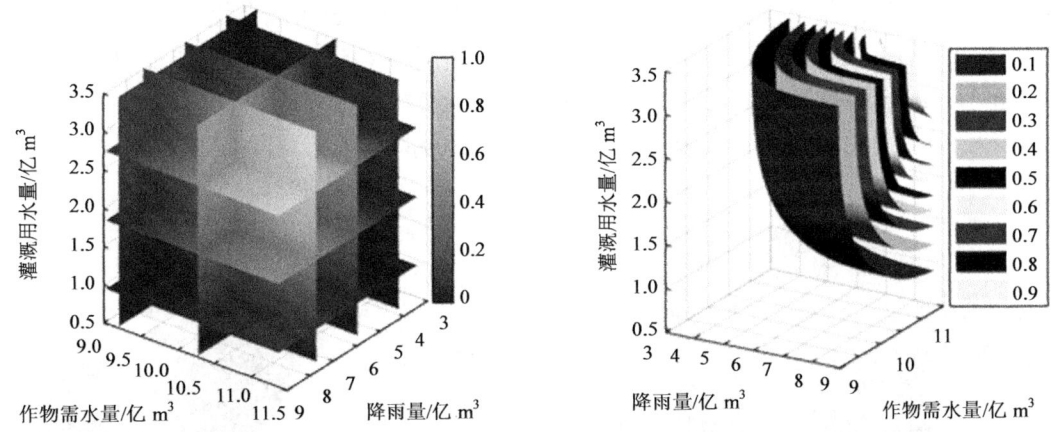

图 10.83 基于 Clayton Copula 的降雨量、ET_c 和灌溉用水量的联合分布及其等值线图（规划方案三）

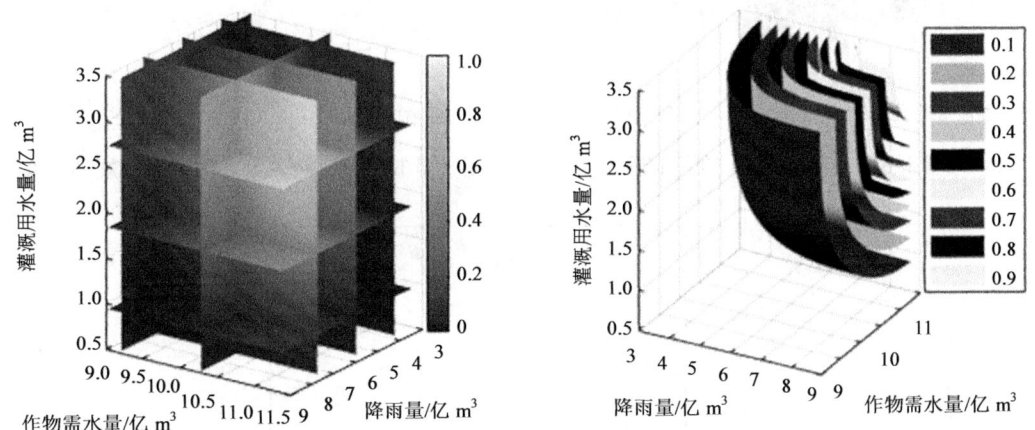

图 10.84 基于 Gumbel Copula 的降雨量、ET_c 和灌溉用水量的联合分布及其等值线图（规划方案三）

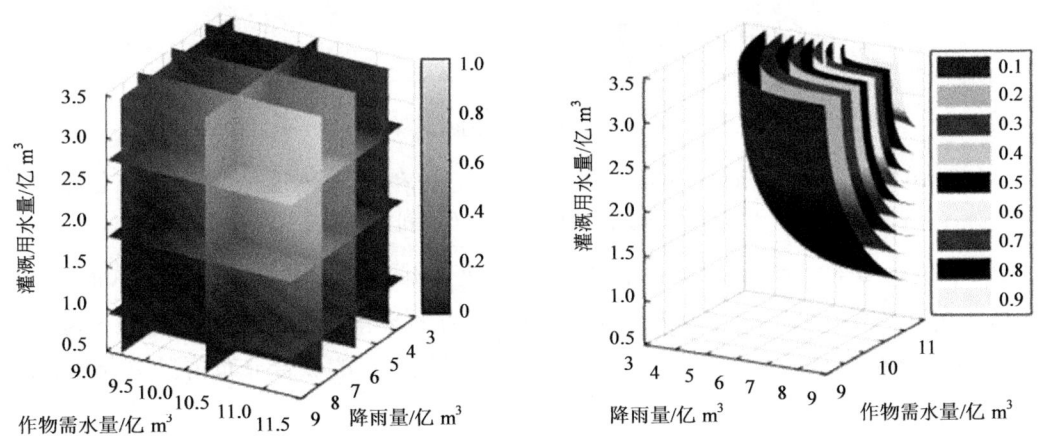

图 10.85 基于 Gaussian Copula 的降雨量、ET_c 和灌溉用水量的联合分布及其等值线图（规划方案三）

由表 10.21 中的检验统计量 D 的值可知，五种 Copula 联结函数的 K-S 检验统计量 D 均小于临界值 0.20056，因此五种 Copula 函数均能够构建陆浑灌区年降雨量、年 ET_c 和年灌溉用水量的联合分布模型。由柯尔莫格洛夫检验分位数表和拟合优度的评价指标可知，运用 Student t Copula 函数构建的联合概率分布模型的 OLS 和 AIC 指标最小，所以选取 Student t Copula 函数模型为最优的函数模型。图 10.87 为由 Student t Copula 函数建立的联合分布模型所得的经验 Copula 值与理论 Copula 值的拟合情况的直观散点图。

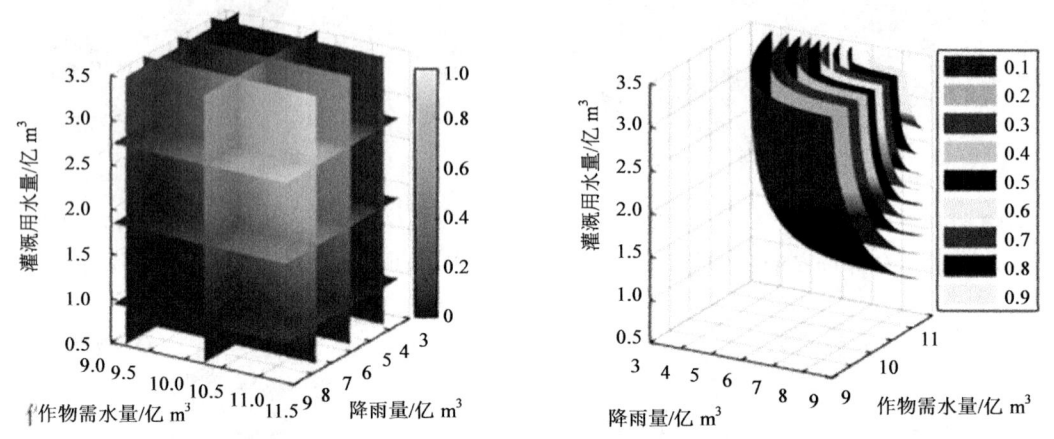

图 10.86　基于 Student t Copula 的降雨量、ET_c 和灌溉用水量的联合分布及其等值线图（规划方案三）

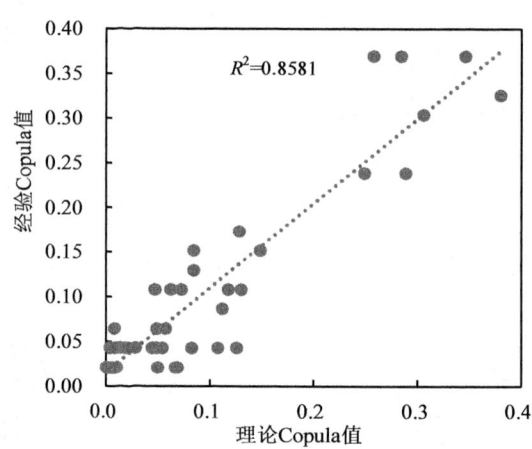

图 10.87　基于 Student t Copula 函数的降雨量、ET_c 和灌溉用水量的经验 Copula 值与
理论 Copula 值拟合情况（规划方案三）

由图 10.87 可知，陆浑灌区年降雨量、年 ET_c 和年灌溉用水量的理论 Copula 值和经验 Copula 值的相关性很高，K-S 检验统计量 D 结果在临界值之内，由 Student t Copula 函数建立的联合分布模型对年降雨量、年 ET_c 和年灌溉用水量的联合分布情况拟合较好，联合分布模型比较合理。

第 11 章　种植结构调整下的灌区水资源短缺风险分析

11.1　相对缺水条件下的二维条件概率和条件重现期

当已知灌溉用水量处于枯态时，即 $Z<z_{pk}$ 时，降雨量不超过某一特定值而且作物需水量超过某一特定值的条件概率及相应的条件重现期分别如式（11.1）、式（11.2）所示。

$$F_{X_i,Y_i|z_k}(X_i,Y_i,Z) = P(X_i \leqslant x, Y_i \geqslant y | Z \leqslant z_{pk}) = \frac{F(x,z_{pk}) - F(x,y,z_{pk})}{F_Z(z_{pk})} \tag{11.1}$$

$$T_{X_i,Y_i|z_k}(X_i,Y_i,Z) = \frac{1}{F_{X_i,Y_i|z_k}(X_i,Y_i,Z)} \tag{11.2}$$

当已知降雨量处于枯态时，即 $X<x_{pk}$ 时，作物需水量超过某一特定值而且灌溉用水量不超过某一特定值的条件概率及相应的条件重现期分别如式（11.3）、式（11.4）所示。

$$F_{Y_i,Z_i|x_k}(Y_i,Z_i,X) = P(Y_i \geqslant y, Z_i \leqslant z | X \leqslant x_{pk}) = \frac{F(x_{pk},z) - F(x_{pk},y,z)}{F_X(x_{pk})} \tag{11.3}$$

$$T_{Y_i,Z_i|x_k}(Y_i,Z_i,X) = \frac{1}{F_{Y_i,Z_i|x_k}(Y_i,Z_i,X)} \tag{11.4}$$

11.1.1　现状方案的二维条件概率和条件重现期

图 11.1 给出了灌溉用水量处于枯态时，降雨量不超过某一特定值而且作物需水量超过某一特定值的条件概率和条件重现期，分别记为 $P(X_i \leqslant x, Y_i \geqslant y | Z \leqslant z_{pk})$ 和 $T(X_i \leqslant x, Y_i \geqslant y | Z \leqslant z_{pk})$。条件概率随着降雨量的增大和作物需水量的减小呈增大趋势，与此同时，条件重现期随着降雨量的增大和作物需水量的减小呈减小趋势。从图 11.1 中可以查出在灌溉用水量处于枯态时不同量级的年降雨量与年作物需水量的多种遭遇组合概率和重现期。例如，$P(P \leqslant 5.5亿m^3, ET_0 \geqslant 12亿m^3 | IR \leqslant IR_k)$ 约为 0.17；$T(P \leqslant 5.5亿m^3, ET_0 \geqslant 12亿m^3 | IR \leqslant IR_k)$ 约为 5.88 年。这种降雨量与作物需水量的同现条件概率和条件重现期表示在灌溉用水量处于枯态时不同量级的年降雨量与年作物需水量的遭遇组合事件发生的可能性，可以用来表征在多种遭遇情况下的灌区天然-人工联合供水不能满足作物需水的风险。

从图 11.1(a)中可以看出，当条件概率 $P(X_i \leqslant x, Y_i \geqslant y | Z \leqslant z_{pk})$ 都是 0.1~0.3 和 0.7~0.9 时，等值线比较稀疏，条件概率对于降雨量和作物需水量的变化不是很敏感。当条件概率 $P(X_i \leqslant x, Y_i \geqslant y | Z \leqslant z_{pk})$ 是 0.3~0.7 时，等值线比较密集，条件概率对于降雨量和作物需

水量的变化比较敏感。

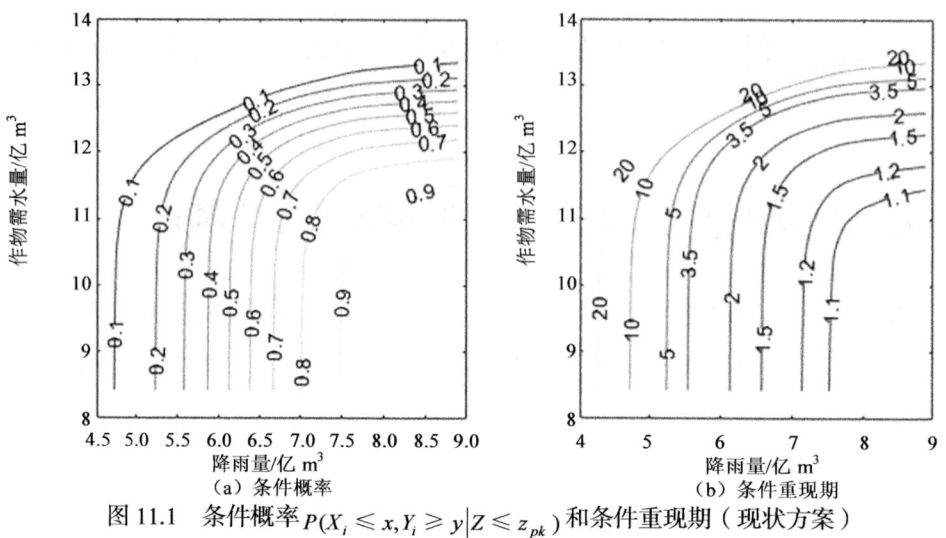

图 11.1 条件概率 $P(X_i \leq x, Y_i \geq y | Z \leq z_{pk})$ 和条件重现期（现状方案）

图 11.2 给出了降雨量处于枯态条件时，作物需水量超过某一特定值而且灌溉用水量不超过某一特定值的条件概率和条件重现期，分别记为 $P(Y_i \geq y, Z_i \leq z | X \leq x_{pk})$ 和 $T(Y_i \geq y, Z_i \leq z | X \leq x_{pk})$。条件概率随着作物需水量的减小和灌溉用水量的增大呈增大趋势，与此同时，条件重现期随着作物需水量的增大和灌溉用水量的减小呈增大趋势。从图 11.2 中可以查出在降雨量处于枯态时不同量级的年作物需水量与年灌溉用水量的多种遭遇组合概率和重现期。例如，$P(ET_0 \geq 12亿m^3, IR \leq 2亿m^3 | P \leq P_k)$ 约为 0.25；$T(ET_0 \geq 12亿m^3, IR \leq 2亿m^3 | P \leq P_k)$ 约为 4 年。这种作物需水量与灌溉用水量的同现条件概率和条件重现期表示在降雨量处于枯态时不同量级的年作物需水量与年灌溉用水量的遭遇组合事件发生的可能性，可以用来表征在多种遭遇情况下的灌区天然-人工联合供水不能满足作物需水的风险。

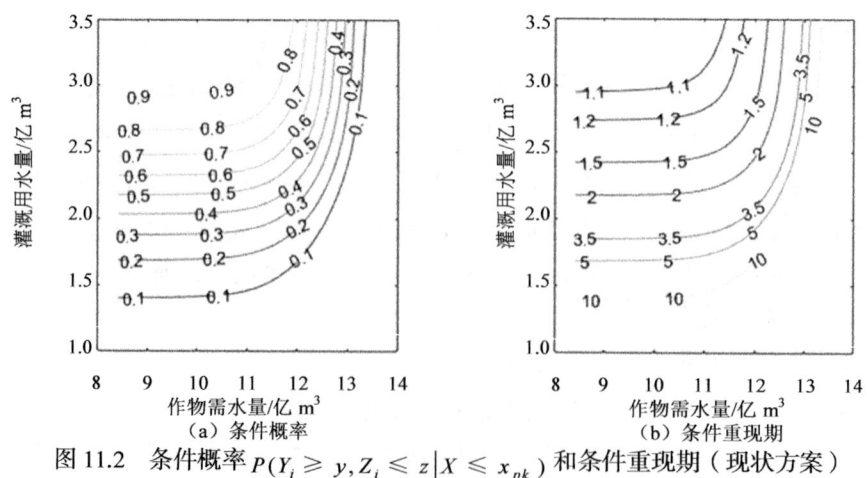

图 11.2 条件概率 $P(Y_i \geq y, Z_i \leq z | X \leq x_{pk})$ 和条件重现期（现状方案）

从图 11.2（a）中可以看出，当条件概率 $P(Y_i \geq y, Z_i \leq z | X \leq x_{pk})$ 都是 0.1～0.2 和 0.7～0.9 时，等值线比较稀疏，条件概率对于作物需水量和灌溉用水量的变化不是很敏感。当条件概率 $P(Y_i \geq y, Z_i \leq z | X \leq x_{pk})$ 是 0.2～0.7 时，等值线比较密集，条件概率对于作物需水量和灌溉用水量的变化比较敏感。

11.1.2 规划方案一的二维条件概率和条件重现期

图 11.3 给出了灌溉用水量处于枯态时，降雨量不超过某一特定值而且作物需水量超过某一特定值的条件概率和条件重现期，分别记为 $P(X_i \leq x, Y_i \geq y | Z \leq z_{pk})$ 和 $T(X_i \leq x, Y_i \geq y | Z \leq z_{pk})$。条件概率随着降雨量的增大和作物需水量的减小呈增大趋势，与此同时，条件重现期随着降雨量的增大和作物需水量的减小呈减小趋势。从图 11.3 中可以查出在灌溉用水量处于枯态时不同量级的年降雨量与年作物需水量的多种遭遇组合概率和重现期。例如， $P(P \leq 5.5 亿 m^3, ET_0 \geq 14 亿 m^3 | IR \leq IR_k)$ 约为 0.19； $T(P \leq 5.5 亿 m^3, ET_0 \geq 14 亿 m^3 | IR \leq IR_k)$ 约为 5.26 年。这种降雨量与作物需水量的同现条件概率和条件重现期表示在灌溉用水量处于枯态时不同量级的年降雨量与年作物需水量的遭遇组合事件发生的可能性，可以用来表征在多种遭遇情况下的灌区天然-人工联合供水不能满足作物需水的风险。

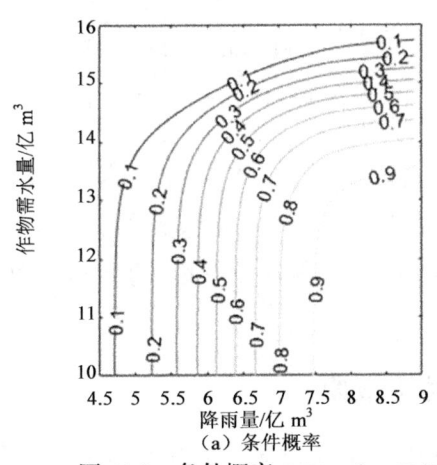 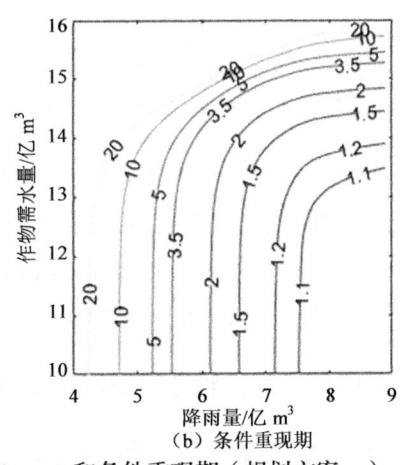

（a）条件概率　　　　　　　　　（b）条件重现期

图 11.3　条件概率 $P(X_i \leq x, Y_i \geq y | Z \leq z_{pk})$ 和条件重现期（规划方案一）

从图 11.3（a）中可以看出，当条件概率 $P(X_i \leq x, Y_i \geq y | Z \leq z_{pk})$ 都是 0.1～0.3 和 0.7～0.9 时，等值线比较稀疏，条件概率对于降雨量和作物需水量的变化不是很敏感。当条件概率 $P(X_i \leq x, Y_i \geq y | Z \leq z_{pk})$ 是 0.3～0.7 时，等值线比较密集，条件概率对于降雨量和作物需水量的变化比较敏感。

图 11.4 给出了降雨量处于枯态条件时，作物需水量超过某一特定值而且灌溉用水量不超过某一特定值的条件概率和条件重现期，分别记为 $P(Y_i \geq y, Z_i \leq z | X \leq x_{pk})$ 和 $T(Y_i \geq y, Z_i \leq z | X \leq x_{pk})$。条件概率随着作物需水量的减小和灌溉用水量的增大呈增大趋

势，与此同时，条件重现期随着作物需水量的增大和灌溉用水量的减小呈增大趋势。从图11.4中可以查出在降雨量处于枯态时不同量级的年作物需水量与年灌溉用水量的多种遭遇组合概率和重现期。例如，$P(ET_0 \geq 14亿\text{m}^3, IR \leq 2亿\text{m}^3 | P \leq P_k)$ 约为 0.29；$T(ET_0 \geq 14亿\text{m}^3, IR \leq 2亿\text{m}^3 | P \leq P_k)$ 约为 3.45 年。这种作物需水量与灌溉用水量的同现条件概率和条件重现期表示在降雨量处于枯态时不同量级的年作物需水量与年灌溉用水量的遭遇组合事件发生的可能性，可以用来表征在多种遭遇情况下的灌区天然-人工联合供水不能满足作物需水的风险。

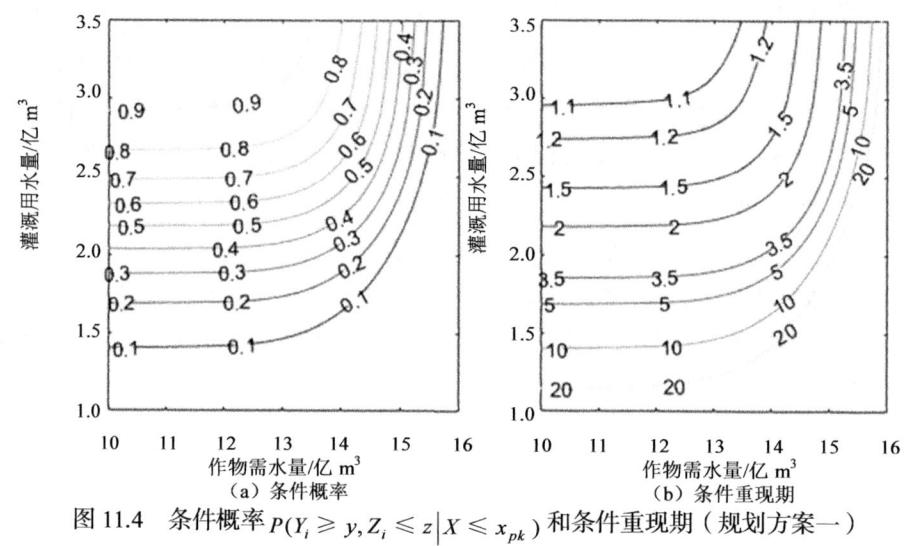

图 11.4　条件概率 $P(Y_i \geq y, Z_i \leq z | X \leq x_{pk})$ 和条件重现期（规划方案一）

从图 11.4（a）中可以看出，当条件概率 $P(Y_i \geq y, Z_i \leq z | X \leq x_{pk})$ 都是 0.1~0.2 和 0.7~0.9 时，等值线比较稀疏，条件概率对于作物需水量和灌溉用水量的变化不是很敏感。当条件概率 $P(Y_i \geq y, Z_i \leq z | X \leq x_{pk})$ 是 0.2~0.7 时，等值线比较密集，条件概率对于作物需水量和灌溉用水量的变化比较敏感。

11.1.3　规划方案二的二维条件概率和条件重现期

图 11.5 给出了灌溉用水量处于枯态时，降雨量不超过某一特定值而且作物需水量超过某一特定值的条件概率和条件重现期，分别记为 $P(X_i \leq x, Y_i \geq y | Z \leq z_{pk})$ 和 $T(X_i \leq x, Y_i \geq y | Z \leq z_{pk})$。条件概率随着降雨量的增大和作物需水量的减小呈增大趋势，与此同时，条件重现期随着降雨量的增大和作物需水量的减小呈减小趋势。从图 11.5 中可以查出在灌溉用水量处于枯态时不同量级的年降雨量与年作物需水量的多种遭遇组合概率和重现期。例如，$P(P \leq 5.5亿\text{m}^3, ET_0 \geq 10.5亿\text{m}^3 | IR \leq IR_k)$ 约为 0.2；$T(P \leq 5.5亿\text{m}^3, ET_0 \geq 10.5亿\text{m}^3 | IR \leq IR_k)$ 约为 5 年。这种降雨量与作物需水量的同现条件概率和条件重现期表示在灌溉用水量处于枯态时不同量级的年降雨量与年作物需水量的

遭遇组合事件发生的可能性，可以用来表征在多种遭遇情况下的灌区天然-人工联合供水不能满足作物需水的风险。

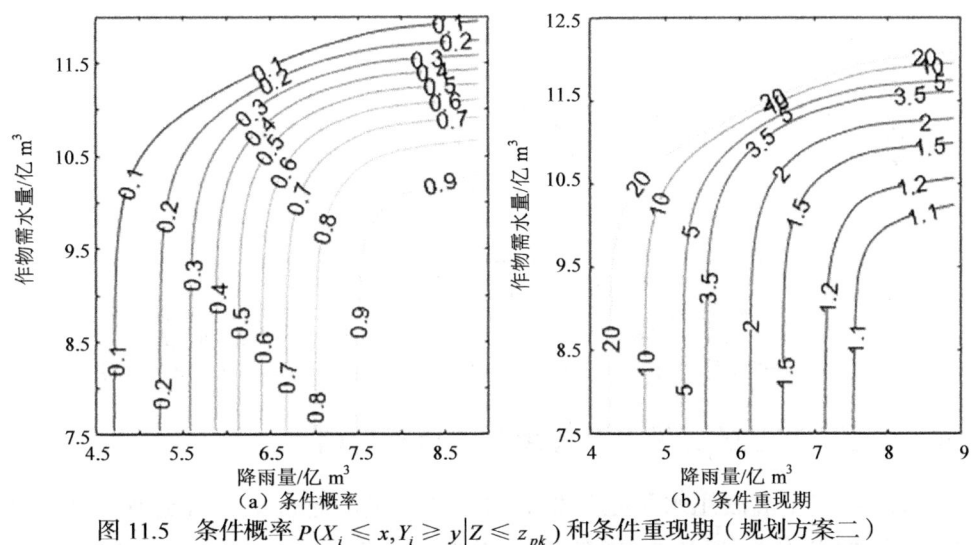

图 11.5　条件概率 $P(X_i \leq x, Y_i \geq y | Z \leq z_{pk})$ 和条件重现期（规划方案二）

从图 11.5（a）中可以看出，当条件概率 $P(X_i \leq x, Y_i \geq y | Z \leq z_{pk})$ 都是 0.1~0.3 和 0.7~0.9 时，等值线比较稀疏，条件概率对于降雨量和作物需水量的变化不是很敏感。当条件概率 $P(X_i \leq x, Y_i \geq y | Z \leq z_{pk})$ 是 0.3~0.7 时，等值线比较密集，条件概率对于降雨量和作物需水量的变化比较敏感。

图 11.6 给出了在降雨量处于枯态条件时，作物需水量超过某一特定值而且灌溉用水量不超过某一特定值的条件概率和条件重现期，分别记为 $P(Y_i \geq y, Z_i \leq z | X \leq x_{pk})$ 和 $T(Y_i \geq y, Z_i \leq z | X \leq x_{pk})$。条件概率随着作物需水量的减小和灌溉用水量的增大呈增大趋势，与此同时，条件重现期随着作物需水量的增大和灌溉用水量的减小呈增大趋势。从图 11.6 中可以查出在降雨量处于枯态时不同量级的年作物需水量与年灌溉用水量的多种遭遇组合概率和重现期。例如，$P(ET_0 \geq 10.5亿m^3, IR \leq 2亿m^3 | P \leq P_k)$ 约为 0.29；$T(ET_0 \geq 10.5亿m^3, IR \leq 2亿m^3 | P \leq P_k)$ 约为 3.45 年。这种作物需水量与灌溉用水量的同现条件概率和条件重现期表示在降雨量处于枯态时不同量级的年作物需水量与年灌溉用水量的遭遇组合事件发生的可能性，可以用来表征在多种遭遇情况下的灌区天然-人工联合供水不能满足作物需水的风险。

从图 11.6（a）中可以看出，当条件概率 $P(Y_i \geq y, Z_i \leq z | X \leq x_{pk})$ 都是 0.1~0.2 和 0.7~0.9 时，等值线比较稀疏，条件概率对于作物需水量和灌溉用水量的变化不是很敏感。当条件概率 $P(Y_i \geq y, Z_i \leq z | X \leq x_{pk})$ 是 0.2~0.7 时，等值线比较密集，条件概率对于作物需水量和灌溉用水量的变化比较敏感。

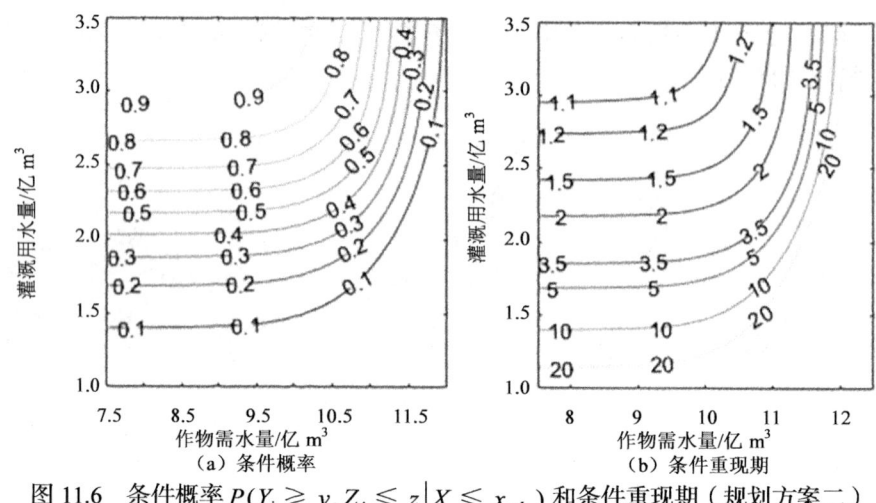

图 11.6 条件概率 $P(Y_i \geq y, Z_i \leq z | X \leq x_{pk})$ 和条件重现期（规划方案二）

11.1.4 规划方案三的二维条件概率和条件重现期

图 11.7 给出了灌溉用水量处于枯态时，降雨量不超过某一特定值而且作物需水量超过某一特定值的条件概率和条件重现期，分别记为 $P(X_i \leq x, Y_i \geq y | Z \leq z_{pk})$ 和 $T(X_i \leq x, Y_i \geq y | Z \leq z_{pk})$。条件概率随着降雨量的增大和作物需水量的减小呈增大趋势，与此同时，条件重现期随着降雨量的增大和作物需水量的减小呈减小趋势。从图 11.7 中可以查出在灌溉用水量处于枯态时不同量级的年降雨量与年作物需水量的多种遭遇组合概率和重现期。例如，$P(P \leq 5.5 亿 m^3, ET_0 \geq 10 亿 m^3 | IR \leq IR_k)$ 约为 0.16；$T(P \leq 5.5 亿 m^3, ET_0 \geq 10 亿 m^3 | IR \leq IR_k)$ 约为 6.25 年。这种降雨量与作物需水量的同现条件概率和条件重现期表示在灌溉用水量处于枯态时不同量级的年降雨量与年作物需水量的遭遇组合事件发生的可能性，可以用来表征在多种遭遇情况下的灌区天然-人工联合供水不能满足作物需水的风险。

从图 11.7（a）中可以看出，当条件概率 $P(X_i \leq x, Y_i \geq y | Z \leq z_{pk})$ 都是 0.1～0.3 和 0.7～0.9 时，等值线比较稀疏，条件概率对于降雨量和作物需水量的变化不是很敏感。当条件概率 $P(X_i \leq x, Y_i \geq y | Z \leq z_{pk})$ 是 0.3～0.7 时，等值线比较密集，条件概率对于降雨量和作物需水量的变化比较敏感。

图 11.8 给出了降雨量处于枯态条件时，作物需水量超过某一特定值而且灌溉用水量不超过某一特定值的条件概率和条件重现期，分别记为 $P(Y_i \geq y, Z_i \leq z | X \leq x_{pk})$ 和 $T(Y_i \geq y, Z_i \leq z | X \leq x_{pk})$。条件概率随着作物需水量的减小和灌溉用水量的增大呈增大趋势，与此同时，条件重现期随着作物需水量的增大和灌溉用水量的减小呈增大趋势。从图 11.8 中可以查出在降雨量处于枯态时不同量级的年作物需水量与年灌溉用水量的多种遭遇组合概率和重现期。例如，$P(ET_0 \geq 10 亿 m^3, IR \leq 2 亿 m^3 | P \leq P_k)$ 约为 0.28；$T(ET_0 \geq 10 亿 m^3, IR \leq 2 亿 m^3 | P \leq P_k)$ 约为 3.57 年。这种作物需水量与灌溉用水量的同现

条件概率和条件重现期表示在降雨量处于枯态时不同量级的年作物需水量与年灌溉用水量的遭遇组合事件发生的可能性,可以用来表征在多种遭遇情况下灌区天然-人工联合供水不能满足作物需水的风险。

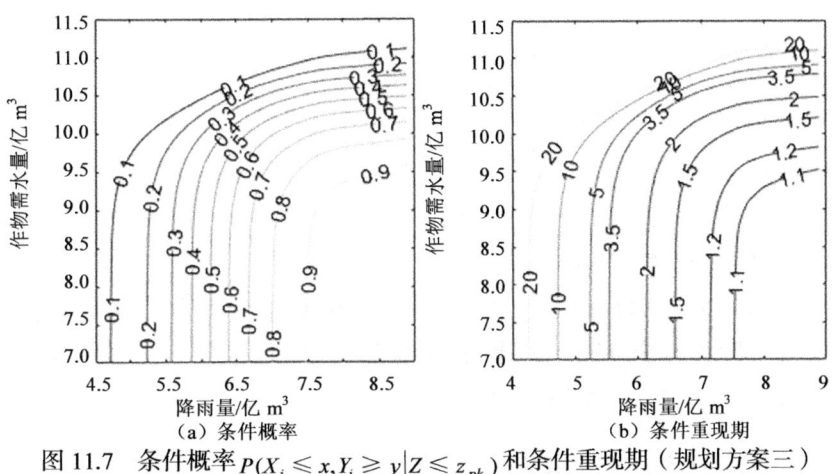

图 11.7 条件概率 $P(X_i \leq x, Y_i \geq y | Z \leq z_{pk})$ 和条件重现期(规划方案三)

从图 11.8(a)中可以看出,当条件概率 $P(Y_i \geq y, Z_i \leq z | X \leq x_{pk})$ 都是 0.1~0.2 和 0.7~0.9 时,等值线比较稀疏,条件概率对于作物需水量和灌溉用水量的变化不是很敏感。当条件概率 $P(Y_i \geq y, Z_i \leq z | X \leq x_{pk})$ 是 0.2~0.7 时,等值线比较密集,条件概率对于作物需水量和灌溉用水量的变化比较敏感。

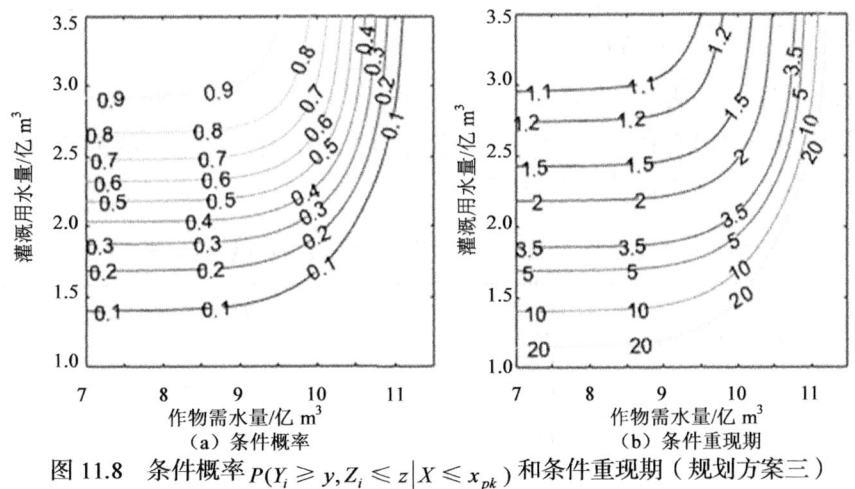

图 11.8 条件概率 $P(Y_i \geq y, Z_i \leq z | X \leq x_{pk})$ 和条件重现期(规划方案三)

11.1.5 现状方案和规划方案一对比分析

11.1.5.1 灌溉用水量处于枯态条件下时降雨量小于或等于某一特定值并且作物需水量大于或等于某一特定值的条件概率和相应条件重现期的对比分析

针对现状方案,从图 11.1(a)中可以查出在灌溉用水量处于枯态条件下时降雨量小

于或等于某一特定值并且作物需水量大于或等于某一特定值的条件概率 $P(X_i \leqslant x, Y_i \geqslant y | Z \leqslant z_{pk})$，具体见表 11.1。

表 11.1 条件概率 $P(X_i \leqslant x, Y_i \geqslant y | Z \leqslant z_{pk})$（现状方案）

$P(X_i \leqslant x, Y_i \geqslant y \| Z \leqslant z_{pk})$		降雨量/mm					
		5	5.5	6	6.5	7	7.5
作物需水量/mm	11	0.14	0.27	0.42	0.61	0.77	0.86
	12	—	0.15	0.19	0.45	0.59	0.69
	13	—	—	—	—	0.10	0.19

注：表中"—"表示几乎不可能的遭遇事件。

针对现状方案，从图 11.1（b）中可以查出在灌溉用水量处于枯态条件下时降雨量小于或等于某一特定值并且作物需水量大于或等于某一特定值的条件重现期 $T(X_i \leqslant x, Y_i \geqslant y | Z \leqslant z_{pk})$，具体见表 11.2。

表 11.2 条件重现期 $T(X_i \leqslant x, Y_i \geqslant y | Z \leqslant z_{pk})$（现状方案）

$T(X_i \leqslant x, Y_i \geqslant y \| Z \leqslant z_{pk})$		降雨量/mm					
		5	5.5	6	6.5	7	7.5
作物需水量/mm	11	7.14	3.70	2.38	1.64	1.30	1.16
	12	—	6.67	5.26	2.22	1.69	1.45
	13	—	—	—	—	10.00	5.26

注：表中"—"表示几乎不可能的遭遇事件。

针对规划方案一，从图 11.3（a）中可以查出在灌溉用水量处于枯态条件下时降雨量小于或等于某一特定值并且作物需水量大于或等于某一特定值的条件概率 $P(X_i \leqslant x, Y_i \geqslant y | Z \leqslant z_{pk})$，具体见表 11.3。

表 11.3 条件概率 $P(X_i \leqslant x, Y_i \geqslant y | Z \leqslant z_{pk})$（规划方案一）

$P(X_i \leqslant x, Y_i \geqslant y \| Z \leqslant z_{pk})$		降雨量/mm					
		5	5.5	6	6.5	7	7.5
作物需水量/mm	11	0.16	0.28	0.45	0.64	0.79	0.91
	12	—	0.27	0.44	0.63	0.78	0.89
	13	—	—	—	—	0.76	0.87

注：表中"—"表示几乎不可能的遭遇事件。

针对规划方案一，从图 11.3（b）中可以查出在灌溉用水量处于枯态条件下时降雨量小于或等于某一特定值并且作物需水量大于或等于某一特定值的条件重现期 $T(X_i \leqslant x, Y_i \geqslant y | Z \leqslant z_{pk})$，具体见表 11.4。

表 11.4　条件重现期 $T(X_i \leq x, Y_i \geq y | Z \leq z_{pk})$（规划方案一）

$T(X_i \leq x, Y_i \geq y | Z \leq z_{pk})$		降雨量/mm					
		5	5.5	6	6.5	7	7.5
作物需水量/mm	11	6.25	3.57	2.22	1.56	1.26	1.10
	12	—	3.70	2.27	1.59	1.28	1.12
	13	—	—	—	—	1.32	1.15

注：表中"—"表示几乎不可能的遭遇事件。

比较表 11.1 和表 11.3 可以看出，针对在灌溉用水量处于枯态条件下时降雨量小于或等于表中特定值并且作物需水量大于或等于表中特定值的系列事件，现状方案的各条件概率均小于规划方案一的各条件概率。比较表 11.2 和表 11.4，可以看出，现状方案的各条件重现期均大于规划方案一的各条件重现期。规划方案一的作物需水量大于现状方案的作物需水量。这说明规划方案一的水资源短缺风险较大。

11.1.5.2　降雨量处于枯态条件下时作物需水量大于或等于某一特定值并且灌溉用水量小于或等于某一特定值的条件概率和相应条件重现期的对比分析

针对现状方案，从图 11.2（a）中可以查出在降雨量处于枯态条件下时作物需水量大于或等于某一特定值并且灌溉用水量小于或等于某一特定值的条件概率 $P(Y_i \geq y, Z_i \leq z | X \leq x_{pk})$，具体见表 11.5。

表 11.5　条件概率 $P(Y_i \geq y, Z_i \leq z | X \leq x_{pk})$（现状方案）

$P(Y_i \geq y, Z_i \leq z | X \leq x_{pk})$		灌溉用水量/亿 m³			
		1.5	2	2.5	3
作物需水量/mm	11	0.11	0.35	0.69	—
	12	—	0.24	0.52	—
	13	—	—	0.12	0.23

注：表中"—"表示几乎不可能的遭遇事件。

针对现状方案，从图 11.2（b）中可以查出在降雨量处于枯态条件下时作物需水量大于或等于某一特定值并且灌溉用水量小于或等于某一特定值的条件重现期 $T(Y_i \geq y, Z_i \leq z | X \leq x_{pk})$，具体见表 11.6。

表 11.6　条件重现期 $T(Y_i \geq y, Z_i \leq z | X \leq x_{pk})$（现状方案）

$T(Y_i \geq y, Z_i \leq z | X \leq x_{pk})$		灌溉用水量/亿 m³			
		1.5	2	2.5	3
作物需水量/mm	11	9.00	2.86	1.45	—
	12	—	4.17	1.92	—
	13	—	—	8.33	4.35

注：表中"—"表示几乎不可能的遭遇事件。

针对规划方案一，从图 11.4（a）中可以查出在降雨量处于枯态条件下时作物需水量大于或等于某一特定值并且灌溉用水量小于或等于某一特定值的条件概率 $P(Y_i \geq y, Z_i \leq z | X \leq x_{pk})$，具体见表 11.7。

表 11.7　条件概率 $P(Y_i \geq y, Z_i \leq z | X \leq x_{pk})$（规划方案一）

$P(Y_i \geq y, Z_i \leq z \| X \leq x_{pk})$		灌溉用水量/亿 m^3			
		1.5	2	2.5	3
作物需水量/mm	11	0.13	0.38	0.72	—
	12	—	0.37	0.71	—
	13	—	—	0.68	0.88

注：表中"—"表示几乎不可能的遭遇事件。

针对规划方案一，从图 11.4（b）中可以查出在降雨量处于枯态条件下时作物需水量大于或等于某一特定值并且灌溉用水量小于或等于某一特定值的条件重现期 $T(Y_i \geq y, Z_i \leq z | X \leq x_{pk})$，具体见表 11.8。

表 11.8　条件重现期 $T(Y_i \geq y, Z_i \leq z | X \leq x_{pk})$（规划方案一）

$T(Y_i \geq y, Z_i \leq z \| X \leq x_{pk})$		灌溉用水量/亿 m^3			
		1.5	2	2.5	3
作物需水量/mm	11	7.69	2.63	1.39	—
	12	—	2.70	1.41	—
	13	—	—	1.47	1.14

注：表中"—"表示几乎不可能的遭遇事件。

比较表 11.5 和表 11.7 可以看出，针对在降雨量处于枯态条件下时作物需水量大于或等于表中特定值并且灌溉用水量小于或等于表中特定值的系列事件，现状方案的各条件概率均小于规划方案一的各条件概率。比较表 11.6 和表 11.8，可以看出，现状方案的各条件重现期均大于规划方案一的各条件重现期。规划方案一的作物需水量大于现状方案的作物需水量。这说明规划方案一的水资源短缺风险较大。

11.1.6　现状方案和规划方案二对比分析

11.1.6.1　灌溉用水量处于枯态条件下时降雨量小于或等于某一特定值并且作物需水量大于或等于某一特定值的条件概率和相应条件重现期的对比分析

针对现状方案，从图 11.1（a）中可以查出在灌溉用水量处于枯态条件下时降雨量小于或等于某一特定值并且作物需水量大于或等于某一特定值的条件概率 $P(X_i \leq x, Y_i \geq y | Z \leq z_{pk})$，具体见表 11.9。

表 11.9 条件概率 $P(X_i \leq x, Y_i \geq y | Z \leq z_{pk})$（现状方案）

$P(X_i \leq x, Y_i \geq y | Z \leq z_{pk})$		降雨量/mm					
		5	5.5	6	6.5	7	7.5
作物需水量/mm	10	0.15	0.27	0.44	0.63	0.79	0.90
	11	—	0.50	0.43	0.61	0.77	0.86

注：表中"—"表示几乎不可能的遭遇事件。

针对现状方案，从图 11.1（b）中可以查出在灌溉用水量处于枯态条件下时降雨量小于或等于某一特定值并且作物需水量大于或等于某一特定值的条件重现期 $T(X_i \leq x, Y_i \geq y | Z \leq z_{pk})$，具体见表 11.10。

表 11.10 条件重现期 $T(X_i \leq x, Y_i \geq y | Z \leq z_{pk})$（现状方案）

$T(X_i \leq x, Y_i \geq y | Z \leq z_{pk})$		降雨量/mm					
		5	5.5	6	6.5	7	7.5
作物需水量/mm	10	6.67	3.70	2.27	1.59	1.26	1.11
	11	—	2.00	2.32	1.64	1.30	1.16

注：表中"—"表示几乎不可能的遭遇事件。

针对规划方案二，从图 11.5（a）中可以查出在灌溉用水量处于枯态条件下时降雨量小于或等于某一特定值并且作物需水量大于或等于某一特定值的条件概率 $P(X_i \leq x, Y_i \geq y | Z \leq z_{pk})$，具体见表 11.11。

表 11.11 条件概率 $P(X_i \leq x, Y_i \geq y | Z \leq z_{pk})$（规划方案二）

$P(X_i \leq x, Y_i \geq y | Z \leq z_{pk})$		降雨量/mm					
		5	5.5	6	6.5	7	7.5
作物需水量/mm	10	0.13	0.25	0.42	0.60	0.75	0.85
	11	—	0.10	0.20	0.35	0.49	0.57

注：表中"—"表示几乎不可能的遭遇事件。

针对规划方案二，从图 11.5（b）中可以查出在灌溉用水量处于枯态条件下时降雨量小于或等于某一特定值并且作物需水量大于或等于某一特定值的条件重现期 $T(X_i \leq x, Y_i \geq y | Z \leq z_{pk})$，具体见表 11.12。

表 11.12 条件重现期 $T(X_i \leq x, Y_i \geq y | Z \leq z_{pk})$（规划方案二）

$T(X_i \leq x, Y_i \geq y | Z \leq z_{pk})$		降雨量/mm					
		5	5.5	6	6.5	7	7.5
作物需水量/mm	10	7.69	4.00	2.38	1.67	1.33	1.18
	11	—	10.10	5.00	2.86	2.04	1.75

注：表中"—"表示几乎不可能的遭遇事件。

比较表 11.9 和表 11.11 可以看出，针对在灌溉用水量处于枯态条件下时降雨量小于或等于表中特定值并且作物需水量大于或等于表中特定值的系列事件，现状方案的各条件概率均大于规划方案二的各条件概率。比较表 11.10 和表 11.12，可以看出，现状方案的各条件重现期均小于规划方案二的各条件重现期。规划方案二的作物需水量小于现状方案的作物需水量。这说明规划方案二的水资源短缺风险较小。

11.1.6.2 降雨量处于枯态条件下时作物需水量大于或等于某一特定值并且灌溉用水量小于或等于某一特定值的条件概率和相应条件重现期的对比分析

针对现状方案，从图 11.2（a）中可以查出在降雨量处于枯态条件下时作物需水量大于或等于某一特定值并且灌溉用水量小于或等于某一特定值的条件概率 $P(Y_i \geq y, Z_i \leq z | X \leq x_{pk})$，具体见表 11.13。

表 11.13 条件概率 $P(Y_i \geq y, Z_i \leq z | X \leq x_{pk})$（现状方案）

$P(Y_i \geq y, Z_i \leq z | X \leq x_{pk})$		灌溉用水量/亿 m³			
		1.5	2	2.5	3
作物需水量/mm	10	0.13	0.38	0.71	—
	11	—	0.35	0.69	0.88

注：表中"—"表示几乎不可能的遭遇事件。

针对现状方案，从图 11.2（b）中可以查出在降雨量处于枯态条件下时作物需水量大于或等于某一特定值并且灌溉用水量小于或等于某一特定值的条件重现期 $T(Y_i \geq y, Z_i \leq z | X \leq x_{pk})$，具体见表 11.14。

表 11.14 条件重现期 $T(Y_i \geq y, Z_i \leq z | X \leq x_{pk})$（现状方案）

$T(Y_i \geq y, Z_i \leq z | X \leq x_{pk})$		灌溉用水量/亿 m³			
		1.5	2	2.5	3
作物需水量/mm	10	7.69	2.63	1.41	—
	11	—	2.86	1.45	1.14

注：表中"—"表示几乎不可能的遭遇事件。

针对规划方案二，从图 11.6（a）中可以查出在降雨量处于枯态条件下时作物需水量大于或等于某一特定值并且灌溉用水量小于或等于某一特定值的条件概率 $P(Y_i \geq y, Z_i \leq z | X \leq x_{pk})$，具体见表 11.15。

表 11.15 条件概率 $P(Y_i \geq y, Z_i \leq z | X \leq x_{pk})$（规划方案二）

$P(Y_i \geq y, Z_i \leq z | X \leq x_{pk})$		灌溉用水量/亿 m³			
		1.5	2	2.5	3
作物需水量/mm	10	0.11	0.34	0.68	—
	11	—	0.18	0.43	0.59

注：表中"—"表示几乎不可能的遭遇事件。

针对规划方案二,从图 11.6(b)中可以查出在降雨量处于枯态条件下时作物需水量大于或等于某一特定值并且灌溉用水量小于或等于某一特定值的条件重现期 $T(Y_i \geq y, Z_i \leq z | X \leq x_{pk})$,具体见表 11.16。

表 11.16 条件重现期 $T(Y_i \geq y, Z_i \leq z | X \leq x_{pk})$(规划方案二)

$T(Y_i \geq y, Z_i \leq z | X \leq x_{pk})$		灌溉用水量/亿 m³			
		1.5	2	2.5	3
作物需水量/mm	10	9.09	2.94	1.47	—
	11	—	5.56	2.33	1.69

注:表中"—"表示几乎不可能的遭遇事件。

比较表 11.13 和表 11.15 可以看出,针对在降雨量处于枯态条件下时作物需水量大于或等于表中特定值并且灌溉用水量小于或等于表中特定值的系列事件,现状方案的各条件概率均大于规划方案二的各条件概率。比较表 11.14 和表 11.16,可以看出,现状方案的各条件重现期均小于规划方案二的各条件重现期。规划方案二的作物需水量小于现状方案的作物需水量。这说明规划方案二的水资源短缺风险较小。

11.1.7 规划方案二和规划方案三对比分析

11.1.7.1 灌溉用水量处于枯态条件下时降雨量小于或等于某一特定值并且作物需水量大于或等于某一特定值的条件概率和相应条件重现期的对比分析

针对规划方案二,从图 11.5(a)中可以查出在灌溉用水量处于枯态条件下时降雨量小于或等于某一特定值并且作物需水量大于或等于某一特定值的条件概率 $P(X_i \leq x, Y_i \geq y | Z \leq z_{pk})$,具体见表 11.17。

表 11.17 条件概率 $P(X_i \leq x, Y_i \geq y | Z \leq z_{pk})$(规划方案二)

$P(X_i \leq x, Y_i \geq y | Z \leq z_{pk})$		降雨量/mm					
		5	5.5	6	6.5	7	7.5
作物需水量/mm	9	0.15	0.28	0.45	0.63	0.79	0.90
	10	—	0.25	0.42	0.60	0.75	0.85

注:表中"—"表示几乎不可能的遭遇事件。

针对规划方案二,从图 11.5(b)中可以查出在灌溉用水量处于枯态条件下时降雨量小于或等于某一特定值并且作物需水量大于或等于某一特定值的条件重现期 $T(X_i \leq x, Y_i \geq y | Z \leq z_{pk})$,具体见表 11.18。

表 11.18 条件重现期 $T(X_i \leq x, Y_i \geq y | Z \leq z_{pk})$(规划方案二)

$T(X_i \leq x, Y_i \geq y | Z \leq z_{pk})$		降雨量/mm					
		5	5.5	6	6.5	7	7.5
作物需水量/mm	9	6.67	3.57	2.22	1.59	1.26	1.11
	10	—	4.00	2.38	1.67	1.33	1.18

注:表中"—"表示几乎不可能的遭遇事件。

针对规划方案三，从图 11.7（a）中可以查出在灌溉用水量处于枯态条件下时降雨量小于或等于某一特定值并且作物需水量大于或等于某一特定值的条件概率 $P(X_i \leqslant x, Y_i \geqslant y | Z \leqslant z_{pk})$，具体见表 11.19。

表 11.19　条件概率 $P(X_i \leqslant x, Y_i \geqslant y | Z \leqslant z_{pk})$（规划方案三）

$P(X_i \leqslant x, Y_i \geqslant y | Z \leqslant z_{pk})$		降雨量/mm					
		5	5.5	6	6.5	7	7.5
作物需水量/mm	9	0.14	0.26	0.43	0.62	0.78	0.88
	10	—	0.15	0.29	0.45	0.59	0.69

注：表中"—"表示几乎不可能的遭遇事件。

针对规划方案三，从图 11.7（b）中可以查出在灌溉用水量处于枯态条件下时降雨量小于或等于某一特定值并且作物需水量大于或等于某一特定值的条件重现期 $T(X_i \leqslant x, Y_i \geqslant y | Z \leqslant z_{pk})$，具体见表 11.20。

表 11.20　条件重现期 $T(X_i \leqslant x, Y_i \geqslant y | Z \leqslant z_{pk})$（规划方案三）

$T(X_i \leqslant x, Y_i \geqslant y | Z \leqslant z_{pk})$		降雨量/mm					
		5	5.5	6	6.5	7	7.5
作物需水量/mm	9	7.14	3.85	2.33	1.61	1.28	1.14
	10	—	6.67	3.45	2.22	1.69	1.45

注：表中"—"表示几乎不可能的遭遇事件。

比较表 11.17 和表 11.19 可以看出，针对在灌溉用水量处于枯态条件下时降雨量小于或等于表中特定值并且作物需水量大于或等于表中特定值的系列事件，规划方案二的各条件概率均大于规划方案三的各条件概率。比较表 11.18 和表 11.20，可以看出，规划方案二的各条件重现期均小于规划方案三的各条件重现期。规划方案二的作物需水量大于规划方案三的作物需水量。这说明规划方案三的水资源短缺风险较小。

11.1.7.2　降雨量处于枯态条件下时作物需水量大于或等于某一特定值并且灌溉用水量小于或等于某一特定值的条件概率和相应条件重现期的对比分析

针对规划方案二，从图 11.6（a）中可以查出在降雨量处于枯态条件下时作物需水量大于或等于某一特定值并且灌溉用水量小于或等于某一特定值的条件概率 $P(Y_i \geqslant y, Z_i \leqslant z | X \leqslant x_{pk})$，具体见表 11.21。

表 11.21　条件概率 $P(Y_i \geqslant y, Z_i \leqslant z | X \leqslant x_{pk})$（规划方案二）

$P(Y_i \geqslant y, Z_i \leqslant z | X \leqslant x_{pk})$		灌溉用水量/亿 m³				
		1.5	2	2.5	3	3.5
作物需水量/mm	9	0.14	0.38	0.71	—	—
	10	—	0.34	0.68	0.86	—
	11	—	—	—	0.59	0.65

注：表中"—"表示几乎不可能的遭遇事件。

针对规划方案二，从图 11.6（b）中可以查出在降雨量处于枯态条件下时作物需水量大于或等于某一特定值并且灌溉用水量小于或等于某一特定值的条件重现期 $T(Y_i \geq y, Z_i \leq z | X \leq x_{pk})$，具体见表 11.22。

表 11.22　条件重现期 $T(Y_i \geq y, Z_i \leq z | X \leq x_{pk})$（规划方案二）

$T(Y_i \geq y, Z_i \leq z | X \leq x_{pk})$		灌溉用水量/亿 m³				
		1.5	2	2.5	3	3.5
作物需水量/mm	9	7.14	2.63	1.41	—	—
	10	—	2.94	1.47	1.16	—
	11	—	—	—	1.69	1.54

注：表中"—"表示几乎不可能的遭遇事件。

针对规划方案三，从图 11.8（a）中可以查出在降雨量处于枯态条件下时作物需水量大于或等于某一特定值并且灌溉用水量小于或等于某一特定值的条件概率 $P(Y_i \geq y, Z_i \leq z | X \leq x_{pk})$，具体见表 11.23。

表 11.23　条件概率 $P(Y_i \geq y, Z_i \leq z | X \leq x_{pk})$（规划方案三）

$P(Y_i \geq y, Z_i \leq z | X \leq x_{pk})$		灌溉用水量/亿 m³				
		1.5	2	2.5	3	3.5
作物需水量/mm	9	0.12	0.36	0.69	—	—
	10	—	0.23	0.52	0.70	—
	11	—	—	—	0.12	0.16

注：表中"—"表示几乎不可能的遭遇事件。

针对规划方案三，从图 11.8（b）中可以查出在降雨量处于枯态条件下时作物需水量大于或等于某一特定值并且灌溉用水量小于或等于某一特定值的条件重现期 $T(Y_i \geq y, Z_i \leq z | X \leq x_{pk})$，具体见表 11.24。

表 11.24　条件重现期 $T(Y_i \geq y, Z_i \leq z | X \leq x_{pk})$（规划方案三）

$T(Y_i \geq y, Z_i \leq z | X \leq x_{pk})$		灌溉用水量/亿 m³				
		1.5	2	2.5	3	3.5
作物需水量/mm	9	8.33	2.78	1.45	—	—
	10	—	4.35	1.92	1.43	—
	11	—	—	—	8.33	6.25

注：表中"—"表示几乎不可能的遭遇事件。

比较表 11.21 和表 11.23 可以看出，针对在降雨量处于枯态条件下时作物需水量大于或等于表中特定值并且灌溉用水量小于或等于表中特定值的系列事件，规划方案二的各条件概率均大于规划方案三的各条件概率。比较表 11.22 和表 11.24，可以看出，规划方案二的各条件重现期均小于规划方案三的各条件重现期。规划方案二的作物需水量大于规划方案三的作物需水量。这说明规划方案三的水资源短缺风险较小。

综合前述对于相对缺水条件下的二维条件概率和相应条件重现期的对比分析，可知如果按照规划方案三来对陆浑灌区进行种植结构调整，灌区的水资源短缺风险较小。

11.2 相对缺水条件下的一维条件概率和条件重现期

在以下四种条件下，作物需水量超过某一特定值时的条件概率和条件重现期：①降雨量处于平态而且灌溉用水量处于平态；②降雨量处于平态而且灌溉用水量处于枯态；③降雨量处于枯态而且灌溉用水量处于平态；④降雨量处于枯态而且灌溉用水量处于枯态。这四种条件下作物需水量的条件概率和条件重现期分别为

$$
\left.\begin{aligned}
F_{Y_i|x_p,z_p}(X,Y_i,Z) &= P(Y_i \geqslant y | x_{pk} \leqslant X \leqslant x_{pf}, z_{pk} \leqslant Z \leqslant z_{pf}) \\
&= 1 - \frac{F(x_{pf},y,z_{pf}) - F(x_{pf},y,z_{pk}) - F(x_{pk},y,z_{pf}) + F(x_{pk},y,z_{pk})}{F_{X,Z}(x_{pf},z_{pf}) - F_{X,Z}(x_{pk},z_{pf}) - F_{X,Z}(x_{pf},z_{pk}) + F_{X,Z}(x_{pk},z_{pk})} \\
F_{Y_i|x_p,z_k}(X,Y_i,Z) &= P(Y_i \geqslant y | x_{pk} \leqslant X \leqslant x_{pf}, Z \leqslant z_{pk}) = 1 - \frac{F(x_{pf},y,z_{pk}) - F(x_{pk},y,z_{pk})}{F_{X,Z}(x_{pf},z_{pk}) - F_{X,Z}(x_{pk},z_{pk})} \\
F_{Y_i|x_k,z_p}(X,Y_i,Z) &= P(Y_i \geqslant y | X \leqslant x_{pk}, z_{pk} \leqslant Z \leqslant z_{pf}) = 1 - \frac{F(x_{pk},y,z_{pf}) - F(x_{pk},y,z_{pk})}{F_{X,Z}(x_{pk},z_{pf}) - F_{X,Z}(x_{pk},z_{pk})} \\
F_{Y_i|x_k,z_k}(X,Y_i,Z) &= P(Y_i \geqslant y | X \leqslant x_{pk}, Z \leqslant z_{pk}) = 1 - \frac{F(x_{pk},y,z_{pk})}{F_{X,Z}(x_{pk},z_{pk})}
\end{aligned}\right\}
$$

（11.5）

$$
\left.\begin{aligned}
T_{Y_i|x_p,z_p}(X,Y_i,Z) &= \frac{1}{F_{Y_i|x_p,z_p}(X,Y_i,Z)} \\
T_{Y_i|x_p,z_k}(X,Y_i,Z) &= \frac{1}{F_{Y_i|x_p,z_k}(X,Y_i,Z)} \\
T_{Y_i|x_k,z_p}(X,Y_i,Z) &= \frac{1}{F_{Y_i|x_k,z_p}(X,Y_i,Z)} \\
T_{Y_i|x_k,z_k}(X,Y_i,Z) &= \frac{1}{F_{Y_i|x_k,z_k}(X,Y_i,Z)}
\end{aligned}\right\}
$$

（11.6）

11.2.1 现状方案的一维条件概率和条件重现期

针对现状方案，根据公式计算得到作物需水量的一维条件概率和条件重现期。

图 11.9 给出了在上述四种条件下的作物需水量超过某一特定值的条件概率，图 11.10 左图给出了相应的条件重现期，图 11.10 右图给出了作物需水量位于 10.5 亿 m^3 与 13 亿 m^3 之间的条件重现期。作物需水量的条件概率随着作物需水量的增大呈减小趋势，条件重

现期随着作物需水量的增大呈增大趋势，年作物需水量不超过 12.5 亿 m³ 时，三种条件下的条件重现期相差不大。当降雨量处于枯态条件而且灌溉用水量处于平态条件时，作物需水量的条件概率序列最大；当年作物需水量不超过 12.3 亿 m³ 时，降雨量处于枯态条件而且灌溉用水量处于枯态条件时作物需水量的条件概率与降雨量处于平态条件而且灌溉用水量处于枯态条件时作物需水量的条件概率相差很小；当年作物需水量超过 12.8 亿 m³ 时，降雨量处于平态条件而且灌溉用水量处于平态条件时作物需水量的条件概率与降雨量处于平态条件而且灌溉用水量处于枯态条件时作物需水量的条件概率相差很小。

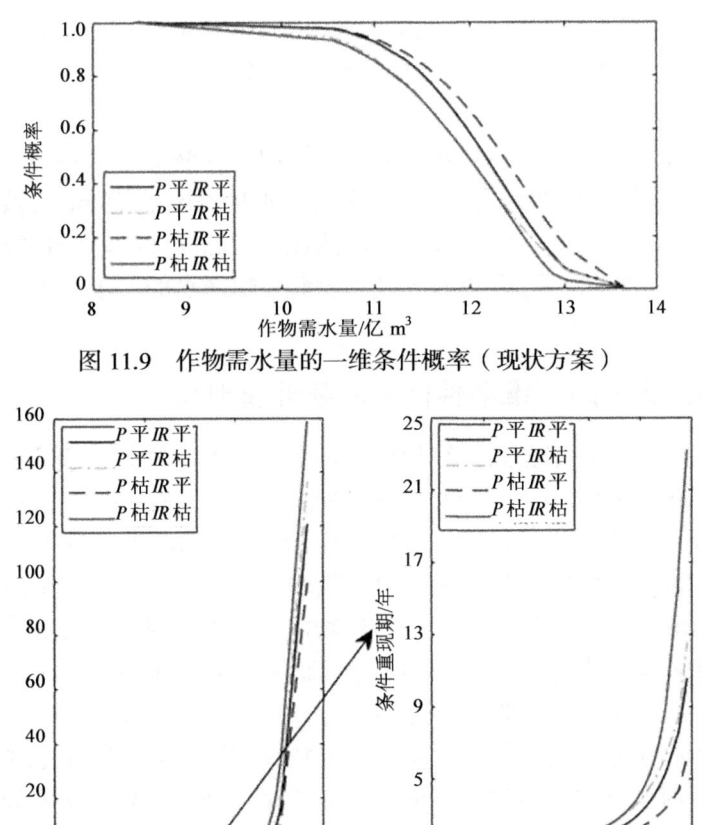

图 11.9　作物需水量的一维条件概率（现状方案）

图 11.10　作物需水量的一维条件重现期（现状方案）

年作物需水量超过 12.5 亿 m³ 时，降雨量处于枯态条件而且灌溉用水量处于枯态条件时作物需水量的条件重现期最长，降雨量处于枯态条件而且灌溉用水量处于平态条件时作物需水量的条件重现期最短。

例如，当降雨量处于平态而且灌溉用水量处于平态时，作物需水量超过 9 亿 m³ 的条件概率约为 0.98，相应的条件重现期约为 1.02 年；作物需水量超过 11 亿 m³ 的条件概率约为 0.92，相应的条件重现期约为 1.09 年；作物需水量超过 13 亿 m³ 的条件概率约为 0.08，相应的条件重现期约为 12.5 年。这说明灌区供水能够保障需水的要求，出现极枯的情况的可能性很小。

当降雨量处于平态而且灌溉用水量处于枯态时,作物需水量超过 9 亿 m^3 的条件概率约为 0.97,相应的条件重现期约为 1.03 年;作物需水量超过 11 亿 m^3 的条件概率约为 0.88,相应的条件重现期约为 1.36 年;作物需水量超过 13 亿 m^3 的条件概率约为 0.07,相应的条件重现期约为 14.3 年。这说明灌区供水能够保障需水的要求,出现极枯的情况的可能性很小。

当降雨量处于枯态而且灌溉用水量处于平态时,作物需水量超过 9 亿 m^3 的条件概率约为 0.99,相应的条件重现期约为 1.01 年;作物需水量超过 11 亿 m^3 的条件概率约为 0.93,相应的条件重现期约为 1.08 年;作物需水量超过 13 亿 m^3 的条件概率约为 0.16,相应的条件重现期约为 6.25 年。这说明灌区供水能够保障需水的要求,出现极枯的情况的可能性很小。

当降雨量处于枯态而且灌溉用水量处于枯态时,作物需水量超过 9 亿 m^3 的条件概率约为 0.97,相应的条件重现期约为 1.03 年;作物需水量超过 11 亿 m^3 的条件概率约为 0.88,相应的条件重现期约为 1.36 年;作物需水量超过 13 亿 m^3 的条件概率约为 0.043,相应的条件重现期约为 23.26 年。这说明灌区供水能够保障需水的要求,出现极枯的情况的可能性很小。

11.2.2 规划方案一的一维条件概率和条件重现期

针对规划方案一,根据公式计算得到作物需水量的一维条件概率和条件重现期。

图 11.11 给出了在上述四种条件下的作物需水量超过某一特定值的条件概率,图 11.12 左图给出了相应的条件重现期,图 11.12 右图给出了作物需水量位于 12 亿 m^3 与 15 亿 m^3 之间的条件重现期。作物需水量的条件概率随着作物需水量的增大呈减小趋势,条件重现期随着作物需水量的增大呈增大趋势,年作物需水量不超过 14.5 亿 m^3 时,四种条件下的条件重现期相差不大。当降雨量处于枯态条件而且灌溉用水量处于平态条件时,作物需水量的条件概率序列最大;当年作物需水量不超过 14.6 亿 m^3 时,降雨量处于枯态条件而且灌溉用水量处于枯态条件时作物需水量的条件概率与降雨量处于平态条件而且灌溉用水量处于枯态条件时作物需水量的条件概率相差很小;当年作物需水量超过 15.3 亿 m^3 时,降雨量处于平态条件而且灌溉用水量处于平态条件时作物需水量的条件概率与降雨量处于平态条件而且灌溉用水量处于枯态条件时作物需水量的条件概率相差很小。

年作物需水量超过 14.6 亿 m^3 时,降雨量处于枯态条件而且灌溉用水量处于枯态条件时作物需水量的条件重现期最长,降雨量处于枯态条件而且灌溉用水量处于平态条件时作物需水量的条件重现期最短。

例如,当降雨量处于平态而且灌溉用水量处于平态时,作物需水量超过 11 亿 m^3 的条件概率约为 0.98,相应的条件重现期约为 1.02 年;作物需水量超过 13 亿 m^3 的条件概率约为 0.92,相应的条件重现期约为 1.09 年;作物需水量超过 15 亿 m^3 的条件概率约为 0.2,相应的条件重现期约为 5 年。这说明灌区供水能够保障需水的要求,出现极枯的情况的可能性很小。

11.2 相对缺水条件下的一维条件概率和条件重现期

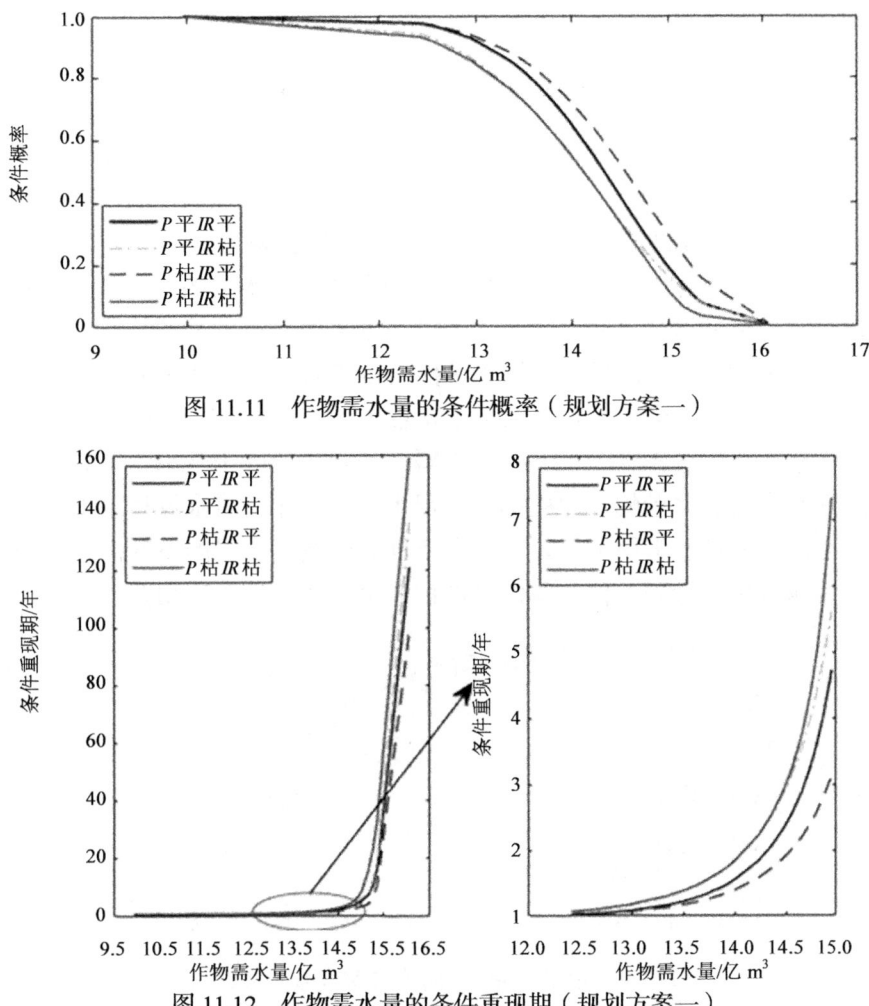

图 11.11 作物需水量的条件概率（规划方案一）

图 11.12 作物需水量的条件重现期（规划方案一）

当降雨量处于平态而且灌溉用水量处于枯态时，作物需水量超过 11 亿 m³ 的条件概率约为 0.97，相应的条件重现期约为 1.03 年；作物需水量超过 13 亿 m³ 的条件概率约为 0.88，相应的条件重现期约为 1.36 年；作物需水量超过 15 亿 m³ 的条件概率约为 0.17，相应的条件重现期约为 5.88 年。这说明灌区供水能够保障需水的要求，出现极枯的情况的可能性很小。

当降雨量处于枯态而且灌溉用水量处于平态时，作物需水量超过 11 亿 m³ 的条件概率约为 0.99，相应的条件重现期约为 1.01 年；作物需水量超过 13 亿 m³ 的条件概率约为 0.93，相应的条件重现期约为 1.08 年；作物需水量超过 15 亿 m³ 的条件概率约为 0.3，相应的条件重现期约为 3.33 年。这说明灌区供水能够保障需水的要求，出现极枯的情况的可能性很小。

当降雨量处于枯态而且灌溉用水量处于枯态时，作物需水量超过 11 亿 m³ 的条件概率约为 0.97，相应的条件重现期约为 1.03 年；作物需水量超过 13 亿 m³ 的条件概率约为 0.88，相应的条件重现期约为 1.36 年；作物需水量超过 15 亿 m³ 的条件概率约为 0.12，相应的条件重现期约为 8.33 年。这说明灌区供水能够保障需水的要求，出现极枯的情况的可能性很小。

11.2.3 规划方案二的一维条件概率和条件重现期

针对规划方案二，根据公式计算得到作物需水量的一维条件概率和条件重现期。

图 11.13 给出了在上述四种条件下的作物需水量超过某一特定值的条件概率，图 11.14 左图给出了相应的条件重现期，图 11.14 右图给出了作物需水量位于 9.5 亿 m^3 与 11.5 亿 m^3 之间的条件重现期。作物需水量的条件概率随着作物需水量的增大呈减小趋势，条件重现期随着作物需水量的增大呈增大趋势，年作物需水量不超过 11 亿 m^3 时，四种条件下的条件重现期相差不大。当降雨量处于枯态条件而且灌溉用水量处于平态条件时，作物需水量的条件概率序列最大；当年作物需水量不超过 11 亿 m^3 时，降雨量处于枯态条件而且灌溉用水量处于枯态条件时作物需水量的条件概率与降雨量处于平态条件而且灌溉用水量处于枯态条件时作物需水量的条件概率相差很小；当年作物需水量超过 11.6 亿 m^3 时，降雨量处于平态条件而且灌溉用水量处于平态条件时作物需水量的条件概率与降雨量处于平态条件而且灌溉用水量处于枯态条件时作物需水量的条件概率相差很小。

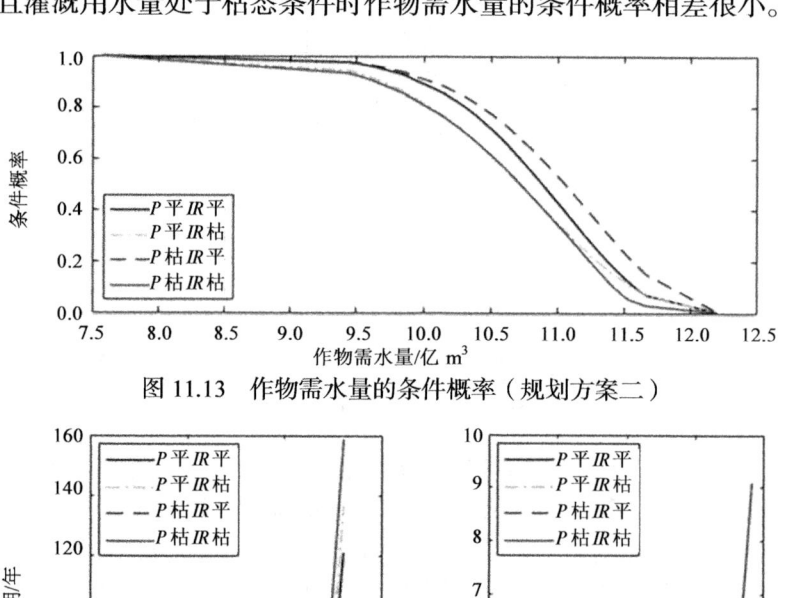

图 11.13 作物需水量的条件概率（规划方案二）

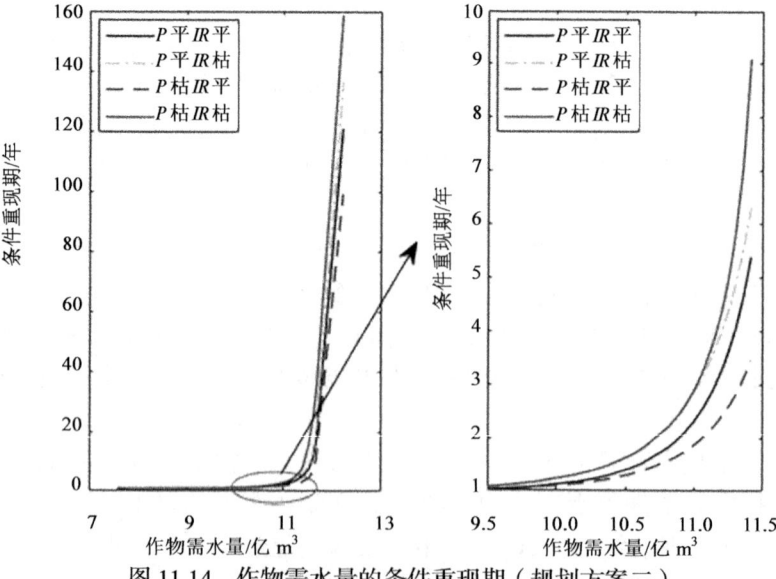

图 11.14 作物需水量的条件重现期（规划方案二）

年作物需水量超过 11 亿 m^3 时，降雨量处于枯态条件而且灌溉用水量处于枯态条件时作物需水量的条件重现期最长，降雨量处于枯态条件而且灌溉用水量处于平态条件时作物需水量的条件重现期最短。

例如，当降雨量处于平态而且灌溉用水量处于平态时，作物需水量超过 9 亿 m^3 的条件概率约为 0.98，相应的条件重现期约为 1.02 年；作物需水量超过 10 亿 m^3 的条件概率约为 0.92，相应的条件重现期约为 1.09 年；作物需水量超过 12 亿 m^3 的条件概率约为 0.012，相应的条件重现期约为 83.3 年。这说明灌区供水能够保障需水的要求，出现极枯的情况的可能性很小。

当降雨量处于平态而且灌溉用水量处于枯态时，作物需水量超过 9 亿 m^3 的条件概率约为 0.97，相应的条件重现期约为 1.03 年；作物需水量超过 10 亿 m^3 的条件概率约为 0.88，相应的条件重现期约为 1.36 年；作物需水量超过 12 亿 m^3 的条件概率约为 0.011，相应的条件重现期约为 90.9 年。这说明灌区供水能够保障需水的要求，出现极枯的情况的可能性很小。

当降雨量处于枯态而且灌溉用水量处于平态时，作物需水量超过 9 亿 m^3 的条件概率约为 0.99，相应的条件重现期约为 1.01 年；作物需水量超过 10 亿 m^3 的条件概率约为 0.93，相应的条件重现期约为 1.08 年；作物需水量超过 12 亿 m^3 的条件概率约为 0.013，相应的条件重现期约为 76.92 年。这说明灌区供水能够保障需水的要求，出现极枯的情况的可能性很小。

当降雨量处于枯态而且灌溉用水量处于枯态时，作物需水量超过 9 亿 m^3 的条件概率约为 0.97，相应的条件重现期约为 1.03 年；作物需水量超过 10 亿 m^3 的条件概率约为 0.88，相应的条件重现期约为 1.36 年；作物需水量超过 12 亿 m^3 的条件概率约为 0.009，相应的条件重现期约为 111.11 年。这说明灌区供水能够保障需水的要求，出现极枯的情况的可能性很小。

11.2.4 规划方案三的一维条件概率和条件重现期

针对规划方案三，根据公式计算得到作物需水量的一维条件概率和条件重现期。

图 11.15 给出了在上述四种条件下的作物需水量超过某一特定值的条件概率，图 11.16 左图给出了相应的条件重现期，图 11.16 右图给出了作物需水量位于 8.5 亿 m^3 与 10.5 亿 m^3 之间的条件重现期。作物需水量的条件概率随着作物需水量的增大呈减小趋势，条件重现期随着作物需水量的增大呈增大趋势，年作物需水量不超过 10.5 亿 m^3 时，四种条件下的条件重现期相差不大。当降雨量处于枯态条件而且灌溉用水量处于平态条件时，作物需水量的条件概率序列最大；当年作物需水量不超过 10.25 亿 m^3 时，降雨量处于枯态条件而且灌溉用水量处于枯态条件时作物需水量的条件概率与降雨量处于平态条件而且灌溉用水量处于枯态条件时作物需水量的条件概率相差很小；当年作物需水量超过 10.75 亿 m^3 时，降雨量处于平态条件而且灌溉用水量处于平态条件时作物需水量的条件概率与降雨量处于平态条件而且灌溉用水量处于枯态条件时作物需水量的条件概率相差很小。

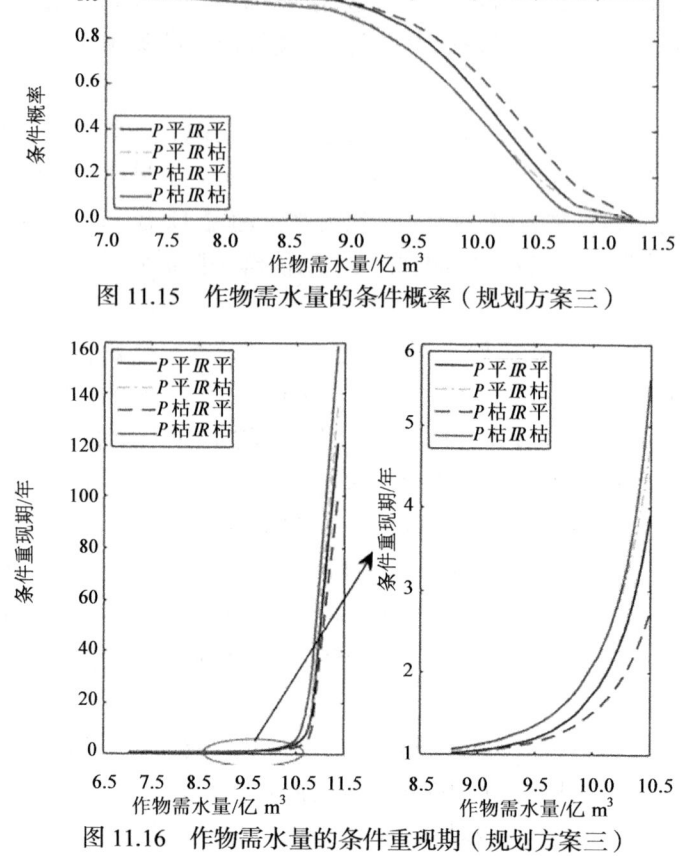

图 11.15　作物需水量的条件概率（规划方案三）

图 11.16　作物需水量的条件重现期（规划方案三）

年作物需水量超过 10.5 亿 m³ 时，降雨量处于枯态条件而且灌溉用水量处于枯态条件时作物需水量的条件重现期最长，降雨量处于枯态条件而且灌溉用水量处于平态条件时作物需水量的条件重现期最短。

例如，当降雨量处于平态而且灌溉用水量处于平态时，作物需水量超过 8 亿 m³ 的条件概率约为 0.98，相应的条件重现期约为 1.02 年；作物需水量超过 9.5 亿 m³ 的条件概率约为 0.84，相应的条件重现期约为 1.19 年；作物需水量超过 11 亿 m³ 的条件概率约为 0.07，相应的条件重现期约为 14.28 年。这说明灌区供水能够保障需水的要求，出现极枯的情况的可能性很小。

当降雨量处于平态而且灌溉用水量处于枯态时，作物需水量超过 8 亿 m³ 的条件概率约为 0.96，相应的条件重现期约为 1.04 年；作物需水量超过 9.5 亿 m³ 的条件概率约为 0.73，相应的条件重现期约为 1.37 年；作物需水量超过 11 亿 m³ 的条件概率约为 0.07，相应的条件重现期约为 14.28 年。这说明灌区供水能够保障需水的要求，出现极枯的情况的可能性很小。

当降雨量处于枯态而且灌溉用水量处于平态时，作物需水量超过 8 亿 m³ 的条件概率约为 0.99，相应的条件重现期约为 1.01 年；作物需水量超过 9.5 亿 m³ 的条件概率约为 0.86，相应的条件重现期约为 1.16 年；作物需水量超过 11 亿 m³ 的条件概率约为 0.09，相应的条件重现期约为 11.11 年。这说明灌区供水能够保障需水的要求，出现极枯的情况的可能性很小。

当降雨量处于枯态而且灌溉用水量处于枯态时，作物需水量超过 8 亿 m^3 的条件概率约为 0.95，相应的条件重现期约为 1.05 年；作物需水量超过 9.5 亿 m^3 的条件概率约为 0.73，相应的条件重现期约为 1.37 年；作物需水量超过 11 亿 m^3 的条件概率约为 0.015，相应的条件重现期约为 66.67 年。这说明灌区供水能够保障需水的要求，出现极枯的情况的可能性很小。

11.2.5 现状方案和规划方案一对比分析

针对现状方案，从图 11.9 和图 11.10 中可以分别查出在降雨量和灌溉用水量处于表 11.25 中指定条件下时作物需水量的条件概率和条件重现期。针对规划方案一，从图 11.11 和图 11.12 中可以分别查出在降雨量和灌溉用水量处于表 11.25 中指定条件下时作物需水量的条件概率和条件重现期。经过对比分析可知，现状方案的作物需水量的各条件概率均小于规划方案一的作物需水量的各条件概率，现状方案的作物需水量的各条件重现期均大于规划方案一的作物需水量的各条件重现期。现状方案的作物需水量小于规划方案一的作物需水量。这说明规划方案一的水资源短缺风险较大。

表 11.25 指定条件下作物需水量的条件概率和条件重现期（现状方案和规划方案一对比分析）

事件	条件	现状方案		规划方案一	
		条件概率	条件重现期/年	条件概率	条件重现期/年
$ET_c \geq 11$ 亿 m^3	P 枯 IR 平	0.93	1.08	0.99	1.01
	P 平 IR 平	0.91	1.10	0.99	1.01
	P 平 IR 枯	0.85	1.18	0.97	1.03
	P 枯 IR 枯	0.83	1.20	0.96	1.04
$ET_c \geq 12$ 亿 m^3	P 枯 IR 平	0.66	1.52	0.98	1.02
	P 平 IR 平	0.58	1.72	0.98	1.02
	P 平 IR 枯	0.49	2.04	0.96	1.04
	P 枯 IR 枯	0.49	2.04	0.92	1.09
$ET_c \geq 13$ 亿 m^3	P 枯 IR 平	0.16	6.25	0.92	1.09
	P 平 IR 平	0.09	11.11	0.91	1.10
	P 平 IR 枯	0.09	11.11	0.85	1.18
	P 枯 IR 枯	0.03	33.33	0.84	1.19

11.2.6 现状方案和规划方案二对比分析

针对现状方案，从图 11.9 和图 11.10 中可以分别查出在降雨量和灌溉用水量处于表 11.26 中指定条件下时作物需水量的条件概率和条件重现期。针对规划方案二，从图 11.13 和图 11.14 中可以分别查出在降雨量和灌溉用水量处于表 11.26 中指定条件下时作物需水量的条件概率和条件重现期。经过对比分析可知，现状方案的各条件概率均大于规划方案二的各条件概率，现状方案的各条件重现期均小于规划方案二的各条件重现期。现状方案的作物需水量大于规划方案二的作物需水量。这说明规划方案二的水资源短缺风险较小。

表 11.26　指定条件下作物需水量的条件概率和条件重现期（现状方案和规划方案二对比分析）

事件	条件	现状方案		规划方案二	
		条件概率	条件重现期/年	条件概率	条件重现期/年
$ET_c \geq 9$ 亿 m^3	P枯 IR平	0.99	1.01	0.98	1.02
	P平 IR平	0.99	1.01	0.98	1.02
	P平 IR枯	0.98	1.02	0.96	1.04
	P枯 IR枯	0.97	1.03	0.95	1.05
$ET_c \geq 10$ 亿 m^3	P枯 IR平	0.97	1.03	0.91	1.10
	P平 IR平	0.96	1.04	0.89	1.12
	P平 IR枯	0.95	1.05	0.82	1.22
	P枯 IR枯	0.95	1.05	0.81	1.23
$ET_c \geq 11$ 亿 m^3	P枯 IR平	0.93	1.08	0.54	1.85
	P平 IR平	0.91	1.10	0.43	2.33
	P平 IR枯	0.85	1.18	0.37	2.70
	P枯 IR枯	0.83	1.20	0.37	2.70
$ET_c \geq 12$ 亿 m^3	P枯 IR平	0.66	1.52	0.07	14.29
	P平 IR平	0.58	1.72	0.03	33.33
	P平 IR枯	0.49	2.04	0.03	33.33
	P枯 IR枯	0.49	2.04	0.01	100.00

11.2.7　规划方案二和规划方案三对比分析

针对规划方案二，从图 11.13 和图 11.14 中可以分别查出在降雨量和灌溉用水量处于表 11.27 中指定条件下时作物需水量的条件概率和条件重现期。针对规划方案三，从图 11.15 和图 11.16 中可以分别查出在降雨量和灌溉用水量处于表 11.27 中指定条件下时作物需水量的条件概率和条件重现期。经过对比分析可知，规划方案三的各条件概率均小于规划方案二的各条件概率，规划方案三的各条件重现期均大于规划方案二的各条件重现期。规划方案三的作物需水量小于规划方案二的作物需水量。这说明规划方案三的水资源短缺风险较小。

表 11.27　指定条件下作物需水量的条件概率和条件重现期（规划方案二和规划方案三对比分析）

事件	条件	规划方案二		规划方案三	
		条件概率	条件重现期/年	条件概率	条件重现期/年
$ET_c \geq 8$ 亿 m^3	P枯 IR平	0.99	1.01	0.98	1.02
	P平 IR平	0.99	1.01	0.98	1.02

续表

事件	条件	规划方案二		规划方案三	
		条件概率	条件重现期/年	条件概率	条件重现期/年
$ET_c \geq 8$ 亿 m³	P平 IR枯	0.98	1.02	0.97	1.03
	P枯 IR枯	0.98	1.02	0.96	1.04
$ET_c \geq 9$ 亿 m³	P枯 IR平	0.98	1.02	0.95	1.05
	P平 IR平	0.98	1.02	0.94	1.06
	P平 IR枯	0.96	1.04	0.9	1.11
	P枯 IR枯	0.95	1.05	0.89	1.12
$ET_c \geq 10$ 亿 m³	P枯 IR平	0.91	1.10	0.66	1.52
	P平 IR平	0.89	1.12	0.58	1.72
	P平 IR枯	0.82	1.22	0.48	2.08
	P枯 IR枯	0.81	1.23	0.48	2.08
$ET_c \geq 11$ 亿 m³	P枯 IR平	0.54	1.85	0.1	10.00
	P平 IR平	0.43	2.33	0.05	20.00
	P平 IR枯	0.37	2.70	0.05	20.00
	P枯 IR枯	0.37	2.70	0.02	50.00

综合前述对于相对缺水条件下的一维条件概率和相应条件重现期的对比分析，可知如果按照规划方案三来对陆浑灌区进行种植结构调整，灌区的水资源短缺风险较小。

第 12 章 结论

本书以河南省陆浑灌区为例，将变化环境下的灌区水资源供给与需求相结合，从多时间尺度角度出发，从宏观及微观两方面分别分析了灌区降雨量、作物需水量及灌溉水量三者之间的关系，研究从灌区作物需水出发，以提升灌区用水安全为目的，为灌区需水结构优化及抗旱减灾等活动提供重要的理论价值和实践意义。从灌区水资源来水与需水的不匹配而造成灌区水资源短缺的角度，以提升灌区用水安全为目的，构建并应用灌区水资源供需联合分布模型，分析了灌区水资源短缺风险，为灌区需水结构优化及抗旱减灾等活动提供重要的理论价值和实践意义。

主要研究结论如下：

（1）陆浑灌区水资源供需时序具有宏观与微观双层次上的演变规律和演化特征。运用传统统计特征分析方法，宏观上灌区水资源供给量具体表现为：自然降雨量呈现先增加后减少的发展趋势，尤其是近年来，下降趋势明显，且变化趋势不稳定，突变点较多；人工灌溉水量呈先减少后增加的趋势，且在 20 世纪 80 年代之前变化趋势多变，存在较多突变点；灌区作物需水量变化趋势相对较为平稳，突变较少。多时间尺度灌区微观水资源供需时序则表现为：陆浑灌区水资源供需时序均存在长期复杂多变的准周期性特征。降雨量、灌溉水量与作物需水量均存在多时间尺度结构，尽管这些时间尺度有所差异，但并不突出。从陆浑灌区近些年的降雨量变化来说，其较大时间尺度和较小时间尺度的变化均处于较强的偏少期，灌溉水量与其类似；对于作物需水量变化来说，其较大时间尺度的变化处于作物需水量的较大期，较小时间尺度的变化处于作物需水量的较小期。

（2）灌区水资源供需时序存在多时间尺度不确定性。运用集对分析法灌区供需水量的分解序列进行多尺度集对分析，从同一度、差异度及对立度三个方面揭示灌区降雨量、作物需水量及灌溉水量三者之间的不确定相关性，两两集对关系结果表明：降雨量与作物需水量无论是原始序列还是多时间尺度系列，主要集对状态仍以差异性为主。

降雨量与灌溉水量的原始序列之间集对状态主要表现为异状态；多时间尺度集对分析中，不确定性主要为异状态；短周期、中周期、长周期时间尺度上不确定性主要为异状态；而中长周期尺度上主要表现为同状态；在特长周期时间尺度上主要状态为对立状态。

作物需水量与灌溉水量两序列的原始序列之间集对状态主要表现为异状态；多时间尺度集对分析在短周期、中周期、长周期时间尺度上两序列的不确定性主要为异状态；而中长、特长周期尺度上为同状态。

（3）灌区水资源供需时序存在多时间尺度协整关系。灌区水资源供需时序协整分析结果表明，灌区自然降水、人工灌溉水量以及作物需水量三者之间存在着长期的均衡协整关系，且应用这种关系可分别构建灌区水资源供需时序多时间尺度线性与非线性协整模型。分析结果表明：通过原始序列建立的预测模型效果较差，达不到预测的效果；而通过小波分解建立的多时间尺度现行预测模型,在进行预测重构后,预测结果优于原始序列。而通过采用非线性协整建模得到的灌区灌溉水量预测模型,可获得较为理想的预测结果,预测误差基本控制在20%以内。

(4)陆浑灌区年降雨量与年ET_0间具有一定的负相关性,年降雨量与年灌溉用水量之间具有显著的负相关性,年ET_0与年灌溉用水量之间具有一定的正相关性。所以本书选用Copula函数建立灌区水资源供需的联合分布,描述灌区水资源供需的相关性特征。陆浑灌区的降雨量和灌溉用水量服从正态分布,ET_0服从广义极值分布。基于此,通过进行Copula函数拟合检验和拟合优度评价,可知Student t Copula函数能够比较准确地描述陆浑灌区水资源供需特征变量(降雨量和ET_0、灌溉用水量和ET_0以及三变量)的联合概率分布。

(5)分别运用降雨量和ET_0的二维联合概率分布模型、灌溉用水量与ET_0的二维联合分布模型、降雨量、ET_0和灌溉用水量的三维联合概率分布模型,相应地可以得到不同量级的降雨量和ET_0的遭遇组合、灌溉用水量和ET_0的遭遇组合的二维联合分布概率以及水资源供需遭遇组合的三维联合分布概率,而且同一联合分布概率可以对应不同的量级组合情况,从而可以反映出在天然情况下、人工灌溉条件下、天然和人工共同影响下的灌溉系统中这些遭遇组合事件发生超过给定的灌溉规划指标的风险,并体现出增加灌区供水,减小灌区需水,能够减小灌区水资源短缺风险。这可在一定程度上为合理选择灌溉系统特征变量的指标、制定和调整灌溉规划、实施灌区抗旱活动提供技术指导;可为灌区干旱风险评估提供一种思路:通过考虑降雨量、ET_0和灌溉用水量的不同遭遇组合情况的联合分布概率,来对灌区干旱风险进行定性描述和定量评估。经过对反映水资源短缺风险的联合概率值进行对比分析,通过对降雨量、ET_0、灌溉用水量进行综合考虑,从而得到的灌区水资源供需的三变量联合分布模型,可以定量给出灌区天然和人工联合供水条件下的水资源供需特征变量发生各种组合的概率,进而可以更全面的描述灌区供水和需水的变化规律,在进行灌区水资源短缺风险描述时,比二维联合分布模型更为合理,可以作为一种描述灌区水资源短缺风险的有效工具。

(6)陆浑灌区降雨量和ET_0的丰枯遭遇频率中,降雨量和ET_0的丰枯异步频率大于同步频率,表明自然降雨条件下灌区水资源供需出现不协调状况的风险较大。降雨量丰ET_0枯和降雨量枯ET_0丰的频率最大,降雨量和ET_0同平的频率最小,反映出灌区天然来水和需水出现极不协调遭遇情形的可能性较高。其中,降雨量枯、ET_0丰的组合状态和降雨量丰、ET_0枯的组合状态的遭遇频率约达20%。针对这种发生可能性较大的灌区水资源供需不协调状况,在农业生产中,进行灌溉活动、科学调配水资源可能是必需的。陆浑灌区灌溉用水量和ET_0的丰枯遭遇频率中,灌溉用水量和ET_0的丰枯异步的频率大于其丰枯同步的频率,但相差不大。这表明人工灌溉条件下灌区水资源供需出现不协调状况的风险较大。灌溉用水量丰ET_0枯和灌溉用水量枯ET_0丰的频率较小,仅为8.64%,反映出陆浑灌区人工供水和需水出现极不协调遭遇情形的可能性并不高。降雨量、ET_0和灌溉用水量的丰枯遭遇频率中,异步频率大于同步频率,三种同步频率均较小,且相差不大。这说明在自然降雨和人工灌溉共同影响下陆浑灌区供水和需水处于不匹配状况的概率较大。

（7）运用降雨量与 ET_0 的二维联合分布模型，分析了自然降雨条件下降雨量和 ET_0 的条件概率和条件重现期，可知在降雨量处于枯态条件或 ET_0 处于丰态条件时，相应的条件概率高于其他条件下的概率，条件重现期则小于其他条件下的重现期。这在一定程度上表明在降雨量处于枯态条件或 ET_0 处于丰态条件时，天然来水条件下灌区供水和需水处于不协调状况的可能性较高，供水不能满足需水要求的频率较高，重现期较短。这可为灌区进行灌溉调度提供基础依据和科学参考。实际生产中，可以通过调整灌区作物种植面积，减少高耗水作物的种植比例，优化产业结构等措施减小作物需水量，以期减小灌区水资源短缺的风险。

（8）运用灌溉用水量和 ET_0 的二维联合分布模型，通过分析人工灌溉条件下灌溉用水量和 ET_0 的条件概率和条件重现期，可知在灌溉用水量处于丰态条件或 ET_0 处于枯态条件时，相应的条件概率高于其他条件下的概率，条件重现期则小于其他条件下的重现期。这对于灌溉制度的制定、区域水资源的优化配置等生产实际问题有着重要的意义。

（9）运用降雨量、ET_0 和灌溉用水量的三维联合分布模型，基于陆浑灌区水资源供给与需求的不匹配性，从来水不能满足需水而出现水资源短缺的角度，分析灌区水资源供不应求的可能性，主要考虑在自然降雨和人工灌溉共同影响下，三种二维条件概率、十种一维条件概率和相应的条件重现期。不同缺水情况下的二维条件概率和相应的条件重现期可以给出特定条件下的不同量级的年降雨量与年 ET_0（或年灌溉用水量和年 ET_0，或年降雨量和年灌溉用水量）的遭遇组合事件发生的可能性，用来表征在多种遭遇情况下的灌区天然和人工联合供水不能满足作物需水的风险。通过分析不同缺水条件下的降雨量、ET_0 和灌溉用水量的一维条件概率和相应的条件重现期，在各种反映灌区缺水的条件下，极端缺水事件（降雨量、灌溉用水量处于枯态、ET_0 处于丰态）的条件概率很小，相应的条件重现期很大；这说明灌区供水能够保障需水的可能性较大，出现极端缺水情况的可能性很小。但是极端缺水事件发生的可能性依然存在，在进行灌溉活动时，需要谨慎关注，防旱于未然。

（10）针对现状方案和各个规划方案，分别构建了自然降雨条件下、人工灌溉条件下以及天然和人工联合供水条件下的陆浑灌区水资源供需联合分布模型。并应用模型对于相对缺水条件下的二维、一维条件概率和相应的条件重现期进行对比分析。结果表明：如果按照规划方案三来对陆浑灌区进行种植结构调整，可以降低灌区的水资源短缺风险。

附表 柯尔莫格洛夫检验分位数表 $P\{D_n \leq D_{n,0}\} = \alpha$

n \ α	0.80	0.90	0.95	0.98	0.99	n \ α	0.80	0.90	0.95	0.98	0.99
1	0.90000	0.95000	0.97500	0.99000	0.99500	31	0.18732	0.21412	0.23788	0.26596	0.28530
2	0.68377	0.77639	0.84189	0.90000	0.92969	32	0.18445	0.21085	0.23424	0.26189	0.28094
3	0.56481	0.63604	0.70760	0.78456	0.82900	33	0.18171	0.20771	0.23076	0.25801	0.27677
4	0.49265	0.56522	0.62394	0.68887	0.78424	34	0.17909	0.20472	0.22743	0.25429	0.27279
5	0.44698	0.50945	0.56328	0.62718	0.66853	35	0.17659	0.20185	0.22425	0.25073	0.26897
6	0.41037	0.46799	0.51926	0.57741	0.61661	36	0.17418	0.19910	0.22119	0.24732	0.26532
7	0.38148	0.43607	0.48342	0.53844	0.57581	37	0.17188	0.19646	0.21826	0.24404	0.26180
8	0.35831	0.40962	0.45427	0.50654	0.54179	38	0.16966	0.19392	0.21544	0.24089	0.25843
9	0.33910	0.38746	0.43001	0.47960	0.51332	39	0.16753	0.19148	0.21273	0.23786	0.25518
10	0.32260	0.36866	0.40925	0.45662	0.48896	40	0.16547	0.18913	0.21012	0.23494	0.25025
11	0.30829	0.35242	0.39122	0.43670	0.46770	41	0.16349	0.18687	0.20760	0.23213	0.24904
12	0.29577	0.33815	0.37543	0.41918	0.44905	42	0.16158	0.18468	0.20517	0.22941	0.24613
13	0.28470	0.32549	0.36143	0.40362	0.48247	43	0.15796	0.18257	0.20056	0.22679	0.24060
14	0.27481	0.31417	0.34890	0.88970	0.41762	44	0.15796	0.18053	0.20056	0.22426	0.24060
15	0.26588	0.30397	0.33760	0.37713	0.40420	45	0.15623	0.17856	0.19837	0.22181	0.23798
16	0.25778	0.29472	0.32733	0.36571	0.39201	46	0.15457	0.17665	0.19625	0.21944	0.23544
17	0.25039	0.28627	0.31796	0.35528	0.38086	47	0.15295	0.17481	0.19420	0.21715	0.23298
18	0.24360	0.27851	0.30936	0.34569	0.37062	48	0.15139	0.17302	0.19221	0.21493	0.23059
19	0.23735	0.27136	0.30143	0.33685	0.36117	49	0.14987	0.17128	0.19028	0.21277	0.22828
20	0.23156	0.26473	0.29408	0.32866	0.35241	50	0.14840	0.16959	0.18841	0.21068	0.22604
21	0.22617	0.25858	0.28724	0.32104	0.34427	55	0.14164	0.16186	0.17981	0.20107	0.21574
22	0.22115	0.25283	0.28087	0.31394	0.33666	60	0.13573	0.15511	0.17231	0.19267	0.20673
23	0.21645	0.24746	0.27490	0.30728	0.32954	65	0.13052	0.14913	0.16567	0.18525	0.19877
24	0.21205	0.24242	0.26931	0.30104	0.32286	70	0.12586	0.14381	0.15975	0.17863	0.19167
25	0.20790	0.23768	0.26404	0.29516	0.31657	75	0.12167	0.13901	0.15442	0.17268	0.18528
26	0.20399	0.23320	0.25907	0.28962	0.31064	80	0.11787	0.13467	0.14960	0.16728	0.17949
27	0.20030	0.22898	0.25438	0.28438	0.30502	85	0.11442	0.13072	0.14520	0.16236	0.17421
28	0.19680	0.22497	0.24993	0.27942	0.29971	90	0.11125	0.12709	0.14117	0.15786	0.16938
29	0.19348	0.22117	0.24571	0.27471	0.29466	95	0.10833	0.12375	0.13746	0.15371	0.16493
30	0.19032	0.21765	0.24170	0.27023	0.28987	100	0.10563	0.12067	0.13403	0.14987	0.16081

参考文献

[1] 宁金花，申双和. 气候变化对中国水资源的影响[J]. 安徽农业科学，2009(12):251-254.

[2] 吴普特，赵西宁. 气候变化对中国农业用水和粮食生产的影响[J]. 农业工程学报，2010,26(2):1-6.

[3] 肖风劲,张海东,王春乙,等. 气候变化对我国农业的可能影响及适应性对策[J]. 自然灾害学报，2006, 15(6): 327-331.

[4] Xiong W, Lin E, Ju H, et al.Climate change and critical thresholds in Chinas' food security[J]. Climatic Change, 2007, 81: 205-221.

[5] Yao Fengmei, Xu Yinglong, Lin Erda, et al. Assessing the impacts of climate change on rice yields in the main rice areas of China[J].Climatic Change, 2007, 80: 395-409.

[6] 丁一汇. 中国气候变化：科学/影响/适应及对策研究[M]. 北京：中国环境科学出版社，2009.

[7] Lin Erda, Xiong Wei,Ju H,etal .Climate change impacts on crop yield and quality with CO_2 fertilization in China[J].Phil Trans RSocB,2005,360(1463):2149-2154.

[8] 孙智辉，王春乙. 气候变化对中国农业的影响[J]. 科技导报，2010,28(4):110-117.

[9] 刘晓英，林而达. 气候变化对华北地区主要作物需水量的影响[J]. 水利学报，2004(2): 77-83.

[10] 刘晓英，林而达. 气候变化对华北地区主要作物需水量的影响[J]. 水科学报，2004(2): 77-83.

[11] 王石立，娄秀荣. 气候变化对华北地区冬小麦水分亏缺状况及生长的影响[J]. 应用气象学报，1996, 7(30): 308-315.

[12] 王石立，娄秀荣. 气候变化对华北地区冬小麦水分亏缺状况及生长的影响[J]. 应用气象学报，1996, 7(30): 308-315.

[13] Brown L R, Hilweil B. China's Water Short age Could Shake World Food Security[J]. World Watch,1998(8) :10-18.

[14] 王珍，韩娜娜，陈晶. 利用随机模拟的方法确定灌溉用水量频率曲线[J]. 科技创新导报，2015,12(12):52-54.

[15] 杨会明. 三义寨灌区土壤墒情动态预测及引黄用水需求研究[D]. 郑州：郑州大学，2014.

[16] 王志良，邱林. 水资源管理多属性决策与风险分析理论方法及应用研究[M]. 郑州：黄河水利出版社，2007.

[17] Todorovic P, Zelenhasic E. A stochastic model for flood analysis [J]. Water Resource Research, 1970,6(6):1641-1648.

[18] Kuczera G. On the relationship between the reliability of parameter estimated and hydrologic time series data used in calibration. Water Resource Reserch[J].1982,18(1):146-154.

[19] Stedinger J R, Taylor M R. Synthetic streamflow generation,2:Effect of parameter uncertainty[J]. WaterResource Research，1982,18(4):919-924.

[20] 梁川. 极差分析在水库防洪调度风险评估中的应用[J]. 四川水力发电，1994(4):25-28.

[21] 谢崇宝. 水文水资源非确定性研究[D].武汉：武汉水利电力大学，1995:8-10.

[22] 傅湘，纪昌明. 水库汛期调度的最大洪灾风险率研究[J]. 水电能源科学，1998,16 (2): 2-15.

[23] 梅亚东，谈广鸣. 大坝防洪安全的风险分析[J]. 武汉大学学报（工学版），2002,35(6): 11-15.

[24] 席秋义，谢小平，黄强，等. 基于 PSO 的水库泄洪风险计算[J]. 系统工程理论与实践，2006(6): 129-134.

[25] 冯平，韩松. 提高水库汛限水位的防洪风险分析[J]. 天津大学学报，2007,40(5): 525-529.

[26] 王本德，周蕙成，李敏，等. 贝叶斯定理构建水库汛限水位动态控制推理模式及其风险[J]. 大连理工

大学学报，2011,51(3):34-38.

[27] 徐宗学，叶守泽.洪水风险率 CSPPC 模型及其应用[J]. 水利学报，1988(9):1-8.

[28] 田峰巍，黄强，解建仓.水库实施调度及风险决策[J]. 水利学报，1998(3):57-62.

[29] 张伟光，王红瑞，范琳琳，等.干旱风险与水资源短缺风险关系辨析[J]. 北京师范大学学报（自然科学版），2015,51(4):418-422.

[30] 阮本清，韩宇平，王浩，等.水资源短缺风险的模糊综合评价[J]. 水利学报，2005,36(8):906-912.

[31] 冯平，韩瑞光，丁志宏. 河流之间径流变化关系不确定性的多时间尺度 SPA 研究[J]. 应用基础与工程科学学报，2009(5):716-724.

[32] 冯平，牛军宜，张伟. 基于 S-变换的水文时间序列演变特征研究[J]. 应用基础与工程科学学报[J]，2011(1):1-8.

[33] 王珊. 胶东地区水资源短缺风险研究[D]. 济南：济南大学, 2011.

[34] 钱龙霞，王红瑞，蒋国荣，等. 基于 Logistic 回归和 NFCA 的水资源供需风险分析模型及其应用[J]. 水利学报，2011(12):12-20.

[35] 罗军刚，解建仓，阮本清. 基于熵权的水资源短缺风险模糊综合评价模型及应用[J]. 水利学报，2008,39(9):1092-1097.

[36] 金菊良， 吴开亚， 魏一鸣. 基于联系数的流域水安全评价模型[J]. 水利学报，2008, 39(4):401-410.

[37] 夏军. 需水供水联合管理面临的新的机遇与挑战[J]. 资源与生态学报（英文版）. 2010(3):193-201.

[38] 李九一，李丽娟,柳玉梅，等. 区域尺度水资源短缺风险评估与决策体系——以京津唐地区为例[J]. 地理科学进展，2010,29(9):1041-1048.

[39] 韩宇平，王永兵，冯小明. 基于最大熵原理的区域水资源短缺风险综合评价[J]. 安徽农业科学，2011,39(1):397-399.

[40] 张士锋，孟秀敬，华东，等. 海河流域水资源短缺风险研究[J]. 资源与生态学报（英文版），2011(4):362-369.

[41] 谢坚，王谢勇，初莉，等. 城市水资源短缺风险评价模型及预测模型研究[J]. 水电能源科学. 2012,30(7):17-21.

[42] 左其亭，吴泽宁，赵伟. 水资源系统中的不确定性及风险分析方法[J]. 干旱区地理，2003,26(2):116-121.

[43] 姜文来，唐波，雷波. 水资源管理学导论[M]. 北京：化学工业出版社，2005：276-286.

[44] Goel N K, Seth S M, Chandra S. Multivariate Modeling of Floodflows [J]. Journal of Hydraulic Engineering, 1998, 124(2):146-155.

[45] 费永法.一种计算洪水条件概率的方法[J].水文,1989(1):18-22.

[46] 费永法.多元随机变量的条件概率计算方法及其在水文中的应用[J].水利学报,1995(8):60-66.

[47] 戴昌军. 多维联合分布计算理论在南水北调东线丰枯遭遇分析中的应用研究[D]. 南京:河海大学,2005.

[48] Guo S H. Flood Frequency Analysis Based on Parametric and Nonparametric Statistics [D]. Galway: National University of Ireland, 1990.

[49] 周道成，段忠东. 耿贝尔逻辑模型在极值风速和有效波高联合概率分布中的应用[J]. 海洋工程，2003,21(2):45-51.

[50] 李淑君，沙文钰，齐义泉.北部湾乌雷站台风浪、风暴增水数值结果的联合概率分析[J].海洋通报，2006,25(4):23-28.

[51] Yoo J, Kim D, Kim H, et al. Application of copula functions to construct confidence intervals of bivariate drought frequency curve[J]. Journal of Hydro-environment Research. 2014, 10(2):1-10.

[52] Zhang Q, Xiao M, Singh V P. Uncertainty evaluation of copula analysis of hydrological droughts in the East River basin, China[J]. Global and Planetary Change. 2015, 129: 1-9.

[53] Shiau J T. Fitting Drought Duration and Severity with Two-Dimensional Copulas[J]. Water Resources

Management. 2006, 20(5): 795-815.

[54] Xu K, Yang D, Xu X, et al. Copula based drought frequency analysis considering the spatio-temporal variability in Southwest China[J]. Journal of Hydrology. 2015, 527: 630-640.

[55] 许月萍，张庆庆，楼章华，等. 基于 Copula 方法的干旱历时和烈度的联合概率分析[J]. 天津大学学报，2010,43(10):928-932.

[56] 闫宝伟，郭生练，肖义，等.基于两变量联合分布的干旱特征分析[J]. 干旱区研究, 2007,24(4):537-542.

[57] 许玲燕，王慧敏，陈军飞. 基于Copula-EVT模型的干旱灾害风险评估[J]. 数理统计与管理,2013,32(2): 284-294.

[58] 潘璀林,陈子燊. 基于GH Copula 的韩江水文干旱联合概率分布研究[J]. 中山大学学报(自然科学版), 2015,54(1):110-115.

[59] Pinya M A S, Madsen H, Rosbjerg D. Assessment of the risk of inland flooding in a tidal sluice regulated catchment using multi-variate statistical techniques[J]. Physics and Chemistry of the Earth, Parts A/B/C. 2009, 34(10-12): 662-669.

[60] Grimaldi S, F Serinaldi. Asymmetric copula in multivariate flood frequency analysis [J]. Advances in Water Resources. 2006, 29(8): 1155-1167.

[61] Genest C, Favre A C, Béliveau J, et al. Metaelliptical copulas and their use in frequency analysis of multivariate hydrological data[J]. Water Resources Research.2007, 43(9): 1-12.

[62] 陈子燊, 刘曾美, 路剑飞. 广东西江北江洪水联合概率分布研究[J]. 中山大学学报（自然科学版）, 2011,50(2):110-115.

[63] 侯芸芸，宋松柏. 基于Copula 函数的洪峰洪量联合分布研究[J]. 人民黄河，2010,32(11):39-44.

[64] De Michele C,Salvadori G, Passoni G, et al. A multivariate model of sea storms using copulas. Coastal Engineering. 2007, 54(10): 734-751.

[65] 陈子燊, 冯砚青. 基于 Copula 函数的极值波高与风速的联合概率分布研究[C]//中国海洋工程学会. 第十五届中国海洋（岸）工程学术讨论会论文集. 北京: 海洋出版社，2011:623-627.

[66] 张金萍，丁志宏，郭兵托. 泾河水沙丰枯演化规律及组合遭遇风险研究[J]. 水力发电学报，2015,34(1):11-16.

[67] 张娜，郭生练，方彬，等. 暴雨事件中两变量联合分布研究[J]. 人民长江，2008,39(13):33-37.

[68] 丁志宏，何宏谋，王浩. 灌区降雨量与参考作物腾发量的联合分布模型研究[J]. 水利水电技术，2011,42(7):15-18.

[69] Jinping Zhang, Yong Zhao, Weihua Xiao.Study on Markov Joint Transition Probability and Encounter Probability of Rainfall and Reference Crop Evapotranspiration in the Irrigation District[J]. Water Resour Manage (2014) 28:5543–5553.

[70] Serinaldi F, Bonaccorso B, Cancelliere A, et al. Probabilistic characterization of drought properties through copulas. Physics and Chemistry of the Earth, Parts A/B/C. 2009,   34(10-12): 596-605.

[71] Ghizzoni T, Roth G, Rudari R. Multisite flooding hazard assessment in the Upper Mississippi River. Journal of Hydrology.2012, 412-413: 101-113.

[72] 马明卫,宋松柏,于艺,等. 渭河流域干旱特征联合概率分布研究[J]. 水力发电学报,2012,31(6):28-34.

[73] 侯芸芸，宋松柏，赵丽娜，等. 基于 Copula 函数的3变量洪水频率研究[J]. 西北农林科技大学学报：自然科学版，2010,38(2):219-228.

[74] 张翔,冉啟香,夏军,等. 基于Copula函数的水量水质联合分布函数[J]. 水利学报,2011,42(4): 483-489.

[75] 谢华，罗强，黄介生. 基于三维 Copula 函数的多水文区丰枯遭遇分析[J]. 水科学进展，2012,23(2): 186-193.

[76] Robin Naidoo, Takuya Iwamura. Global-scale mapping of economic benefits from agricultural lands: Implications for conservation priorities [J]. Biological Conservation，2007,140(11):40-49.

[77] Isn S, Miran B. Farmers' attitudes toward crop planning in Turkey [J]. Journal of Applied Sciences,

2005,5(8): 1489-1495.

[78] V L Versace, D Ierodiaconou, F Stagnitti, et al. Appraisal of random and systematic land cover transitions for regional water balance and revegetation strategies [J]. Agriculture, Ecosystems & Environment, 2008,123(4):328-336.

[79] 张玉启, 张文霞, 陈国惠. 种植制度调整与农民增收问题的调查分析和政策建议——以对豫东地区种植结构调整的调查为例[J]. 西南农业大学学报, 2003,5(4): 55-59.

[80] 魏晓妹, 康绍忠, 粟晓玲. 石羊河流域绿洲农业发展对地表水与地下水转化关系的影响[J]. 农业工程学报, 2005, 21(5): 38-41.

[81] 张丽. 基于供需平衡的灌区水资源合理配置研究[D]. 杨凌: 西北农林科技大学, 2007.

[82] 高明杰, 罗其友. 水资源约束地区种植结构优化研究——以华北地区为例[J]. 自然资源学报, 2008,23(2): 204-210.

[83] 陈兆波. 基于水资源高效利用的塔里木河流域农业种植结构优化研究[D]. 北京: 中国农科院, 2008.

[84] 时启军. 黑龙江西北半干旱区种植结构调整与水资源优化配置[D]. 哈尔滨: 东北农业大学, 2010.

[85] 刘俊, 胡晓寒, 鲁欣, 等. 缺水地区农业种植结构调整和经济灌溉定额研究[J]. 水利水电, 2011,42(2): 52-56.

[86] 张金萍, 裴源生, 郭兵托, 等. 种植结构调整对区域水循环的影响分析[J]. 干旱区地理, 2011,34(1): 26-33.

[87] 张金萍. 宁夏平原区种植结构调整对农业用水的影响分析[J]. 干旱区资源与环境, 2012,26(8):57-61.

[88] 陈守煜, 马建琴, 张振伟. 作物种植结构多目标模糊优化模型与方法[J]. 大连理工大学学报, 2003,43(1):12-15.

[89] 宫飞. 华北地区结构型节水种植业模式及途径研究[D]. 北京: 中国农业大学, 2003.

[90] 周惠成, 彭慧, 张弛等. 基于水资源合理利用的多目标农作物种植结构调整与评价[J]. 农业工程学报, 2007,23(9): 45-49.

[91] 周维博, 郭小砾, 马艳. 干旱地区灌区水资源综合效益的模糊评价[J]. 灌溉排水学报,2007,26(6):41-45.

[92] 王玉宝. 节水型农业种植结构优化研究-以黑河流域为例[D]. 杨凌: 西北农林科技大学, 2010.

[93] 张智韬, 刘俊民, 陈俊英, 等. 基于遥感和蚁群算法的多目标种植结构优化[J]. 排灌机械工程学报, 2011,29(2):149-154.

[94] 张德丰, 等. MATLAB 小波分析[M]. 2版, 北京: 机械工业出版社, 2012.

[95] 王文圣, 丁晶, 李跃清. 水文小波分析[M]. 北京: 化学工业出版社, 2005.

[96] 丁晶, 邓育仁. 随机水文学[M]. 成都: 成都科技大学出版社, 1988.

[97] 桑燕芳, 王栋. 水文序列小波分析中小波函数选择方法[J]. 水力学报, 2008,39(3):295-300,306.

[98] 赵克勤. 集对分析及其初步应用[M]. 杭州: 浙江科技出版社, 2000.

[99] 高军省, 张代青. 基于小波分析的区域水资源总量变化的周期特性研究[J]. 水资源与水工程学报, 2009, 20:5-8.

[100] Allen R G, Pereira L S, Raes D, et al. Crop evapotranspiration: guidelines for computing crop water requirements[D]. UN-FAO, Rome:Irr and drain paper 56,1998.

[101] 高辉. 协整及相关理论简介[EB/OL]. [2010-0825]. https://wenku.baidu.com/view/67102e323968011ca3009127.

[102] 张利亚, 张利平, 曹枫林, 等. 基于协整与误差修正机制的径流预测模型研究[J]. 武汉大学学报, 2006,12(6):6-9.

[103] Engle R F, Granger C W J.Cointegration and error correction:respesentation, estimation and testing [J]. Econometrica, 1987,55:251-276.

[104] 畅明琦, 刘俊萍. 河川径流序列协整预测研究[J]. 应用科学学报, 2005(11):654-657.

[105] 王雪标, 王志强. 财政政策、金融政策与协整分析[M]. 大连: 东北财经大学出版社, 2001.

[106] 冉启英. 产业结构与能源效率的协整分析——基于新疆的实证研究[J]. 生产力研究, 2010.

[107] 张世英, 樊智. 协整理论与波动模型金融时间序列分析及应用[M]. 北京: 清华大学出版社, 2004.

[108] 易丹辉. 数据分析与 Eviews 应用[M]. 北京：中国统计出版社，2002.

[109] 许启发，蒋翠侠，张世英. 基于小波多分辨分析的协整建模理论与方法的扩展[J]. 统计研究，2007,8(24):92-96.

[110] 王彦彭，周洁. 河南省最终消费与经济增长的协整分析[J]. 郑州轻工业学院学报，2006,4(7):21-24.

[111] 程细玉，张世英. 向量分整序列的非线性协整研究[J]. 系统工程理论方法应用，2001,10(1):85-87.

[112] Peters E. Chaos and order in the capital markets:A New View of Cycles, Prices and Market Volatility [M]. 2nd Edition. New York : John Wiley &Sons , 1991.

[113] Peters E. Fractal marker analys is：applying chaos theory to investment and economics [M]. New York：John Wiley&Sons，1994.

[114] 张世英，樊智. 协整理论与波动模型[M]. 北京：清华大学大学出版社，2009.

[115] 孙青华，张喜彬，张世英. 非线性协整关系的存在性研究[J]. 管理科学学报，2000，3(2):65-74.

[116] 冯再勇. 小波神经网络与 BP 网络的比较及应用[D]. 成都：成都理工大学，2007.

[117] Zhang Qinghua, Benveniste Albert. Wavelet Networks[J]. IEEE Trans. On Neural Networks，1992,3(6):889-898.

[118] Taqqu M S, Teverovsky V, W. Willinger. Estimations for long-range dependence: an empirical study. Fractals. 1995,3(4) :765-788.

[119] 张喜彬，孙青华，张世英. 非线性协整关系及其检验方法研究. 系统工程学报，1999,14(1):57-68.

[120] 张清华. 小波神经网络参数优化及其应用[D]. 哈尔滨：东北农业大学，2009.

[121] 罗勇. 小波神经网络在金融时间序列分析中的应用[D]. 成都：成都理工大学，2007.

[122] 程细玉，张世英. 向量分整时间序列的协整研究[J]. 系统工程学报，2000,15(3): 253 -257.

[123] 宋松柏，等. Copulas 函数及其在水文中的应用[M]. 北京：科学出版社，2012.

[124] 丁志宏，张金良，冯平. 黄河中游汛期水沙联合分布模型及其应用[J]. 吉林大学学报(地球科学版)，2011,41(4):1130-1135.

[125] 谢中华. MATLAB 统计分析与应用：40 个案例分析[M]. 北京：北京航空航天大学出版社，2010.

[126] Kao S C, Govindaraju R S.Trivariate statistical analysis of extreme rainfall events via the Plackett family of copulas[J]. Water Resources Research, 2008,44(2): W02415. DOI:10.1029/2007WR006261

[127] Fang H B, Fang K T, Kotz S. The Meta-elliptical Distributions with Given Marginals[J]. Journal of Multivariate Analysis,2002, 82: 1-16.

[128] Kotz S, Nadarajah S. Some extremal type elliptical distributions[J]. Statistics and Probability Letters, 2001,54: 171-182.

[129] Nadarajah S, Kotz S. Information matrices for some elliptically symmetric distribution[J]. SORT, 2005,29(1): 43-56.

[130] Nadarajah S. Fisher information for the elliptically symmetric Pearson distributions[J]. Applied Mathematics and Computation, 2006,178: 195-206.

[131] Genest C, Favre A C, Béliveau J, Jacques C. Meta-elliptical copulas and their use in frequency analysis of multivariate hydrological data. Water Resources Research, 2007, 43: W09401. DOI: 10.1029/2006WR00527

[132] Genest C, Rémillard B, Beaudoin D. Goodness-of-fit tests for copulas: a review and a power study. Insurance: mathematics and economics, 2009,44(2): 199-213.